김혜순

1979년 『문학과지성』으로 작품 활동을 시작했다.
시집 『또 다른 별에서』
『아버지가 세운 허수아비』
『어느 별의 지옥』
『우리들의 음화』
『나의 우파니샤드, 서울』
『불쌍한 사랑 기계』
『달력 공장 공장장님 보세요』
『한 잔의 붉은 거울』
『당신의 첫』
『슬픔치약 거울크림』
『피어라 돼지』
『죽음의 자서전』
『날개 환상통』
『지구가 죽으면 달은 누굴 돌지?』,
시산문집 『않아는 이렇게 말했다』,
산문집 『여자짐승아시아하기』,
시론집 『여성이 글을 쓴다는 것은』 『여성, 시하다』,
인터뷰집 『김혜순의 말』 등이 있다.

김수영문학상, 현대시작품상, 소월시문학상, 미당문학상, 대산문학상,
캐나다 그리핀 시문학상, 스웨덴 시카다상, 삼성호암상 예술상,
전미도서비평가협회상(시 부문), 독일 국제문학상 등을 수상했다.
서울예술대학교 문예학부 명예교수다.

김혜순 죽음 트릴로지

김혜순 죽음 트릴로지

초판 1쇄 발행 2025년 6월 18일
초판 3쇄 발행 2025년 8월 6일

지은이 김혜순
펴낸이 이광호
주간 이근혜
편집 이근혜 최은지 김필균 이주이 허단 윤소진 유하은
디자인 박미정
마케팅 이가은 허황 최지애 남미리 맹정현
제작 강병석
펴낸곳 ㈜문학과지성사
등록번호 제1993-000098호
주소 04034 서울 마포구 잔다리로7길 18(서교동 377-20)
전화 02)338-7224
팩스 02)323-4180(편집) / 02)338-7221(영업)
대표메일 moonji@moonji.com
저작권 문의 copyright@moonji.com
홈페이지 www.moonji.com

ISBN 978-89-320-4408-8 03810

김혜순 죽음 트릴로지

문학과지성사

차례

7 시인의 말

9 **제1권 『죽음의 자서전』**
115 **제2권 『날개 환상통』**
367 **제3권 『지구가 죽으면 달은 누굴 돌지?』**

591 **산문 「죽음의 엄마」**

607 연보

시인의 말

지금 이 지구에 탑승하고 있는 사람들 중
백 년 후에 지구에서 하차하지 않을 사람은 거의 없다.
그 인정사정없는 죽음을 생의 앞뒤에 두고,
죽음의 아라베스크 무늬를 짜거나,
죽음의 돌림노래를 듣는 것은 당연한 일이지 않았을까.
죽음이 우리 앞뒤에 공평하게 있기에 우리의 영혼은 평등하다.
그러기에 죽음은 가장 사나운 선(善)이며 은총이며, 영원이다.
나는 이 시들을 쓰며 매일 죽고 죽었다.
하지만 다시 하루하루 일어나게 만든 것도
이미지와 리듬을 주머니에 넣고 있었기 때문이 아니었을까.
죽음을 통과하지 않고서는 죽음에서 일어날 수도 없는 역설.
시는 죽음에의 선험적 기록이니 그러했으리라.

당신이 내일 내게 온다고 하면, 오늘 나는 죽음에서 일어나리.

2025년 6월
김혜순

제1권

죽음의 자서전

시인의 말

(2016)

아직 죽지 않아서 부끄럽지 않냐고 매년 매달 저 무덤들에서 저 저잣거리에서 질문이 솟아오르는 나라에서, 이토록 억울한 죽음이 수많은 나라에서 시를 쓴다는 것은 죽음을 선취한 자의 목소리일 수밖에 없지 않겠는가. 이 시를 쓰는 동안 무지무지 아팠다. 죽음이 정면에, 뒤통수에, 머릿속에 있었다. 림보에 사는 것처럼 고통 속에서 하루하루가 갔다. 뙤약볕 아래 지구의 여름살이 곤충들처럼 고통스러웠다. 고통만큼 고독한 것이 있을까. 죽음만큼 고독한 것이 있을까. 저 나무는 나를 모른다. 저 돌은 나를 모른다. 저 사람은 나를 모른다. 너도 나를 모른다. 나도 나를 모른다. 나는 죽기 전에 죽고 싶었다.

잠이 들지 않아도 죽음의 세계를 떠도는 몸이 느껴졌다. 전철에서 어지러워하다가 승강장에서 쓰러진 적이 있었다. 그때 문득 떠올라 나를 내려다본 적이 있었다. 저 여자가 누군가. 가련한 여자. 고독한 여자. 그 경험 다음에 흐느적흐느적 죽음 다음의 시간들을 적었다. 시간 속에 흐느끼는 리듬들을 옮겨 적었다. 죽음 다음의 시간엔 그 누구도 이름이 없었다. 칠칠은 사십구라고 무심하게 외워지는 것처럼, 구구단을 외우고 나면 아무것도 남지 않는 것처럼 이 시를 쓰고 난 다음 아무것도 남지 않기를 바랐다. 연구년 동안에 이 시들 중 대부분을 적었다. 원치 않는 결혼을 피하기 위해 죽어버린 옛 여자들처럼 죽음을 피하기 위해 죽음을 먼저 죽은 것은 아닐까 생각했다. 시 안의 죽음으로 이곳의 죽음이 타격되기를 바랐다. 이제 죽음을 적었으니, 다시 죽음 따위는 쓰고 싶지 않다. 그렇게 생각하기로 했다.

이 시집(49편의 시)을 한 편의 시로 읽어줬으면 좋겠다.

차례

17 출근
하루

20 달력
이틀

21 사진
사흘

24 물에 기대요
나흘

26 백야
닷새

28 간 다음에
엿새

30 티베트
이레

32 고아
여드레

34 매일 매일 내일
아흐레

36 동명이인
열흘

37 나비
열하루

39 월식
열이틀

41 돌치마
열사흘

44 둥우리
열나흘

45 죽음의 축지법
열닷새

47 나체
열엿새

49 묘혈
열이레

51 검은 망사 장갑
열여드레

52 겨울의 미소
열아흐레

53 그 섬에 가고 싶다
스무날

56 냄새
스무하루

58 서울, 사자의 서
스무이틀

60 공기의 부족
스무사흘

62 부검
스무나흘

64 나날
스무닷새

67 죽음의 엄마
스무엿새

69 아 에 이 오 우
스무이레

70 이미
스무여드레

71 저녁메뉴
스무아흐레

73 선물
서른날

74 딸꾹질
서른하루

77 거짓말
서른이틀

79 포르말린 강가에서
서른사흘

83 우글우글 죽음
서른나흘

85 하관
서른닷새

88 아님
서른엿새

91 자장가
서른이레

92 뻐꾸기 둥지 위로 날아든 까마귀
서른여드레

93 고드름 안경
서른아흐레

95 이렇게 아픈 환각
마흔날

97 푸른 터럭
마흔하루

101 이름
마흔이틀

103 면상
마흔사흘

104 인형
마흔나흘

105 황천
마흔닷새

107 질식
마흔엿새

109 심장의 유배
마흔이레

111 달 가면
마흔여드레

112 마요
마흔아흐레

출근

하루

지하철 타고 가다가 너의 눈이 한 번 희번득하더니 그게 영원이다.

희번득의 영원한 확장.

네가 문밖으로 튕겨져 나왔나 보다. 네가 죽나 보다.

너는 죽으면서도 생각한다. 너는 죽으면서도 듣는다.

아이구 이 여자가 왜 이래? 지나간다. 사람들.
너는 쓰러진 쓰레기다. 쓰레기는 못 본 척하는 것.

지하철이 떠나자 늙은 남자가 다가온다.
남자가 너의 바지 속에 까만 손톱을 쓰윽 집어넣는다.

잠시 후 가방을 벗겨 간다.
중학생 둘이 다가온다. 주머니를 뒤진다.
발길질. 카메라 셔터를 누른다.

소년들의 휴대폰 안에 들어간 네 영정사진.

너는 죽은 사람들이 했던 것처럼 네 앞에 펼쳐지는 파노라마를 본다.

바깥으로 향하던 네 눈빛이 네 안의 광활을 향해 떠난다.

죽음은 바깥으로부터 안으로 쳐들어가는 것. 안의 우주가 더 넓다.

깊다. 잠시 후 너는 안에서 떠오른다.

그녀가 저기 누워 있다. 버려진 바지 같다.

네 왼발을 끼우면 네 오른발이 저 멀리 달아나는 바지, 재봉실도 없는 옷,

지퍼도 없는 옷이 뒹굴고 있다. 출근길 지하도 구석에.

가련하다. 한때 저 여자를 뼈가 골수를 껴안듯 껴안았었는데

브래지어가 젖가슴을 껴안듯 껴안았었는데.

저 오가는 검은 머리털들이 꽉 껴안은 것. 단 한 벌.

저 여자의 몸에서 공룡이 한 마리 나오려 한다.

저 여자가 눈을 번쩍 뜬다. 그러나 이제 출구는 없다.

저 여자는 죽었다. 저녁의 태양처럼 꺼졌다.

이제 저 여자의 숟가락을 버려도 된다.

이제 저 여자의 그림자를 접어도 된다.

이제 저 여자의 신발을 벗겨도 된다.

너는 너로부터 달아난다. 그림자와 멀어진 새처럼.

너는 이제 저 여자와 살아가는 불행을 견디지 않기로 한다.

너는 이제 저 여자를 향한 노스탤지어 따위는 없어라고 외쳐 본다.

그래도 너는 저 여자의 생시의 눈빛을 희번득 한 번 해보다가

네 직장으로 향하던 길을 간다. 몸 없이 간다.

지각하기 전에 도착할 수 있을까? 살지 않을 생을 향해 간다.

달력

이틀

흰 토끼는 죽어서 빨간 토끼가 된다.

죽어서도 피를 흘렸기 때문이다.

잠시 후 빨간 토끼는 검은 토끼가 된다.

죽어서도 썩었기 때문이다.

토끼는 죽었기 때문에 자유자재로 커지기도 하고 작아지기도 한다.

커질 땐 구름덩이 같고 작아질 땐 개미 같다.

너는 개미 토끼를 귓속에 넣어본다.

개미 토끼 한 마리 귓속의 너른 풀밭 다 먹어치우더니

먹구름보다 큰 새끼 두 마리 낳는다.

귀가 멍멍하다. 소리가 모두 멍멍하다. 귀가 죽어간다. 토끼가 죽어간다.

죽은 토끼는 가끔씩 피 묻은 생리대로 환생한다.

너는 팬티 속에서 죽은 토끼를 꺼낼 때가 있다.

죽은 토끼를 꺼내서 다달이 벽에 걸었다.

토끼 귀처럼 냄새나는 울음을 벽에 걸었다.

사진

사흘

네 인형은 안녕하세요?
네 인형은 건강하세요?

네가 인형의 귀에 대고, 비밀이야! 평생 입 다물어
네가 인형의 눈알을 뽑으며, 너도 좋았지? 그런 거지?
네가 인형의 머리를 자르며, 이 더러운 년아 죽어버려
네가 인형을 태우며, 전생은 잊은 거야, 그렇지?

네가 집을 나가면 남아 있는 것, 인형
네가 집을 나가면 살아나는 것, 인형
네가 집을 나가면 창문 열고 내다보는 것, 인형
네가 집을 나가면 외출하는 것, 인형
네가 집을 나가면 고아 행세 하는 것, 인형

남 앞에선 왠지 음식을 먹을 수 없다고 하는 것
죽지도 않는 것
텅 빈 것
눈동자에 네 귀신을 모신 것

저기 저 걸어가는 인형의 팔 없는 팔이 나왔다 들어간다
다리 없는 다리가 나왔다 들어간다
마치 침대에 두 다리를 눕혀놓고 온 사람처럼

다리에서 종이 뭉치가 흩어진다

네 인형은 걷는다
네 인형은 말한다

몸속으로 눈동자를 떨어뜨리고
모가지가 돌아가도록 우는 저것

네가 죽으면 다시 살아 나올지도 모릅니다

그러나저러나 너는 이제 인형을 세울 수 없게 되었다
그러나저러나 너는 이제 인형을 걷게 할 수 없게 되었다
그러나저러나 너는 이제 인형을 웃길 수 없게 되었다

너는 이제 인형과 줄이 끊어졌다

인형에게: 너는 아직 저녁마다 침대에 눕히고 눈을 감겨줄 사람이 필요해.

네가 편지를 쓴다.

물에 기대요

나흘

너는 전신을 기울여 매달려요

감당 못 하겠어요 몸을 비틀어
물의 손가락을 붙잡고

물의 머리칼로 짠 외투를 입어요
꿇어앉아 얼굴을 덮어요

함께 비뚤어지기로 해요
안고 넘어지기로 해요

내가 뛰어내리면
네가 뛰어내릴 차례예요

낚싯줄을 던지면
바늘을 물고 올라오세요
다음엔 내가 해볼게요

애원해요
너보다 더 혼잣말하는 물에게

엉망으로 취하면 길어져서
비를 집에 바래다줘요

창문으로 들어오려는 물을

기대려는
너에게
더 기대오는
물을

백야

닷새

네가 답장할 수 없는 곳에서 편지가 오리라

네가 이미 거기 있다고
네가 이미 너를 떠났다고

네 모든 걸 알고 있는 구멍에서 밝은 편지가 오리라

죽어서 모두 환하게 알게 된 사람의 뇌처럼 밝은 편지가 오리라
네 탄생 전의 날들처럼 어제도 없고 내일도 없는 넓고 넓은 편지가 오리라

빛으로 만든 마차의 방울소리 고즈넉이 울리고
빛으로 만든 바지를 입은 소녀의 까르르 웃음소리 밤 없는 세상을 두드리는

마지막 지하철이 지상으로 올라가고
플랫폼의 기차들이 일제히 불을 켠 채 말없이 너를 잊어주는

너는 발이 없어 못 가지만 네 아잇적 아이들은 이미 거기 가 있는
네 검은 글씨로 답장조차 할 수 없는 그 밝은 구멍에게서 편지가 오리라

네 아이들이 네 앞에서 나이를 먹고
너 먼저 윤회하러 떠나버린 그곳에서

밝고 밝은 빛의 잉크로 찍어 쓴 편지가 오리라

이 세상에 태어나 한 번도 어둠을 맞아본 적 없는 그곳에서
지금 막 태어난 아기가 첫 눈 뜨고 마주한 찬란한 첫 빛
커다랗고 커다란 편지가 오리라

간 다음에

옛새

간 다음에 가지 마 하지 마
온 다음에 오지 마 하지 마

떠날 땐 눈 감기고 손 모아주면서 가지 마 가지 마 울더니
문 열어 문 열어 했더니 오지 마 오지 마 하잖아

대나무에 종이 인형 붙여 오지 마 오지 마 하잖아
불길에 옷 집어넣고 오지 마 오지 마 하잖아

그래서 너는 발이 없잖아
날개도 없는데

그런데 날기만 하잖아
내려앉지도 못하는데

감추어도 다 보이잖아
뇌도 없는데 다 알잖아

너무 춥잖아
몸도 없는데

그리하여 오늘 아침 침대 밑에 숨은 네 잠옷이
혼자서 가늘게 흐느끼고 있잖아

관이 물을 받고 있잖아
관에서 너는 이미 떠났잖아

달 베개엔 네 머리 자국
구름 이불엔 네 몸뚱어리 자국

그러니 간 다음에 가지 마 하지 마
그러니 온 다음에 오지 마 하지 마

티베트

이레

네게서 네 표정이 걷히는 밤
네게서 네 이름이 걷히는 밤

달아나는 네 이름을 향해
너는 달 보고 짖는 개처럼 컹컹 짖는다

너는 이제 펼쳐진 현재만 있는 들판을 간다

그리하여 이름 없는 지평선이라 불리는 이 피곤!

무게는 없는데 넓이는 광대무변이라 불리는 이 불안!

아무도 돌아보는 이 없는 수목한계선 위라 불리는 이 불행!

한 번도 표정을 지어본 적 없는 예티를 언뜻언뜻 만나는 설원이라 불리는 이 공포!

존재도 비존재도 없는 무한창공이라 불리는 이 슬픔!

(우주에 가득 찬 이 다섯 쌍둥이 자매들!)

컹

컹

컹

컹

컹

고아

여드레

주님은 말구유, 너는 사각형.

너는 죽음을 엄마라 부르며 자란다.
죽음 주스를 마시고, 죽음의 낱알을 헤아린다.

너는 사각형의 하인.
너는 사각형의 후레자식.
너는 사각형의 벨보이.

사각형 말 한 필이 너를 끌고 간다.

끝없이 몸이 네 모서리에 매여 있는 것.
눈 뜨면 늘 네 방향으로 달려가는 것.

주님은 사랑, 너는 이별.
너는 이별에서 태어나 이별로 죽는다.

(너는 이제 물수건으로 투명하게 얼굴이 닦였구나.)

(투명하게 두 손이 닦였구나.)

(영혼의 숨결은 육체에.) (육체의 숨결은 사각형에.)

벽걸이 텔레비전 화면엔 젖꼭지 여덟 개 어미 돼지가 아홉 번째 새끼의 뇌수를 먹어치우는 장면.

죽기 전부터 고아인 죽음이 탄생하는 장면.

너는 이제 사각형 원피스에 몸이 딱 맞는구나.

매일 매일 내일

아흐레

전화기를 들고서 여기에 있지 않아
이어폰을 꽂고서 여기에 있지 않아

죽은 소녀는 장난감 전화기를 들고
엄마 바꿔주세요 노래 불러줄게요

밥 먹으면서 이 식탁에 있지 않아
구더기들이 포식할 내 후손들의 복부에

지금은 안 되지만, 일요일 밤에는 괜찮아요
일요일 밤이 오면 토요일 아침에는 정말 괜찮을까요

여기에 있으면서 여기에 있지 않아
거기에 있으면서 거기에 있지 않아

얼굴에 문신을 새기면 어떨까요
문신을 새기면 여기에 있을까요

거기를 주세요
도착 후에 도착을

외로운 아이는 전화기도 없는 아이는
하늘만큼 먹구름만큼 커다란 죽은 소녀의 얼굴은

돛단배들이 옷 속을 간질일 때처럼
마이크에 대고 사랑을 고백할 때처럼

안개처럼 연기처럼 내일 거기를
여기는 아니에요 지금은 아니에요

햇살은 강물에 떠내려가는 쓰레기더미를 간질이고
네 몸에서 나와 도망가던 내일이 흘깃 너를 돌아보고

거기에 있지 않고 여기 있는 거기
엄마는 돈 벌어서 내일 와요 매일 매일 내일 와요

지하철 가득 전화기를 거울처럼 든 사람들의 얼굴은
아침에 증발한 이슬방울들처럼 이미 거기에

전화벨 소리 울리는 거기에
보슬비 오는 아스팔트 바닥을 펄떡거리는 열대어처럼 혓바닥은 이미 거기에

동명이인

열흘

너는 언니다. 동생을 기른다
같이 아침 먹고 같이 잠자고 같이 웃는다
옷도 갈아 입혀주고 몸도 씻어준다
집에서는 늘 같이 지낸다
외출은 혼자 한다
그 같이를 뚫고 전화 한 통 온다
동생의 시신을 바다에서 찾았습니다만
너는 네 시신을 찾았대 동생에게 말해준다
그러고도 같이 산다 꿈도 대신 꿔주고 친구도 만들어준다
동생의 시신을 확인하고 와서도
동생이 바다에 가라앉는 꿈을 꾼다
같이 밥 먹고 같이 잠자고 같이 텔레비전 본다
너는 동생과 같이 사는 것이 가장 편하다

해변에 서 있으면 무언가 검은 덩어리가 하늘에서 내려온다

나비

열하루

네가 이미 죽은 사람이라는 걸 깨닫는 방법은 이와 같다

유리창에 대고 입김을 불어본다
왼쪽 가슴에 손을 얹어본다

탄생이란 항상 추락이고
죽음이란 항상 비상이라 하니
절벽에서 몸을 날려본다

매일 매일 너는 지면(紙面)을 향한 추락인가? 비상인가?
한쪽 발로 선 나비가 다른 쪽 발에 빨간 잉크를 찍어 종이에 편지를 써본다

엄마: 설마 너 태어나자마자 웃는 거야?
너: 아니 웃을 수 있는가 보는 거야!

추락이 시작되면 비명의 비상도 시작한다
심연의 가장자리가 무한히 떠오른다

네 날개가 물 위에 퍼지는 파문처럼 일시에 지펴지고
너는 이제 너에게서 해방인가!

네 발에는 발자국이 없구나
네 기쁨에는 호흡이 없구나
네 편지에는 이름이 없구나

너는 눈물 속의 소금처럼만 하얗게
너는 바람 속의 하품처럼만 아 아 아 아

너는 사생활조차 없는 현기증인가?

너는 이제 너무 가벼워서 절대로 추락할 수 없는
오직 저 심연 맨 꼭대기 층의 파문에 이은 파문!

월식

열이틀

까맣고 통통하고 너만큼 큰 새가 방문 앞에 있었다. 일어나서 잠옷을 벗고 검정 옷을 입었다. 연락이 올 것 같았다. 너는 말랐는데 까만 새는 통통했다. 언젠가 꿈속인지 생시인지 창문 두드리는 소리를 들었다. 창문을 열었지만 아무도 없었다. 다만 바람에 흔들리는 그림자처럼 평생 땅바닥에 붙어살던 무언가 곧추서려고 하는 것을 보았다. 편의점 문을 열고 들어가는데 발을 잡아당겼다. 암흑 구덩이에서 올라오는 검은 트림처럼 손이 쑥 올라왔다. 아무도 모르는 곳, 가장 깊은 곳, 바닥의 바닥, 가자 가자 아는 목소리가 들렸다. 변기 물속에서, 거울 속에서 모르는 얼굴이 나타날까 두려웠다. 슬픔보다 공포가 먼저 오는가 생각했다. 전화만 걸고 오지 않을 거면 전화도 하지 말라고 소리쳤지만 전화기 속에서 듣는 사람의 기척이 있었다. 언젠가 월식이 있었는데 월식의 절정에 장롱 문이 활짝 열리더니 누군가 가자 가자 기어 나왔다. 놀라서 소리를 질렀더니 냉정한 기운이 안아주었다. 종일 영화관은 깨어졌는데 어쩐지 영화는 계속 상영되는 벌판에 서 있는 것만 같았는데, 아버님은 전화를 걸어서 나무 관을 쓰지 말고 석회옹벽을 해달라고 말했다. 그래야 물도 못 들어오고 벌레도 못 들어와서 뽀송뽀송 좋아 말씀했다. 식탁 앞에 앉아 있었는데 영화 속에서 나온 사람처럼 왠지 몸이 느껴지지 않았다. 제법 요란하게 씹어 삼키는 소리를 낸 것 같기도 했지만 실감은 없었다. 뭘 좀더 먹을까, 하고 돌아보자 빈 탁자에 아무것도 없었다

상냥한 사체가 되고 싶습니까?
무서운 사체가 되고 싶습니까?

유령이 입 맞추는 비단이 되고 싶습니까?
유령이 걷어차는 포댓자루가 되고 싶습니까?

매일 매일은 죽음의 이브입니다

웅변가는 탁자를 탁 내리쳤다

돌치마

열사흘

1. 손가락 정원

너는 돌이야.
누구도 건드릴 수가 없어.
너는 돌 치마를 입고
폐허의 사원.
돌 침상에 누웠어.

불쌍한 네 정원.
엿 같은 네 정원.
네 열 손가락에서 뻗어나간 네 정원.
돌 냄새 요란한 네 정원.

소리칠 거야.
애원할 거야.
네 치마 다 깨지고 네 얼굴 다 깨지는 정원.

멀어서 무서운 달.

검은 하늘을 떠도는 무서운 섬.
가까이 다가오면 뺨 위로 자갈들 뚝뚝 흘리는 달.

기억나? 옛날에 우리는 달을 길렀었는데.
침대 위로 냉큼 올라와 우리 사이를 파고들던 달.
우리가 그 달에 줄을 꿰어 손목에 걸고
산책을 나가면
하늘하늘 네 치마 노랗게 타올랐는데.

그러나 오늘 밤.
정원에 드러누운 깨진 얼굴 아픈 달.
만지면 손가락 뚝 뚝 흘리는 달.

엿 같은 정원에 혼자 깨지는 달.

2. 심장의 해변

네 심장이 강변의 자갈처럼 죽는다.

네 심장이 강변의 모래처럼 죽는다.

네 호흡이 그믐의 달처럼 멎는다.

네 뒤에서 네가 되지 못한 나날들이 울며불며 파도친다.

둥우리

열나흘

눈썹: 구더기 두 마리가 비를 긋고 가네요.

귀: 고개를 살짝 돌리고 빨대를 꽂아 속의 것을 드세요.

미소: 잠시 공중에 구춰 한 모금,
　　　(영원히 이곳에 떠 있어도 되나요?)
　　　(지켜보고 있어도 되나요?)

눈동자: 바다젤리 두 모금, 몹시 짜요.

발톱: 씨앗 열 개를 정성스레 심어보았어요.

무릎: 쌍둥이 신생아가 밖으로 얼굴을 내밀어요.

(이 세상에 단 하나 몸에서 쫓겨나다니)
(직립한 얼굴의 문을 열자
밤하늘의 비명이 폭포처럼 쏟아지네)

죽음의 축지법

열닷새

이럴 줄 알았으면 이까짓 젖가슴 저 고아에게나 줄 것을
이럴 줄 알았으면 이까짓 두 눈동자 저 물고기에게나 줄 것을
이럴 줄 알았으면 이까짓 머리통 저 장미에게나 줄 것을

방에서 턱턱 막히는 여자.
(여자의 머리칼이 창틀에서 휘날린다.)
(혓바닥이 열쇠 구멍에 낀다.)
(자궁이 불을 환하게 켠다.)

여자야 너는 죽었다
네 그림자에 물을 주면 무덤이 피어난다
부끄러움의, 죄의, 모욕의 무덤이

여자야 너는 죽었다
네 심장의 문을 열면 검은 곡식이 확 퍼진다
피곤의, 우울의, 공포의 피톨들이

여자야 너는 죽었다

이 인형아

이 노새야

이 코가 꿴 조랑말아

숨이 턱턱 막힌다, 입술이 벌어지자 수줍은 해골의 이빨들이 식당의 의자처럼 도열한다. 누런 살들이 딱딱해지자 수줍은 붉은 장미들이 푸른색으로 변한다. 저 여자의 장미에 마스크나 씌워라. 감옥의 문을 열자 쉰내 나는 심장이 뻗어 있다. 저 여자의 심장에 기저귀나 채워라.

이럴 줄 알았으면 이까짓 심장을 꼭꼭 짜서 당신에게 한 잔! 드릴까요?

(너는 줄 것이 없으면서도 자꾸 주겠다는 사람처럼)

나체

열엿새

다시는 밤이 없겠고, 등불이나 햇빛이 쓸데없으리니
— 요한계시록 22장 5절

네 온몸을 네가 모르는 것까지 속속들이 알고 있는 맑음이 도착했다
오르가슴에 빠진 눈동자 같은 맑음이 이불을 들치고 도착했다
꿈과 같은 화학기호를 가진 너의 영혼의 거처에 꿈과 같은 화학기호를 가진 맑음이 도착했다
저녁을 굶은 저녁의 맑음이 도착했다

네 등에 맑은 독수리와도 같은 무엇이
검은 목구멍에 맑은 발톱과도 같은 무엇이

스러지는 저녁의 가녀린 섬광과
떠오르는 아침의 가녀린 섬광이
어느 빛은 파이고 어느 빛은 솟아서 서로 껴안아지듯이

네 목구멍에서 은빛 악어와도 같은 무엇이
네 얼굴에서 은빛 모기와도 같은 무엇이

일평생 잘 자고 눈떴더니 느닷없이 바다의 창문들이 모두 열린 것과도 같은 무엇이

세상의 모든 아침을 한 번에 다 보리라

강기슭으로 들어선 연어처럼 몸의 화학 성분들이 바뀌리라

너는 이제 죽었으니
너는 이제 신발을 벗어라
너는 이제 벗었으니 그림자가 없다
빛 떨기 가운데서 한 목소리가 들렸다

눈 감아도 볼 수 있고, 눈 뜨면 더욱 맑게, 안을 수도, 때릴 수도 없는. 피를 맑게 하는, 말갛게 씻은 얼굴, 마음과 마음을 맞대는, 태초부터 네 속에 숨어 살던 그 맑은. 벌꿀 속에 정액 속에 든 것 같은 두 손 끈적거리는 미래의 흰 그림자. 앞으로도 영원히 보지 못할 맑음이 끈적끈적 도착했다.

(네게서 버려져서
네게서 벗겨졌다)

묘혈

열이레

둥그런 배를 안고 여자가 모로 누워 있다

숨길 수 없는 우물이
핏속을 돌다 어느 날 터졌다
터진 수맥을 품고
그 여자가 하루 종일 웃었다
평생의 모든 순간들이 너무 우스워
죽은 여자는 웃다가 울었다

두레박이 달린 탯줄에
햇빛이 실려 내려갔다가

눈물이 한 동이 올라왔다
고층 빌딩을 닦는 사람처럼
너는 네 몸 밖의 유리창에
매달려 눈물을 닦았다

너는 저 세상에서 왔건만

지금 너는 저 세상을 임신 중이다

분만대에서 태어나는 중인 신생아처럼
제 무덤 속에 목을 집어넣은 여자가
휴대폰의 제 사진을 들여다보는 시간

묘지의 초록색 모자마다 웃는 얼굴들이 들어 있다

검은 망사 장갑

열여드레

깜깜한 밤중에 벌판 한가운데서 불길이 치솟는다
불타는 집이 붉은 물로 빚은 한 송이 장미 같다
밤바다 한가운데 환한 배 한 척 같다
하늘로 떠오르는 불타는 상여 같다
그러나 환한 저 꽃 한 송이 속에는
여자를 죽이고 죽으려는 남자가 타오르고 있다
아침에 일어나 보니 불 꺼진 집은 더러운 걸레 뭉치 같다
너를 내리칠 때 피 묻은 망치에 달라붙던 머리칼 뭉치 같다
남자의 두 눈썹 아래서 떨던 더러운 블랙홀 같다
블랙홀에 붙어 살랑거리던 개털 같다
더러운 재가 입술에 달라붙는다

겨울의 미소

열아흐레

춥다, 따뜻한 몸에서 나왔으니
밝다, 어두운 몸에서 나왔으니
외롭다, 그림자를 잃었으니

차갑다, 화분 갈 때 꺼내놓은 흙처럼
환하다, 얼음장 밑에서 물고기가 쳐다보는 햇살처럼
뜨겁다, 얼어붙은 무쇠 문고리에 입술이 닿은 듯
다시 춥다, 알뿌리 같은 심장이 반쯤 얼었다

또 춥다, 영에서 영을 나눈 듯
　　　　　유리에서 유리를 나눈 듯

그래도
괜찮다 괜찮다
이미 죽었으니

네가 너를 벗은 자리에 몸에서 붉은색을 다 뺀 것 같은 추위가 왔다

그 섬에 가고 싶다

스무날

너는 한밤중 섬으로 떠난다.

작은 가방을 끌고 여객선에 오른다.

자정이고 심심하다. 잠이 안 온다.

갑판에 나가본다. 광대한 하늘과 바다는 까만 거울이다. 출렁인다.

까만 거울 속에 잠든 물고기들을 생각해본다.

그림자조차 남기지 않는 광대한 거울의 포식을 생각해본다.

너는 만약 내일 아침부터 해가 뜨지 않는 나날이 계속된다면 하고 가정해본다.

그러면 우리는 하루 24시간 이 까만 거울 속에 있고, 그 누가 이 거울물을 찍어 우리의 얘기를 쓰게 될까.

글을 쓸 잉크가 왜 이리 많을까.

불길한 생각을 털어버리려 너는 매점에 간다.

까만 물 위에 뜬 배가 슬피 우는 소리를 들은 것 같다.

자정 넘어 전화 한 통을 받는다.

네가 없어 허전하다는 전화다.

이 전화가 천번째다.

그러나 매번 저쪽의 허전함이 네게로 전해져온다.

너는 복도에 나가 전화기에 대고 이 나라에서 태어나 나이를 많이 먹은 노래를 한 곡 부른다.

예약 전송 해둔다.

허전한 사람이 내일 아침에 눈뜨자마자 들으라고.

그러다 거울물 속에 들 듯 설핏 잠이 든다.

잠든 몸들이 내는 소리를 들으면서.

천번째 같은 자리, 같은 자세, 같은 몸들, 같은 냄새, 같은 방.

거울물 속으로 허전한 사람이 들어온다. 흐느끼며 어루만지며 너의 이름을 부르는 것 같다.

등대의 불이 어두워지고 잠이 깬다.

아침을 먹으라는 방송이 들렸기 때문이다.

이 방송이 너의 모닝콜이다.

같은 메뉴, 같은 식탁, 같은 깍두기, 같은 맛, 같은 소음, 같은 기분.

창문을 내다본다. 쾌청한 바다다. 하늘이다. 다행이다.

이제 곧 도착이다.

해가 높이 떠오르고 물결은 잔잔하다. 이제 얼굴을 씻고, 풀어놓은 짐을 다시 싸면 하선이다.

그리고 암전.

천 일째 너는 그 섬에 닿지 못한다.

너는 아직 그 섬에 도착할 수 없다.

이제 하선이 얼마 남지 않았다고 생각하는 찰나

너는 다시 한밤중 작은 가방을 끌고 여객선에 오른다.

출항하는 배의 고동이 너를 설레게 한다.
다시 자정이고 심심하다. 잠이 안 온다.
갑판에 나가본다.
광대한 하늘과 바다는 까만 거울이다.

냄새

스무하루

메뚜기들과 잠자리들과 모기들과 풍뎅이들이 자취를 감추네
하늘이 슬금슬금 높이 달아나네
언덕들이 낮은 포복으로 달아나네
개구리들이 무덤 속으로 달아나네
전화벨이 울리네
전화보다 흑암을 먼저 받네
수화기에서 어둠이 흐느끼는 소리
달아나는 바람 소리
장대비
떨리는 목소리

샤워기에서 밤이 나오네
떨어지는 밤에 손을 갖다 대자
썩은 새들의 검은 피

죽지 않고서는 견딜 수 없는 이 냄새의 치세
죽지 않고서는 견딜 수 없는 이 광경의 질병

죽은 사람이 책상에 앉아 종이를 구기네

북극 사람들이 추운 겨울밤
곰의 가죽에 싸서 땅속에 묻었던 새들을 뜯어 먹네
제 머리통처럼 냄새나는 붉은 새들을

서울, 사자의 서

스무이틀

너는 들어라 눈 덮인 북산의 음성을 들어라
네 몸속의 촛불은 꺼졌다

떠나라!
링거액에서 이별의 첫 방울이 너를 찌르는 순간
네 감각으로 만들어 네 몸을 덮었던 저 하늘이 걷혔다
하늘의 아킬레스건이 끊어졌다

네 몸뚱어리는 이제 잠 위에 뜬 안개다
네 얼굴은 네 몸 위에 뜬 구름이다
네 생각은 석쇠 위에서 구워지는 고기의 연기다
네 고통은 1인분의 숨이 네게서 달아나는 비명이다

너는 들어라 똑똑히 들어라 눈 덮인 험산준령의 음성을 들어라
돌아보지 마라, 뒤돌아보면 악몽 속으로 떨어지는 돌이 되리니
울지 말아라 눈물을 흘리면 코마에 빠진 시민의
욕창으로 다시 태어나리니
머나먼 고막에서 울리는 내 말을 똑똑히 들어라

아무도 너를 그리워하지 않으니
맘껏 날아가라
빛이 오면 빛에게 눈을 주어라
바람 오면 바람에게 귀를 주어라

다 주고도 네가 남았거든 내 말을 들어라

긴 머리칼에 묶인 리본처럼
네 집이 펄럭인다 어서 떠나라

네 몸에 다른 이의 촛불이 켜지기 전에

공기의 부족

스무사흘

네가 그만 너를 놓치자
너는 실오라기보다 작아졌다
너무 작아져서 아무도 너를 보지 못했다
심지어 다른 이의 목덜미에 찰싹 달라붙어도
알아채지 못했다

네가 그만 너를 놓치자
너는 저 하늘만큼 커졌다
너무 커져서 너도 너를 알아보지 못했다
심지어 구름처럼 내려도
물방울마다 눈동자를 매달아도
알아채지 못했다

고향 멀리 떠나와 몸 없이 사는 광경!
희미한 부사 하나 되어 생후를 떠도는 광경!

누구니? 누구니? 숨이 턱턱 막히는 안개 같은 살 내리고
실오라기 같은 절간 한 채 바람에 떠돌고 있었다

잡으려 했지만 네 손이 너무 커서 오므려지지 않았다

비를 몰고 오는 태풍의눈 한가운데
절간의 등불 하나 희미하게
나부꼈다

부검

스무나흘

언니가 운다 오빠가 운다
순서대로 가야 하는데 왜 네가 먼저 가니?

네 방에는 소주 두 병 수면제 한 통
목구멍이 아파서 수면제를 삼킬 수가 없어요†
그래서 잠을 못 자요
술만 먹으면 엄말 때려요 언니를 때려요 오빠를 때려요
수면제를 먹어도
아파 아파 아파
복수 복수 복수
잠 속에서도 눈알이 돌아가요

이불 속에는 푸른 옷을 입고 착검한 총을 든 군인들의 행렬
음부 속에는 핏발 선 눈알들이 굴러다니고
부러진 팔의 깁스 속에는 군인의 고함들이 살아요

그렇게 때렸는데
그렇게 찔렀는데

저들이 우네요 엄마가 우네요 언니가 우네요 동생이 우네요
자식이 우네요

꿈을 깨서 침대를 나섰는데
갑자기 안방에서 들려오는 엄마 언니 동생의 통곡 소리

죽었다네요, 내가

† 조용범, 「5·18 민주화운동 피해자에 대한 심리학적 부검 및 자살피해예방대책과 사회적 지원방안에 대한 연구」.

나날

스무닷새

어디로 가니?
이 벌거벗은 천사야
나날의 나날들아
파리만도 못한 날개를 달고서

파리의 연푸른 날개는
우리 집 똥통에서 와서
똥통으로 간단다

어디로 가니?
이 냄새나는 천사야
날개 빼앗긴 환영아
네 손가락에서 나는 더러운 냄새
혼자 사는 늙은이에게서 나는 냄새
아침이면 네 눈동자 속에선 더러운 꽃이 핀다!
검은 눈동자를 뚫고
징그러운 암술 수술이 돋아 나온다!

저녁이면 구급차 속에서
사망 사망 사망
네가 가는 길이 다 보이지만
내가 모르는 것 하나
너 어디로 가니?
식은 욕조 물속에 떠도는 털보다 못한 날개를 겨드랑이에 달고서
어디로 가니?

내 겨울날들이 내 봄날들이
너를 서랍에 넣느라 다 지나갔는데
네 몸뚱이의 서랍을 몽땅 열고서
너는 정말 어디로 가니?
한 발자국 두 발자국 분홍빛 핏물을 디디더니
이제 겨우 칼 밑으로 들어가니?

이 세상에는 육하원칙 정육면체 직육면체
안방 건넌방 목관 스테인리스관 황금관

더러운 나날들아
매시간 매질의 시간
빛으로 칠해놓은 세상을
네가 다시 검게 칠하느라 다 지나갔다!

그런데 너 어디로 가니?
등에다 빨간 차압 딱지를 붙이고서

벌거벗은 천사야
이 못된 유령아

이 그리운 배신자야!

실명한 새는 하늘에 부딪혀 죽는다!

죽음의 엄마

스무엿새

엄마는 모르지만 너는 다 알아.

엄마의 가슴 한구석 까맣고 작은 점 하나가 고개를 들기 시작하는 것.

그것이 노래가 되는 것. 멋진 독창이 죽음을 애타게 찾아 헤매는 것.

깊어가는 가을밤처럼 청아한 노래.

죽은 사람들의 끝없는 환영 인사. 내면이란 다 그런 것.

흐르는 노래 위를 침을 뱉으며 날아가는 새 한 마리.

엄마의 홍채가 땅속에서 부화하고 거기서 태어난 홍채들이 땅속의 별처럼 떠다니는 것.

넌 다 알아. 넌 엄마의 죽음이니까.

엄마는 모르지만 넌 다 알아.

엄마의 머리칼 위에 집을 지은 까마귀 한 마리.

바늘 없는 괘종시계처럼 서 있는 엄마의 몸 안에서 째깍째깍 영원히 다음 생을 기다리는

물구나무선 아기들. 엄마의 고막을 먹으려고 기다리는

귓속의 검은 염소들. 엄마의 발등 위에서 푸드덕거리는 죽은 새 두 마리의

날갯죽지, 그 썩은 냄새. 넌 다 알아. 엄마의 몸속에서 쫓겨 나온

넌 다 알아. 따뜻한 몸에서 확 뽑혀 북극으로 쫓겨 가는 철새의

헐벗은 두 발처럼 시린 알몸의 검은 하늘, 날아봤자 무덤 속인 그곳,

넌 다 알아. 너는 죽음의 엄마니까.

아 에 이 오 우

스무이레

외할머니는 설거지를 하고 미친 너는 아침을 먹었다
아침을 먹다 말고 여전히 미쳐서 설탕 단지를 마루로 내던졌다
마루에 찐득거리는 별가루처럼 쏟아진 흰 설탕
그때 부엌에서 들려오는 이상하고 조그마한 소리
미친 너는 그 소리를 듣자마자 외할머니가 느닷없이 죽은 것을 알았다
이상하게도 알았다 그 순간 네게서 '미친'이 떨어진 것도 알았다
새끼 노루의 까만 똥처럼 '미친'이 뭉쳐져 굴러가는 것을 보았다
외할머니를 설탕가루들 위에 옮겨 눕혔다
119에 전화를 걸다 말고 바라본 마루 위의 네 발가락 자국
눈 내린 것처럼 쌓인 하얀 설탕 위 네다섯 개의 발가락 동그라미들

눈 위에서 총 맞아 죽은 외할머니 노루와
그 주위를 맴도는 새끼 노루 한 마리를 둘러싼
발가락 자국들, 아 에 이 오 우 다섯 모음으로 발음되는

이미

스무여드레

너는 이미 죽음 속에서 태어났습니다
(에코 49번)

저녁메뉴

스무아흐레

엄마의 쌀독엔 쌀이 없고
엄마의 지갑엔 돈이 없고
엄마의 부엌엔 불이 없고

오늘 엄마의 요리는 머리지짐
어제 엄마의 요리는 허벅지찜
내일 엄마의 요리는 손가락탕수

부엌에선 도마에 부딪치는 칼
부엌에선 국물이 우려지는 뼈
부엌에선 기름에 튀겨지는 허벅지

엄마의 쌀독엔 엄마
엄마의 지갑엔 엄마
엄마의 부엌엔 엄마
엄마의 칼 밑엔 엄마

네 엄마는 네 아잇적 그 강기슭

네 엄마는 네 아잇적 그 오솔길

강기슭 지나 그 오솔길 너 혼자 멀어져 가노라면

우리 딸이 왔구나 힘없는 목소리
어서 들어오너라 방문 열리면
텅 빈 아궁이 싸늘한 냉기

네 엄마의 부엌엔
배고픈 너의 푹 꺼진 배
녹슨 프라이팬처럼
검은 벽에 매달려 있는데

너는 오늘 밤 그 프라이팬에
엄마의 두 손을 튀길 거네

선물

서른날

네가 너에게 낳아드릴 것은 그것뿐, 너의 죽음
맛있게 잘 키워서 포동포동하게 낳아드려야지

네가 너에게 돌려드릴 것은 그것뿐, 너의 죽음
평생 동안 엄마 젖처럼 받아먹은 것, 젖 떼고 돌려드려야 할 것

네가 너에게 바칠 것은 그것뿐, 너의 죽음
상하지 않게 보존했다가 싱싱할 때 드려야지

네가 너에게 벗어드릴 것은 그것뿐, 너의 죽음
네 몸을 찢으면 이윽고 푸드덕거리는 네 깜깜한 첫 날개

그렇지만 너는 네 죽음과 헤어지기 제일 힘들지
네가 너에게 결국 돌려드려야 할 것, 너의 죽음

딸꾹질

서른하루

네 몸에 살던 의붓딸 침묵이 나직하게 노래를 부르기 시작한다.

말 더듬는 자가 노래할 땐 더듬지 않는 것처럼
노래에서 느닷없이 자음만 추출한 것처럼
한 번의 딸꾹질이 끝나면 또 한 번의 딸꾹질이 연이어 일어나듯이
쓰러진 현기증이 살고 있는 몸 아래 깊숙이
계단을 내려가자고.

손잡이를 딸깍딸깍.

새엄마는 죽었다. 이제 죽었다.
의붓딸이 땅속에 엎드려 노래를 부른다. 자그맣게 부른다.

일평생 지하에 가뒀던
의붓딸 침묵이 너를 당긴다.
일평생 너의 가랑이 깊숙이 감췄던 침묵이

숨이 끊기자 비로소 보이는 어떤 세상이

바닥으로 너를 끌어당기며 땅속으로 와보라며 지하수처럼 경련한다.

진동하며 파고든다.

새엄마는 죽었다.

전 남편에게 나를 보낸 새엄마는 죽었다.

제 애인에게 나를 보낸 새엄마는 죽었다.

누구도 불러본 적 없는 가장 낮은음자리.

불빛 아래서 손바닥을 펴 보라.

너를 바라보는 자갈 같은 눈동자.

세상보다 더 무거운 자갈 두 개.

너를 가라앉힐 검은 자갈에 물줄기가 덮친다.

그다음 네 차례 네가 노래할 차례.

(내가 너를 어떻게 길렀는데.)

(어떻게 너를 숨겼는데.)

새엄마는 죽었다. 이제 죽었다.

눈부신 미친년의 맑은 침묵이

집을 들어 올린다.

집을 팽개친다.
지하수가 땅 위로 솟구쳐 오른다.

딸꾹질이 잦아들면 지평선이 지퍼를 올린다.

거짓말

서른이틀

버튼을 누르면 겨울이라고. 아무도 살림 못 차리는 겨울이라고. 얼마나 조용하겠냐고. 얼마나 깨끗하겠냐고. 하늘에서 내려다보면 부서진 유리창들이 보석들처럼 빛날 거라고. 바퀴 없는 버스들이 정류장에 가득 서 있는 걸 상상해보라고. 별이 죽고 달이 죽는다고. 흰 눈 위에 쓰러진 흰 닭들. 무너진 닭장들. 아침이 와도 아무도 잠에서 깨지 않는 도시를 상상해보라고. 버튼만 누르면 된다고, 바늘로 수틀을 찌르는 것보다 쉽다고. 잠깐 비명을 지를 새도 없다고. 이제 버스표는 버려도 좋다고. 그 낡은 쌕은 매지 않아도 된다고, 더 이상 이별은 없다고. 이별과 이별한다고. 흰 재만 솟구친다고. 버튼만 누르면 쓰러진 사람 위에 쓰러진 나무, 쓰러진 눈물 위에 쓰러진 바람, 쓰러진 빌딩 위에 쓰러진 물이 넘친다고. 버튼만 누르면 죽은 사람의 입김처럼 너의 그 더러운 비밀은 영원히 묻힌다고. 공평하다고. 그때 가서 웃지나 말라고. 고독한 이의 고독은 이제 사라진다고. 그러니 고독한 이만이 버튼을 누르는 거라고. 이 세상에서 제일 고독한 이만, 그 얼마나 다행이냐고 그러니 어서 그 버튼을 누르라고. 말했다.

죽음은 이 세상의 유일한 거짓말!

까마귀 깃털은 분홍! 강물도 분홍!

포르말린 강가에서

서른사흘

시험관에 담긴 뇌는 아직 살아 있다.
시를 쓰고 있나 보다.
흐릿한 이미지에 풍덩 하고 있다.
외갓집 문을 바람처럼 열고 있다.
죽은 외할머니의 품속에 뛰어들려는 찰나.

없는 눈이 번쩍 떠지자.
사라진 몸의 어딘가가 환생한
검정 작대기가 대갈통을 후려친다.

시험관에 담긴 뇌는 아프다.

너는 네 밖에 있는 사람.
밖이 아픈 사람.

사라진 발가락들이 아프다.
흩어진 방들이 아프다. 심장이 아프다.

시험관에 담긴 뇌가 열 손가락으로 온몸을 긁고 있다.
피맺히게 긁고 있다.

시험관에 담긴 뇌는 떠난다.
지하철을 타고 버스를 타고 택시를 타고
시험관을 떠난다.
연쇄살인범의 비닐봉지에 담긴 머리처럼
흔들흔들 떠난다.

말하고 싶은데 다 말하고 싶은데
입은 다물리고
손은 떨리고
신발은 어디 갔나.

시험관 안으로 검푸른 밤의 뿌리가 내려온다.
실험실의 사람들마저 떠나고
시험관의 뇌는 중얼거린다.
내 안의 희디흰 괴물
푸른 잠옷을 입었네.

너는 물처럼 투명해
감촉도 부드러워
그렇지만 독사의 푸른 침처럼 치명적이야.

시험관의 뇌는 방관자의 뇌 살아남은 자의 뇌.

시험관에 담긴 뇌는 늘 머리를 벽에 짓찧으며 울고 싶다.
포르말린 강에 담긴 뇌가 이리저리 흔들린다.

이 시같이 막연한 곳
이 시같이 애매한 곳
이 시같이 소독된 곳

시험관의 뇌는 포르말린 모자를 쓰고 골똘히 생각해본다.

밖은 왜 늘 아픈가.

없는 두 발은 왜 아픈가.
두 발바닥을 받친 강바닥은 왜 무너지는가.

온몸에 불을 붙인 사람이 다리 난간에 서 있다.

시험관에 담긴 뇌가 소리친다.
시험관에 담긴 뇌가 미친다.

어떻게 하면 되냐고.

어떻게 하면 잊냐고.

우글우글 죽음

서른나흘

네위에
네아래
네곁에
네밑에
네옆에
네너머
네뒤에
네안에

누가 밤을 면도날로 긁고 있다고 말해야 하나
면도날 긁힌 자리마다 밤이 잠깐씩 환해진다고 말해야 하나

네가 울고 있다고 말해야 하나
네가 칭얼거리는 어린 죽음들에게 젖을 물린다고 말해야 하나

통 잠을 잘 수 없다고 말해야 하나
우리는 지금 마악 만난 사이라고 말해야 하나

벽에 머리를 쿵쿵 박고 있다고

비명이 수정처럼 차오른다고

벌써 목구멍까지 투명하고 딱딱한 수정이 올라왔다고 말해야 하나

하관

서른닷새

가는 빗줄기 살랑 묶어 촉촉한 리본 만들어 네 젖꼭지에 꽂아주는 바람이 왔네

하늘하늘 홈통을 흘러내리는 간지러운 노란오줌 노란구름이 왔네

네 속에서 꺼낸 여자아이 하나 처마 밑에서 울고 있네

어려서 죽어서 너보다 어린언니가 아랫배를 꼬집는 가냘픈 손톱

초록손톱 똑똑 분질러버리는 귀신아, 나보다 한 발짝 먼저 온 봄아

나랑놀아 나랑놀아 가늘어서 배배 꼬이는 새끼손가락들아

글썽거리는 눈동자를 뚫고 솟아나는 뾰족한 새싹들아

보일락 말락 벗겨져서 공중에 날아다니는 언니의 속옷냄새

그 속옷 네 콧구멍에 내려앉으면 썩은무덤 팬티냄새

갈비뼈 우린 거친 국물 오르내리는 몸속 그 뼈가 너를 싣고 다니는 관이네

누가 너를 하관하네 저 깊은 구덩이 아지랑이 노고지리 누가 너를 하관하네

검은살빛 저 나무가 어린언니의 치마를 걷어 올리다 말고 술 한 모금 꿀꺽 들이켜는 소리

아직 안 떠나고 뭐하니 아침마다 철썩 네 뺨을 갈기며 물어보는 저 하늘 저 시퍼런핏줄

가느다란 손가락 미처 태어나기 전 소복 입은 분홍뺨 터뜨리는 저 매화바람

파랗게 솟아오른 보리밭 위로 구불구불 지나가는 검은캐딜락 장의차의 바퀴자국

아랫배부터 상여꽃 올리는 저 산이 기지개를 켜네 하품을 하네

입가에 피 묻은 새처럼 우짖는 저 꽃들 피 묻은 이빨 퉤퉤 뱉네 자꾸만 뱉네

아님

서른엿새

산을 내려온
아님과 함께 산다는 것
너를 만든 사람과 같이 잔다는 것
너를 먹여서 키워준답시고
자기가 만든 세상을 벌거벗겨놓은
사람과 한 상에서 밥을 먹는다는 것
설거지하는 엄마의 등짝을 내리치고
엄마의 뇌 지도를 구기며 문밖의 세상을
비밀로 잠가놓고 열쇠를 버린 그와 함께 산다는 것
밥값 하라고 소리치는
아님과 함께 잠든다는 것

너는 나 혼자 태어났어
당신하고는 상관없어
늘 속으로 외쳐보지만
동생은 그 앞에서 밥도 못 먹었어
토하고 울면서 음악의 물결만 생각했어
그 물결 자락들로 몸을 감싸고

실어증에 걸려서 꺼이꺼이
고슴도치처럼 침대를 뛰어다녔어

아님께서 아님을 아니하시고 아님에 아니하고 아니하시니 아님이 아니하온지라

아님을 아니하고 아니하여 아니하대

아님이 아닌 아님은 아님이 아니나니 아님이 아님의 아님이요

아닌 아님은 아님이 아니나니 아님이 아님을 아니할 아님이요

아닌 아님은 아님이 아니나니 아님이 아님을 아님으로 아닐 아님이요

아님에 아님하고 아님 아닌 아님은 아님이 아니나니 아님이 아닐 아님이요

아니하게 아니한 아님은 아님이 아니나니 아님이 아니하게 아님을 아니할 아니함이요

아님이 아니한 아님은 아님이 아니나니 아님이 아님을 아니할 아님이요

아니하게 아니하는 아님은 아님이 아니니 아님이 아님의 아님이라 아님을 아니할 아님이요

아님을 아니하여 아님을 아니한 아님은 아님이 아니나니 아님이 아님의 아님이라

아님을 아니하여 아님을 아니하고 아니하니 아님으로 아님을 아니하여 아니고 아닌 아님을 아니할 아님에는 아님에게 아님이 아니하나니

아니하고 아니하라 아님에서 아님의 아님이 아님이라 아닌 아님에 아니하던 아님을 아님같이 아니하였느니라

아님과 함께 산다는 것
아들의 이름으로 기도를 마쳐야 한다는
법을 만든 그와 함께 산다는 것
악어 같은 눈초리로
오히려 뱀 같은 친구를 조심하라고
따귀를 갈기는 아님과 함께 평생 산다는 것
네게 늘 벗으면
부끄럽지 않니 하고
묻는 벌거벗은 빛과 함께 산다는 것

자장가

서른이레

아이의 엄마가 죽은 아이를 안고 얼렀다.

자장가를 불렀다.

자장가의 내용은 이랬다.

자장자장 우리 아가 얼른 죽어 편해지자 더 이상 울지 말자.

아이의 엄마는 방 한가운데를 파고 아이를 묻었다.

천장에도 묻었다. 벽에도 묻었다. 눈동자에도 묻었다.

엄마의 이름은 아무도 몰랐지만 아이의 이름은 알았다.

뻐꾸기 둥지 위로 날아든 까마귀

서른여드레

하늘에계신 너의아버지. 얼어죽을아버님. 이아이를 달라고 하네요. 하늘깊은곳에숨었던 눈송이가한송이두송이몰래 내려오는밤미라가스스로몸에 감긴붕대를다풀어놓듯 붕대를다풀면누구나 벌거벗은아이하나. 이아이의 피를기둥에칠하나요. 집이울어요. 집이떨어요. 하늘에계신 너의아버지. 얼어죽을아버님. 이아이. 이아이. (나는 쓴다. 유괴범처럼 쓴다. 이 아이 이 아이)

고드름 안경

서른아흐레

죽음이 너에게 준 것
네 얼굴이 샌다.
네 얼굴이 흘러내린다.

네 얼굴은 코 무덤
네 얼굴은 귀 무덤
네 얼굴은 네 얼굴 무덤
대책 없이 얼굴이 또 흘러내린다.

네 얼굴에선 영하(零下)가 자라다가 죽는다.
(너는 태어난 순간부터 바닥 밑이었다.)

두 눈에 들러붙는 공기는 칼끝처럼 싸늘하고
가슴에 들러붙는 바람은 뜨거운 손바닥처럼 쨍하다.

보고 싶다고 외치고 싶지만
바닥 밑에는 또 바닥이 있다.

독창을 하고 싶어도 너는 합창단원이다.
네 목소리를 구별해 들을 귀가 이 세상에는 없다.

유령들의 지병인 이 상사(相思)!
첫새벽처럼 날마다 밝아오는 이 상사!

너는 바닥에 눈알을 매달고 애걸한다.
들여보내 달라고.
내 얼굴에 네 얼굴을 겹치겠다고.
내 혀가 네 혀라고.
네가 내 눈물을 흘린다고.

물이 줄줄 샌다.
환각을 본다.
미친다.

이렇게 아픈 환각

마흔날

너는 들어라 내 말을 똑똑히 들어라
이제 너는 네 안경 안의 세계를 볼 수 있게 될 것이니

네 안의 물이 하는 말을 알아듣게 될 것이니
네 안의 불이 하는 말을 알아듣게 될 것이니

눈이 세 개 달린 너를 보게 될 것이니
너의 분노를 타인처럼 보게 될 것이니
눈이 네 개 달린 너를 보게 될 것이니
너의 불안을 타인처럼 보게 될 것이니
머리가 여덟 개 달린 너를 보게 될 것이니
너의 공포를 타인처럼 보게 될 것이니
너는 네 안의 개들을 보게 될 것이니
너는 네 안의 돼지들을 보게 될 것이니

너는 삼각형이 된 너를 보게 될 것이니
너는 사각형이 된 너를 보게 될 것이니

네 목소리들이 증발하지 않고 모여 사는 연속무늬를 지나게 될 것이니

너는 들어라 무서워 말고 들어라
인플루엔자처럼 네가 창궐하는 밤이니
잠의 우물 밑바닥에 소복이 너를 낳는 밤이니
네 구멍에서 백번째 백한번째 네가 피어나는 밤이니
죽음이 고프다고 반복반복반복 헐떡거리는 밤이니
네 몸의 구멍들이 이사 보따리를 싸는 밤이니

평생 동안 네게서 죽은 네가 모두 깨어나는 밤이니
잠의 우물 밑바닥에서 달팽이들이 날개 떨어진 박쥐들이
얼굴 없어 뇌 없는 몸들이 미끈미끈 깨어나는 밤이니

어제 죽은 너와 그저께 죽은 네가 줄넘기를 하는 밤이니
한번 뛰어오를 때마다 바닥으로 떨어지는 죽은 기린 죽은 용 죽은 암탉

너는 보아라 무서워 말고 똑똑히 보아라

푸른 터럭

마흔하루

스물여덟 요기들이 그대의 뇌 속에서 나와 그대를 맞이할 것이다.
그들은 다양한 짐승의 머리를 하고 여러 도구를 들었다.
— 티베트 '사자의 서'

1

이 세상은 나의 죽음이라 왼쪽 손목과 오른쪽 손목을 맞붙이고 눕는다
누우면 떠오른다 뒤통수를 하늘로 향한 채

네 척추가 펜처럼 가늘어진다
엎드린 펜처럼 가는 몸에 모포를 덮는다

너는 네 그림자가 지면(紙面)을 향해 내리꽂히는 닭의 형상인 것을 본다
척추는 펜이고 그림자는 닭인데 영혼은 왜 사람인가?
시인은 숨이 멎을 때 더러운 종이를 본다는 게 사실인가?

2

하늘에 닿을 듯 크고 푸른 닭이 울고 있었는데
집에 돌아와 보니 머리맡에 푸른 종이 뭉치가 구겨져 있지 않

더냐

대륙을 집어삼킬 듯 포효하는 호랑이가 덤볐는데
방문 앞에 어미 잃은 줄무늬 나방이 울고 있지 않더냐

가청권 밖으로 날아올라 회오리처럼 하늘을 때렸는데
문 앞에 풍뎅이가 돌고 있지 않더냐

3

네가 누운 무덤 속의 천장은 수은거울이지 않더냐
일어나 앉지도 못하게 낮지 않더냐
거기 입김이 서리지 않더냐
탐스러운 가슴이 천장에 눌리지 않더냐

4

네 두개골 속의 유령이 주전자처럼 물을 흘리고 있구나
측두엽이 활성화되고 네 눈썹이 푸른 닭의 눈썹처럼 떨리는구나

한 목소리가 전기처럼 네 머리칼을 지진다
한 목소리가 몽둥이처럼 네 생각을 때린다

그 목소리는 사람이 아닌 기이한 것

네 양쪽 귀에 올라앉아 꼬꼬댁거리는 것
네 피부 속을 날아다니는 것
고체도 액체도 기체도 아닌 것
네가 열고 닫을 수 없는 야만의 것

(너는 아직도 엄마의 몸속에서 들려오는 소리로 간을 만드는 태아 신세란 말이냐?)

5
날아가던 푸른 닭이 제 몸속에다 알을 낳는다
푸른 닭은 참을 수 없다 참을 수 없다 운다

푸른 닭의 이마는 높고 부리는 길어서 푸른 닭의 머리가 가슴에 파묻힌다
푸른 닭은 참을 수 없다 참을 수 없다 운다

푸른 닭은 바다에서 올라온 물고기가 진화하는 세월을 견디는 것 같다

생물의 최종적 진화는 발이 사라지는 것
영원히 걸어 다니지 않아도 되는 것
먹지 않고 자지 않아도 되는 것

네 뒤통수의 거대한 구멍 속에서 푸른 닭이 운다
네 왼쪽 눈꺼풀 안쪽에서 푸른 하늘이 열린다
그렇지만 푸른 닭의 작은 발은 책장마다 묻혀 있고
책장을 넘길 때마다 푸드덕푸드덕 일어나는 거대한 날개!

그리하여 여기는 저 푸른 하늘의 발 없는 시신인가!
그리하여 여기는 네 들숨의 푸르고 영원한 정지인가!

푸른 하늘만큼 크고 푸른 닭!
참을 수 없다. 참을 수 없다!

이름

마흔이틀

죽은 애인이 만나자고 한다. 카페에서 만나자고 한다. 화장실에서 만나자고 한다. 병원에서 만나자고 한다. 외국에서 만나자고 한다. 이도저도 안 되면 침대에서 만나자고 한다. 잠깐이면 된다고 한다. 피해봤자 소용없다고 한다. 창문 밖으로 나오라고, 잠깐이면 된다고 한다. 얼굴만 보자고 한다.

죽은 애인이 왜 왔냐고 한다. 아직 만날 때가 아니라고 한다. 왔으니 눕기나 하라고 한다. 누웠으니 자라고 한다. 잤으니 나가라고 한다. 신발이나 제대로 신고 가라고 한다. 그렇게 소리 지를 것까진 없다고 한다. 그렇게 넘어질 것까진 없다고 한다. 무릎이 까질 것까진 없다고 한다.

죽은 애인이 너에게 온다. 문을 열지 않았는데도 온다. 가방을 들지 않았는데도 온다. 신발을 신지 않았는데도 온다. 기침을 하지 않았는데도 온다. 살았다면 이렇게 자주 오지는 못하리라. 약속하지 않았는데도 온다. 옷을 입지 않았는데도 온다. 땅에 묻혔는데도 온다.

죽은 애인으로 가득 찬 바닷속을 걸어간다. 애인으로 가득 차 휘몰아치는 바닷속을 걸어간다. 숨을 쉴 수도 없고 숨을 멈출 수도 없는 바닷속을 걸어간다. 태풍이 부는 바닷속을 걸어간다. 비가 내리는 바닷속을 걸어간다. 바다천장, 바다바닥, 바다벽, 바다창문, 광대하게 흔들리는 푸르름 속을 숨 가쁘게 걸어간다. 고개를 돌리는 곳마다 애인 천지인 바닷속을 걸어간다. 바다 밖에선 아무도 못 보지만 바다 밑 수백 미터 고래 두 마리가 피 터지게 싸우고 있다.

죽은 애인이 같이 차 마시자고 한다. 같이 밥 먹자고 한다. 같이 얼굴 씻자고 한다. 같이 놀자고 한다. 꿈속에 같이 놀러 가자고 한다. 점점 악랄해진다. 어떻게 하면 이제 그만 헤어져야 할까 궁리하고 있는데, 애인이 두 눈을 가린 손을 떼더니 이름이 뭐냐고 묻는다. 우리가 언제 만난 적이 있냐고 묻는다.

면상

마흔사흘

소리가 떠난 세계. 만질 수 없는 평평한 세계. 하나의 죽음이 밝아오면 하나의 딱딱한 거울로 변하는 세계. 머나먼 광명의 세계. 거울은 내면이 죽은 사람의 면상처럼 만물이 되비친다. 거울에 한 여자의 형상이 어린다. 너는 이제 발가락도 없는 두 개의 발이 되었다. 너는 이제 손가락도 없는 두 개의 손이 되었다. 눈코입도 없는 얼굴이 되었다. 저 멀고도 가까운 내부, 머리칼 속의 숲, 돌멩이 달에 빛이 들어오고, 신발 속에 바다가 출렁인다. 네 소매 속에 새가 날고, 네 바짓가랑이 속에 말이 운다. 희끄무레 윤곽이 사라지는 여자가, 동그란 거울 속에 갇히는 여자가, 혀가 입속에서 녹는 여자가 차디찬 거울의 매끄러운 가장자리에서 흐느낀다. 보름달이 진다. 여자의 두 눈동자에서 거울이 희번득 희번득 미끈거리고 그때마다 무겁고 투명한 것이 여자의 얼굴을 밟는다. 볼 수는 있으나 들어갈 수는 없는 딱딱한 표본의 세계, 영사막처럼 희끄무레하나 주먹이 뭉툭한 세계를. 여자의 희미한 두 팔이 아직도 휘젓고 있는지.

인형

마흔나흘

한 인형이 다른 인형이 태워지는 것을 보는데
강 건너편에서 보다가 가까이 가서 보는데
먼저 머리 껍질이 타들어가는 것을 보는데

누가 한 사람을 데려가고
여기 장작더미 위에 그의 인형을 갖다 놓았을까
오늘만 좀 재워주세요 하더니 영원히 일어나지 않는 손님처럼
몸이 다 타도록 그 사람은 돌아오지 않네

누가 먼 옛날 네 어머니의 젖을 폭폭 떠먹었단 말인가
누가 너를 훔쳐가고 네 인형을 유모차에 태워놓았단 말인가
사연도 모르는 뼈를 키워서 학교로 보냈단 말인가

바라나시의 노천 화장터 곁에서 찍은 사진을 들여다보니
인형인지 사람인지 너인지 나인지 눈물인지 땀인지
노란 이불을 덮고 들것 위에 찌그러져 붙어 있는 것

황천

마흔닷새

얼굴 없는 망자들이

중환자실 문 열리면 염통주머니, 오줌주머니 들고

달려 나오는 환자들처럼

황혼길 우루루 달려가는 망자들이

오던 길 돌아보고 추억에 눈 맞추면 돌기둥 되는 망자들이

자루 속에서 내다보는 눈구멍에 소금물 그렁그렁 담은 망자들이

눈물이 뼈를 녹여 물기둥 되는 망자들이
너보다 먼저 떠나서 영원히 떠난 망자들이
대망막을 뒤집어쓰고 다시 태어날 순서라고
이제 모국어를 다시 배워야 할 때라고
잠자고 일어나도 네가 없고 아침을 먹어도 네가 없다고

초등학교 1학년 교실 문 열리면 받아쓰기 공책 신발주머니 들고 쏟아져 나오는 아이들처럼

우루루 산 아래 떠밀려 내려갈 때

헬리콥터 한 대가 천 명의 죽은 사람 이름을 새긴 4톤짜리 청동 종을 긴 줄에 매달고

높은 산을 넘어가네요 첩첩산중 숨은 절간에 그 종을 매달아두려고

질식

마흔옛새

그리하여 숨
그러자 숨
그다음엔 숨
이어서 숨
그래서 숨
그렇게 숨
그리고 숨
그대로 숨
그러다가 숨
그래서 숨
항상 숨
이윽고 숨
언제나 숨
그런데 숨
그러나 숨
그러므로 숨
그럼에도 불구하고 숨
끝끝내 숨

죽음은 숨 쉬고, 너는 꿈꾸었지만

이제 죽음에게서 인공호흡기를 뗄 시간
이제 꿈을 깰 망치가 필요한 시간

심장의 유배

마혼이레

누가 네 몸속에서 물을 길어 올리나

누가 네 몸속에서 섹스를 하고 있나

창밖에서 남자와 여자의 구두가
후두둑 후두둑 떨어진다

(넌 알고 있었니?
우리가 흐느끼는 소리로 뭉쳐진 존재라는 걸)

누가 네 속에서 풍금을 치나

누가 네 속의 진흙 속에서 푸들거리나

누가 네 속의 몇 개의 지층 아래서 벌떡벌떡 물을 토하나

(몇 세기의 지붕을 소리 없이 걸어가던 여자가
임신한 배를 껴안고

잠시 쉬는 테라스

눈물로 만든 렌즈들이 유리창을 쓰다듬고 있네)

달 가면

마흔여드레

너는 이제 얼굴을 다 벗었다

하얗고 둥근 달이 동쪽에서 뜬다

동서남북 천 개의 강물에 천 개의 가면이 뜬다

마요

마혼아흐레

공중에 떠가는 따스한 입김 하나가 너를 그리워 마요
너보다 먼저 윤회하러 떠난 네 어릴 적 그 입술에 살랑 닿는 바람이 너를 그리워 마요

무한 창공 떠가는 아파서 죽은 그 겨울 그 여자의 얼음심장에
가느다란 바늘이 가득 꽂히면서 너를 그리워 마요

떨어진 이파리들이 언 강물 위에 지문을 가득 붙여가면서

백 층 2백 층 건물이 일시에 무너져 내리면서

안경은 안경끼리 신발은 신발끼리 입술은 입술끼리
눈썹은 눈썹끼리 발자국은 발자국끼리 커다란 서랍 속으로 쓸려가면서 너를 그리워 마요

80센티미터로 강물이 얼어붙고, 그 위로 탱크가 지나가고, 그 얼음 밑에서 물고기들이 너를 그리워 마요

담배 가게 앞에 14년째 전봇대에 묶인 개가 너를 그리워 마요

커다란 바람이 미쳐서 죽은 여자 수천 명을 데리고 날아가는데

네 일생의 '너'들이 웃어젖히는 소리, 쏟아지는 머리칼

겨울 풍경 전체가 울며불며 회초리를 휘두르며 너를 그리워 마요

눈발이 수천 개 수만 개 수억만 개 쏟아지며 너를 그리워 마요

온 세상에 내려앉아서 울며불며 수런거리며 눈 속에 파묻힌 눈사람 같은 네 몸을 찾지 마요, 예쁘게 접은 편지를 펴듯 사랑한다 어쩐다 너를 그리워 마요

너는 네가 아니고 내가 바로 너라고 너를 그리워 마요

49일 동안이나 써지지 않는 펜을 들고 적으며 적으며 너를 그리워 마요

제2권

날개 환상통

시인의 말

(2019)

우리 엄마

우리 아빠

이제 보니

우리는

작별의 공동체

차례

1부 사랑하는 작별

125 새의 시집
129 고잉 고잉 곤
131 쌍시옷
쌍시옷
134 날개 환상통
138 새의 반복
140 날개 냄새
143 찬란했음 해
145 새는 물음표 모양으로 서 있었어요
148 바닥이 바닥이 아니야
152 비탄 기타
154 이별부터 먼저 시작했다
156 얘야 네 몸엔 빨대를 꽂을 데가 많구나
159 10센티
162 오감도 31
165 안새와 밖새
167 새들의 영결식
172 Korean Zen
174 양쪽 귀를 접은 페이지
177 새의 호흡기 질환에 대하여

179 새, 소스라치게
181 티라누스 멜랑콜리쿠스

2부 나는 숲을 뾰족하게 깎아서 편지를 쓴다

193 우체통
194 숨을 은
196 almost blue
199 불쌍한 이상(李箱)에게 또 물어봐
204 불안의 인물화
206 그믐에 내용증명
209 초
211 몬스터
213 송곳니
215 어느 작은 시
217 더 여린 마음
219 우체국 여자
221 엄마의 팽창
223 미리
귀신
225 이 소설 속에서는 살고 싶지 않아
228 뾰족한 글씨체

3부 작별의 공동체

233 작별의 신체
238 이 상자에 손을 넣을 수는 없다
243 날아라 병원
245 레시피 동지
248 새를 앓다
251 우리에게 하양이 있을까
254 피읍 피읍
257 새의 일지
262 찢어발겨진 새
265 이 나라에선 날지 마
267 새 샤먼
271 그 사진 흑백이지?
274 부사, 날다
277 해파리의 몸은 90퍼센트가 물이다

4부 여자들은 왜 짐승이 말을 할 수 있다고 생각하니?

283 화장실 영원
287 사라진 엄마
사라진 부엌
290 들것
293 않아
294 중절의 배

297 물구나무 팔
301 마취되지 않는 얼굴
303 폭설주의보
306 합창대
310 할머니랑 결혼할래요
312 흉할 흉
315 올빼미
317 원피스 자랑
320 수레의 컴컴한 덮개 아래 흑단으로 만든 화려한 관들이 검푸른 털로 빛나는 장대한 암말에게 바삐 끌려가고 있다
322 자폐, 1
324 자폐, 1000
327 구속복
330 낙랑의 공주
334 여지의 여자
337 최면의 여자

5부 리듬의 얼굴

343 리듬의 얼굴

1부
사랑하는 작별

새의 시집

이 시집은 책은 아니지만
새하는 순서
그 순서의 기록

신발을 벗고 난간 위에 올라서서
눈을 감고 두 팔을 벌리면
소매 속에서 깃털이 삐져나오는
내게서 새가 우는 날의 기록
새의 뺨을 만지며
새하는 날의 기록

공기는 상처로 가득하고
나를 덮은 상처 속에서
광대뼈는 뾰족하지만
당신이 세게 잡으면 뼈가 똑 부러지는
그런 작은 새가 태어나는 순서

새하는 여자를 보고도
시가 모르는 척하는 순서

여자는 죽어가지만 새는 점점 크는 순서
죽을 만큼 아프다고 죽겠다고
두 손이 결박되고 치마가 날개처럼 찢어지자
다행히 날 수 있게 되었다고
나는 종종 그렇게 날 수 있었다고
문득 발을 떼고
난간 아래 새하는
일종의 새소리 번역의 기록
그 순서

밤의 시체가 부푸는 밤에
억울한 영혼이 파도쳐 오는 밤에
새가 한 마리
세상의 모든 밤
밤의 꼭지를 입에 물고 송곳같이 뾰족한
에베레스트를 넘는 순서

눈이 검고 작아진 새가
손으로 감싸 쥘 만큼 작아진 새가
입술을 맞대어도 알아듣지 못할 말을 중얼거리는 새가
새의 혀는 새순처럼 가늘고
태아의 혀처럼 얇은데
그 작은 새가

이불을 박차고 내 몸을 박차고
흙을 박차고 나가는 순서

결단코 새하지 않으려다 새하는 내가
결단코 이 시집은 책은 아니지만 새라고 말하는 내가

이 삶을 뿌리치리라
결단코 뿌리치리라

물에서 솟구친 새가 날개를 터는 시집

시방 새의 시집엔 시간의 발자국이 쓴 낙서

세상에서 제일 무거운 연필을 들고
가느다란 새의 발이 남기는 낙서
혹은 낙서 속에서 유서

이 시집은 새가 나에게 속한 줄 알았더니
내가 새에게 속한 것을 알게 되는 순서
그 순서의 뒤늦은 기록

이것을 다 적으면
이 시집을 벗어나 종이처럼 얇은 난간에서

발을 떼게 된다는 약속

그리고 뒤늦은 후회의 기록

Going Going Gone

L'oiseau me découpe
comme le soleil aussi découpe son ombre

Un trou entre
à l'endroit découpé
Je sors

L'oiseau me découpe
comme le temps aussi me découpe

Une bouche béante entre
à l'endroit du trou

Je sors de cette bouche ouverte
j'y retourne enfant mal formée

Je ressors

Un pas vers où je ne suis pas
Un pas vers où je ne suis pas

L'oiseau ne me découpe pas
Derrière un mur j'attends pour toujours

고잉 고잉 곤

새가 나를 오린다
햇빛이 그림자를 오리듯

오려낸 자리로
구멍이 들어온다
내가 나간다

새가 나를 오린다
시간이 나를 오리듯

오려낸 자리로
벌어진 입이 들어온다

내가 그 입 밖으로 나갔다가
기형아로 돌아온다

다시 나간다

내가 없는 곳으로 한 걸음

내가 없는 곳으로 한 걸음

새가 나를 오리지 않는다
벽 뒤에서 내가 무한히 대기한다

쌍시옷
쌍시옷

알고 싶지 않다 당신의 마음
알고 싶지 않다 당신의 처절

도시는 아무것도 알고 싶지 않다
하지만 나에게 여러 넘버들을 매겨주었지

나는 이 도시에서 더 이상 자리를 차지하지 않겠다
더 이상 먹지도 않겠다

부리처럼 입술에 조개껍데기를 물고
물고기의 피를 얼굴에 바르고
바람의 손목을 두 손에 나눠 잡고

웃어주겠다
증발하겠다
은퇴하겠다

나는 도시의 눈에 띄지 않겠다

얼마나 오래 걸었을까? 아이스크림집 빵집 책방 국숫집 아케이드를 잘근잘근 씹어서 먹으면
뜨거운 해변이 목구멍에서 쏟아질 것 같다

나는 이제 줄이 긴 새 떼가 될 거다
이 도시를 칭칭 감을 거다
그러면 새 떼가 말할 거다

(다음에 서로 어울리는 항목끼리 줄을 그으세요)

나무	고래	남국의 고래는 꽃의 정원
꽃	얼음	햇빛을 정육면체로 잘라 차곡차곡 담장을 쌓는다
햇빛	강	강물에 발을 담그자 이 물결이 개미 떼라는 걸 알았다
개미	배	뿌리내린 배

도로들이 일어서게 한 다음
자동차를 공중에 띄우고
새 떼가 공중에 뜬 강물로 활강해 갈 거다

금빛 가는 실로 검은 바다에 수를 놓던 한 마리 새가
바다를 물고 하늘 높이 솟구쳤다가 그만 탁 놓아버리면

물결이 도시를 뒤덮을 거다
내 공책의 행과 행 사이로 물이 들어올 거다

새들은 발바닥에 쌍시옷이 두 개 달렸다
(한강의 다리 난간 위 새 한 마리
왼발에 미래
오른발에 과거
었, 겠, 었, 겠, 었, 겠
엉덩이를 흔들며 걸어가고
내 일기엔 쌍시옷이 쌓인다)

(나는 도시 한복판에서 갑자기 이 세상이 너무 좁다고 폐소공포증에 걸린다)

그리하여 나는 공책에 긴 줄을 내리그으며

새는 누구에게도 먼저 말 걸지 않는다
물론 나도 그러겠다
얼굴에 깃털을 기르겠다
날아가겠다

라고
쓴다

날개 환상통

하이힐을 신은 새 한 마리
아스팔트 위를 울면서 간다

마스카라는 녹아 흐르고
밤의 깃털은 무한대 무한대

그들은 말했다
애도는 우리 것
너는 더러워서 안 돼

늘 같은 꿈을 꿉니다
얼굴은 사람이고
팔을 펼치면 새
말 끊지 말라고 했잖아요
늘 같은 꿈을 꿉니다
뼛속엔 투명한 새의 행로
선글라스 뒤에는
은쟁반 위의 까만 콩 두 개

(그 콩 두 개로 꿈도 보나요?)

지금은 식사 중이니 전화를 받을 수 없습니다
나는 걸어가면서 먹습니다
걸어가면서 머리를 올립니다
걸어가면서 피를 쌉니다

그 이름, 새는
복부에 창이 박힌 저 새는
모래의 날개를 가졌나?
바람에 쫓겨 가는 저 새는

저 좁은 어깨
노숙의 새가
유리에 맺혔다 사라집니다

사실은 겨드랑이가 푸드덕거려 걷습니다
커다란 날개가 부끄러워 걷습니다
세 든 집이 몸보다 작아서 걷습니다

비가 오면 내 젖은 두 손이 무한대 무한대

죽으려고 몸을 숨기러 가던 저 새가

나를 돌아보던 순간
여기는 서울인데
여기는 숨을 곳이 없는데

제발 나를 떠밀어주세요

쓸쓸한 눈빛처럼
공중을 헤매는 새에게
안전은 보장할 수 없다고
들어오면 때리겠다고
제발 떠벌리지 마세요

저 새는 땅에서 내동댕이쳐져
공중에 있답니다

사실 이 소리는 빗소리가 아닙니다
내 하이힐이 아스팔트를 두드리는 소리입니다

오늘 밤 나는
이 화장실밖에는 숨을 곳이 없어요
물이 나오는 곳
수도꼭지에서 흐르는 물소리가
나를 위로해주는 곳

나는 여기서 애도합니다

부들부들 떨리는 손으로 검은 날개를 들어 올리듯
마스카라로 눈썹을 들어 올리면

타일에 떨어지는 빗소리가 나를 떠밉니다

내 시를 내려놓을 곳 없는 이 밤에

새의 반복

저 나무 꼭대기에 앉은 새가 하는 얘기는 다 내 얘기다
내가 거짓말한 것 도둑질한 것 등등 소문에 대한 얘기가 아니라
내가 태어나서 죽었다는 그런 흔한 얘기다
내가 그만하라고 다른 얘기 좀 하라고 해도 다 내 얘기만 하는 새
일평생 같은 하이힐만 신고 돌아다니는 여자의 구두 굽 소리같이 똑같은 얘기
그래서 나에겐 부러뜨리고 싶은 새가 있다

깨끗한 A4용지를 한 묶음 사서
한 장 한 장 구겨서 버리는 시인처럼
나에겐 꺾고 싶은 새가 있다
마주 보는 거울 안의 한 가문 식솔들 같은 내 시들을 구겨놓으면
거기서 날개를 푸드덕거리는 새들의 얘기가 들렸다
너는 태어나서 죽었다고
그러면 나는 이런 가위 같은 주둥아리들을 보았나
문서 세단기를 사서

시집들을 낱낱이 썰어버렸는데
나중에 문서 세단기 뚜껑을 열어보니 아예 거기 새들이 가득 앉아
한 줄 한 줄 글을 읽는 양 내 얘기를 하고 있었다
심지어 서로서로 다른 얼굴까지 갖춰 달고
암컷들은 알까지 품고 내 얘기를 하고 있었다
하늘을 날 생각은 하지도 않고
한 그루 땅콩나무 아래 땅콩들처럼
땅속에 모여 앉아 내 얘기를 하고 있었다
그래서 내가 태어나서 죽었다는 그런 흔한 얘기 말고
다른 얘기 좀 하라고
이를테면 내가 늘 같은 하이힐만 신고 출근하고 퇴근하지만
같은 공원 같은 나무 아래에 이르면
늘 왈츠를 한번 추고 간다는 얘기 같은 거
그 나무 아래서 달을 안아보는 동작을 여러 번 해본다는 얘기 같은 거
그런 거 좀 하랬더니

나는 새 속에서 태어났다고 했다
그 반대가 아니라
나는 새 속에서 죽었다고 했다
그 반대가 아니라
내가 태어나서 죽었다고 했다

날개 냄새

상담자가 말했다
머릿속에서 새를 떠올리세요
자 어떤 새입니까?

작고 흽니다
무게나 색이 없고 흰 배경에 스며들다 나왔다 합니다
날면 외롭고 걸으면 무섭습니다
보호해줘야 하는데
보호해줘야 하는데
(이건 내원자의 중얼거림)
겨드랑이는 분홍색
그렇다고 흰 새가 훨 훨 훨 하고 우는 건 아닙니다

사실 모두 거짓말입니다
방금 말한 흰 새는 내 앞에 흰 손수건처럼 앉아
공손하게 차를 마시는 새입니다
내가 나무라자 그럴 수밖에 없었다고 하는 새입니다
나의 정신이상과 폭력적 언사에 대한 책임을 묻는 힐난에
자신은 그럴 수밖에 없었다고 합니다

나는 시방 자리를 많이 차지합니다
나는 저 흰 새의 무덤이 될 참입니다
매번 그럴 수밖에 없었다니
그때마다 나는 높이 날고 싶었습니다만
가슴이 커서 숨이 찹니다
날개를 펼치기만 해도 누구를 쳐서 넘어뜨릴 것 같아
사실 날개를 편 적도 없습니다
아아 나는 날개가 너무 커서 태어날 수가 없는 새입니다

내 날개에서 자궁의 침냄새가 납니다
냄새나는 새가 납니다

내 뒤(뭘 하고 계심?)에서
상담자가 말했다
자 그 새를 가슴에 넣고 안아주세요

다음 날
상담자는 말했다
머릿속에서 새를 떠올리세요
자 어떤 새입니까?

나는 어디서나 태어나는 새입니다

땀구멍만 있어도 태어날 수 있습니다
아무리 투명한 새라도 너무 크면 몸이 부끄러우니까
아마 날아다니는 것 중 하루살이가 제일 부끄럽지 않을 거예요

내 뒤(뭘 생각하고 계심?)에서
상담자가 말했다

자 그 하루살이를 안아주세요

찬란했음 해

네 몸에서 내가 씨를 심은 새들이 울퉁불퉁 만져졌음, 해

네 피가 새의 피로 새로 채워졌음, 해

네 발걸음이 공중으로 겅중겅중 디뎌지는 나날

바보 멍청이 네가 네 몸의 문을 찾지 못하는 나날

내가 되고 싶은 네가 네 몸에서 나가고 싶어 안달했음, 해

습한 여름에도 발아래 땅이 한없이 멀어지는 그런 가을이 온 것 같고

네 목구멍이 목마름으로 타들어 가듯

네 몸의 새가 타올랐음, 해

키득키득 네 입술 밖으로 연기가 새어 나오고

내 몸에 앉고 싶은 새가 더 더 더 달아오르는 나날

쿵쿵 울리는 심장의 둥지에서

쿵 소리 한 번에 새 한 마리씩

미지근한 네 두 눈의 창문 밖으로 언뜻언뜻 아우성치는 새들이 엿보이는

그런 나날

불붙듯 날개가 크게 돋아났는데도 돌 속인 그런 나날

가슴 위에 얹은 네 오른손이 마치 네 엄마처럼

새들로 꽉 찬 네 가슴을 지그시 누르고

매일 그런 자세로 나를

네 안의 새들이 찬란했음, 해

새는 물음표 모양으로 서 있었어요

외출에서 돌아와 방문을 열자
벽이 몇 걸음 걷다가 날아오르는 것 같다

포스트잇을 가득 붙인 방

나는 바닥에 누워 노란 집을 생각한다
액자 같은 창문을 열고 그 안에서
아이들 한 명씩 고개를 내미는 집

포스트잇 한 장이 팔랑 흔들리고
한번 들어온 바람이 나가지 못한다

오늘은 내 목구멍에 꽂힌 펜이 새 우는 소리를 냈다

검은 머리칼을 덮은 지붕들이 펄럭거리는 창문

나는 깃털을 뽑아 땅에 떨어뜨리지 않고 왜 여기다 붙이는가
알은 깨어지고 왜 거기서 털도 없는 것이 나오는가
너는 왜 이름 지어 부르던 고양이를 강물 속에 처넣고 바캉스

를 떠나는가
부끄러우면 죽어버릴 것이지 피 묻은 깃털을 뽑는가

힘껏 노래를 부른 다음 다 같이 숨을 들이쉬고
다시 내뿜지 않는 합창단원 아이들
거인이 검푸른 외투를 벗어
그 아이들의 머리를 덮고 내리누르네
내 손에 남아 있는 그 무거운 외투의 감촉

냉동실 문에 붙어 있는 포스트잇의 숨소리가 들리는 방

나는 노란 포스트잇으로 가득한 방에서 말했다

그곳은 하루가 너무 길어서
눈을 한 번 깜박일 동안이면
이곳이 다 지나간다지요

깃털을 다 뽑은 다음엔 뭘 하면 될까요

물음표들이 물새들처럼 늘어선 방

평생의 주문에 걸린 파도들처럼
벽이 자맥질하는 방

새로 태어난 새들이 물결 위에 앉아 부리로

노란 깃털을 하나하나 쓰다듬는 방

바닥이 바닥이 아니야

발목에 묶인 은줄이 빛난다
엄마는 태어나자마자 나에게 새장을 입혔지만

발이 푹푹 빠지는 트램펄린 밤
흰 오로라처럼 사라지는 토끼 모양 그림자
트램펄린 밤 속으로 나는 튀어 오른다

누가언제왜어떻게어디서무엇으로는 설명할 수 없는
얼굴과 마주 보고 튀어 오른다
우리 엄마를 낳아서 소녀로 기르고
시집보내고 나를 낳게 하고
이제 할머니를 만들어서
병들어 눕게 한 달빛이 은줄 위에 빛난다
나와봐! 나와봐! 네 면상을 치고 말 테다
나는 달을 향해 두 손을 뻗는다

우리 엄마는 호스피스에 두고 나는 트램펄린 춤
엄마는 보러 가지 않고 달을 무찌르는 춤
내 춤은 추면서 베는 춤이야

쿵쿵 큰 소리 나는 춤

트램펄린 밤
트램펄린 산
트램펄린 숲
푹푹 토끼 그림자 늪 속으로 빠지는 밤
저들과 싸울 거야
저들을 벨 거야

저 산을 유혹할 거야
이것 봐 이것 마셔봐
한여름의 장마 주스
더위 끝 태풍 스쿼시

저 숲에게 권할 거야
이것 봐 이것 마셔봐
숲에 사는 거인을 유혹하기 위한
찬바람 도는 가을비 배합 과즙

나는 하늘과 땅 사이를 베고 싶다
엄마가 누운 곳만 빼고 다 베고 싶다

검은 벨벳 장막처럼 내리는 빗줄기를 베고 싶다

툭툭 떨어지는 달빛 아래 제라늄을 베고 싶다

왜 엄마를 태어나게 하고
왜 죽게 하는 거야

매일매일 내 몸을 조여오는
이 새장을 벗지 못하는 나는

전적으로 바닥에 의지해 사는 나는

트램펄린
트램펄린

그리하여 이 옷은 파멸을 부르는 옷일까
레이스 커튼이 달린 새장을 입은 새는
도약
도약

하지만 내 춤의 안무는 슬픔이 하는 걸까 불안이 하는 걸까

아침이면 시작되는 거짓말
도움닫기 높이뛰기
저녁이면 시작되는 거짓말

곤두박질 앞구르기

두 발에 매달린 은줄이 찰랑거린다

이 지구는 자전과 공전이라던데
내 치마처럼 훌러덩 돌기만 한다던데
왜 죽어? 왜 죽어?

온몸을 찌르는 잉크처럼 나를 적시는 달빛
이 빛을 다 베면 죽음이 멈출까

새장을 입은 채 나는 싸운다
저 숲과
저 산과
저 밤과

저들을 다 베면 우리 엄마가 살까?

비탄 기타

지하 탄광을 위문하러 온「백조의 호수」무용단
소름 돋은 살을 파고드는 투명 어깨끈을 본 순간
우리의 몸을 파고드는 우주에서 온 통증 같은 것

녹슨 귀걸이를 흔들며 서로의 무릎이 닿게 합니다

단지 팽팽하게 묶은 서로의 철선을 피크로 몇 번 그은 것뿐인데

저 건너 도시의 불이 하나씩 켜집니다

서로의 몸에 손을 얹을 때 철조망에 손을 얹을 때처럼 뼈에 닿는 작디작은 스크래치

작은 주삿바늘로 소녀의 얼굴을 콕콕 찌를 때 이럴까

끌어안은 두 몸이 물에 녹는 알약처럼 퍼집니다

어디까지 내려가봤습니까?
어디까지 발을 뻗어봤습니까?

먼 조상에서 먼 후손까지 다 아파봤습니까?
어디까지 죽어봤습니까?

리듬은 아직 발이 바닥에 닿지 못하게 하는 공중부양 수용소입니다

커플은 잠시 이륙하고 커플의 통증도 잠시 이륙하고 통증의 리듬도 잠시 이륙합니다

건너편 산에서 훅 끼쳐오는 통증의 메아리를 타고 이륙합니다

서로의 무릎을 붙이고 수박 속의 수박씨처럼 새빨간 핏물 속에 떠 있고 싶을 때가 있습니다

도시에 불이 다 켜질 때까지 서로의 철조망을 피크로 긋고 싶을 때가 있습니다

백조 커플의 흰 스타킹이 점점 더 피로 물듭니다

이별부터 먼저 시작했다

새와 새가 대화를 나누었다. 나무 위에서 지붕 끝에서 피뢰침을 사이에 두고 대화를 나누었다. 너무 추운 날이었고 몸은 따뜻한 방 안에서 왠지 울고 있었다. 새의 대화 속엔 몸이 없었다. 몸에서 떨어진 두 손처럼 새 두 마리가 서로를 바라보았다.

새는 이별부터 먼저 시작한다는데, 이별과 이별은 만나서 무슨 얘기를 나눌까. 새는 몸속에서 몹시 떨었던 적이 있다. 파닥거린 적이 있었다고나 할까. 새는 이미 이별부터 시작했으므로 미래가 없다고 했다. 새는 미래를 콕 찍어 먹고, 미래를 콕 찍어 먹고 정겹게 대화를 나누었다.

해탈한 스님은 늘 같은 나무 아래, 새는 늘 같은 스님 머리 위에 있었다.

새와 몸은 서로가 존재한다는 것은 알고 있다고 했다. 나는 몸이 너무 아픈 날 새 한 마리가 하늘에서 떨어지는 것을 본 적이 있다.

몸은 새가 다녀가는 것을 느낄 때가 있다고 했다. 오늘은 새가 내 몸을 데리고 제일 어두운 골짜기로 갔다. 몸이 소리 없이 비명을 지르고 식은땀을 흘리며 눈을 번쩍 떴다. 새는 가버렸다.

금요일엔 저녁에 길이 막히고 한강대교 위 자동차 안에서 꼼짝을 못 하고 있었다. 엄마가 눈 수술을 끝내고, 두 눈에 붕대를 감은 채, 홀로 누워 있었다. 새가 먼저 날아가 엄마의 두 눈을 쓰다듬었다.

그때 엄마가 내 이름을 불렀다 했다.

얘야 네 몸엔 빨대를 꽂을 데가 많구나

검은건반 흰건반이 마구 섞이는 저녁
장님이 해를 바라볼 때 같은 박명의 시간
시간으로부터 빠져나와 이륙을 감행해서

흰 수염의 피아노 수선소 굴뚝까지

얘야 이 우주에 아직 멈추지 않은 음악 같은 게 있다는 게 얼마나 좋으니

이륙하면서 잠깐 뇌리를 스치는 생각!
저 아래 사람들은 한평생 뭘 저리 열심히 만들다 가는 걸까?
별도 하나 공중에 띄우지 못하면서
밥이나 하고
야채나 씻고
동그란 바퀴나 만들면서
가수에게 편지나 쓰고

내 음악은
욕조만 한 우주를 만들어서

풍덩! 하는 것
그런 다음
어느 새의 투명한 유서처럼
떠오르는 것

허공에 지은 새집은 누가 매일 그렇게 빨리 지워버리는지

비가 와도 젖지 않는데 비가 오는 나라
아빠가 와도 아빠가 없는데 아빠가 오는 나라

속속들이 빈틈없이 팽팽한 신경줄로 엮은
피아노들은 지독히 이빨이 아프지만

아픈 손으로 썼어요, 이 편지를
먼 훗날 같이 개봉해요, 끝나지 않을 이 편지를

사막에
3백 년 만에 비가 내리자
3백 년 동안 기다린 씨앗의 키가
하늘 끝까지 솟구쳐 오르고

이 한없이 슬픈 원경
비 맞는 사막을 동그란 망원경으로 동그랗게 모아 보듯이

피아노 한 대

그러나 박수 소리 찬란하게 후드득 멀어지는
시간의 장례를 알리는 침묵의 심벌즈는 닫히고
2백조 킬로미터 떨어진 글리세 581c 행성이
힘차게 주먹 쥔 중력의 손가락들을 모두 펼치는 시간

호수 바닥에 숨겨진 시체처럼 엎드렸다가 머리를 흔들어 물을 털면서 일어서다가 온몸이 저며진 생선회처럼 채 친 무 튀긴 당면 위에 누워 귓바퀴에 매화꽃 두르고 숨 헐떡거리다가 소파에 고꾸라져 내팽개쳐진 옷처럼 가느다랗게 숨이나 쉬다가 밥이나 하고 야채나 씻고 두 발에 쇠사슬이 묶여 발을 끌며 피 흘리며

우적우적 씹은 것들을 게워놓고 떠날 시간은 돌아오기 마련
삼단 같은 머리를 기른 올챙이가 개구리의 꿈속으로 떠나야 할 시간은 돌아오기 마련

애야 네 몸엔 빨대를 꽂을 데가 많구나
흰 수염은 계속 떠들기 마련

그러나 지금은 흰건반 검은건반 두드려서
서늘하게 풍덩! 피아노에 묶인 새들을 풀어줄 시간

10센티

간혹 천사는 갇힌다
미쳐서

나는 남의 알을 품었다고 쓴다

사전의 글자들 위에 까맣게 쓴다
새장에 앉아 쓴다

손을 잡아보면 알아요
당신은 새가 아니군요
당신은 더러운 손을 내미는군요

간수가 오면 나는 내 혀를 두꺼운 책 속에 감추어둔다

어느 아침은 높이 날았고
어느 아침은 깊이 떨어졌다고
쓴다
떠나고 싶을 때 떠날게요라고
쓴다

동터올 때 부리로 쓴다

가다가 서고
가다가 울고
나는 내가 만든 세상에서는 멀리 갈 수 있답니다
노래도 아니고
메아리도 아니고
아주 멀지만 자유만 있는 장소에서
나는 그곳을 나는 새입니다

겨우 지상에서 10센티 떠오른 채

새장엔 미친 새

어느 밤하늘 날아가는데
너희의 화살이 심장을 꿰뚫어
푸르르푸르르 불안 장애 경련 장애
그 때문에 새가 된 새

어느새
새가 된 새

그 칼날의 울음 같은 소리

미친 게 분명한 새

그 새의 신발끈은 풀어져 땅에 끌리고
그 새의 머리끈은 풀어져 측백나무를 칭칭 감고

하지만 나는 나는 것이 좋아
먼 길 떠나는 것이 좋아

모국어 사전에 혀가 물린 천사는
입속이 뜨거울 정도로 상냥하답니다라고
쓴다

오감도 31

오늘은 없는 이 날개
— 이상, 「날개」

김해경의 시에선 13인의 아해가 도로를 질주하고
김혜순의 시에선 아해들 머리 위로 13마리의 새가 하늘을 질주한다
13마리의 새가 땅에선 보이지도 않을 높이를 날아간다
8일째 먹지도 자지도 않고 날아간다
너무 높아서 까만 하늘을 날아간다
제1의 새가 무섭다고 그런다
제2의 새는 내가 죽었냐고 그런다
제3의 새는 설사가 터진다고 그런다
제4의 새는 한번 길게 울더니 떨어져버린다
제5의 새의 입에서 초음속 기도문이 토사물처럼 흐른다
제6의 새는 자신을 화살이라고 생각하겠다고 하더니
부리를 다물고 공중에서 자살하는 법을 생각한다
이렇게 무자비하게 13마리를 다 쓰고 싶지만
참을 만큼 참은 새들에 대한 예의가 아니기에
견딜 수 없어서 같은 문장을 13번 반복한 다음
종이를 뒤집어 아까 적은 문장과 반대로

질주하지 않아도 좋다고 적은 김해경에 대한
예의도 아니기에 그만 쓰기로 한다

사실 새들이 다 무서워하지 않는지도 모른다
무서워하는 제1번 새를 제2번 새가 무서워하고
제2번 새를 제3번 새가 이렇게 계속 무서워하는지도 모른다
그래서 결국 무서워하는 국가가 되는지도 모른다
이도 저도 아니고 그냥 날아가니까 날아가는 건지도 모른다

조금만 더 가면 우리의 조국 대한민국이 있고
방긋이 문을 열어놓은 깨끗한 바닷가
새집들이 모음처럼 입을 벌리고 있다고 하고
어서 오세요 하얀 앞치마를 입은 방들이 진즉부터 기다리고 있다 하니
날아가는 건지도 모른다

대한민국의 웨스트코스트에 도착한 새 12마리 앞에
광활한 간척지가 나타난다
꾀죄죄하고 퀭한 새들이 전망대 위에 볼링 핀처럼 앉아 있다
먹지도 자지도 않은 지 9일째
너무 굶어서 몸속의 피도 말라버린 새들 앞에
바다는 없다

간척지의 신기루가 붉게 물든 손뼉처럼 새들을 잡아챘다

제1의 새가 고개를 아스팔트에 처박는다
제2의 새가 고개를 아스팔트에 처박는다
예의상 나도 더 이상 반복하지는 않겠다

내 얼굴에서 새가 떨어진다 그러자 풍경도 떨어진다

안새와 밖새

차가운 바이올린 소리
쨍하게 얼어붙은 강물 위를 날아가며
얼음 밑에서 헤엄치는 물고기를 내려다보듯
새가 우리를 내려다보는 거지

그 새가 창문에 부딪히자
내게 일어난 증상

우유에 떨어지는 코피처럼
눈 내린 광장에서 흩어지는 사람들 사이에서

춥지? 하면 아니! 하고
나란히 걸어가는 두 사람
바이올린 요람인가 너와 나
같이 열렸다 같이 닫히는

두 몸 사이가
오히려 살아 있는 듯
너무 귀해서 만질 수도 없는

투명하고 뭉클한 새가 우리 사이에 있는 듯

위에서 보는 마음이 아프다
식탁 위의 전등과 싱크대 위의 전등 스위치가 나란히 붙어 있는 것처럼
나란히 걸어가는 두 사람

책 표지를 넘기면 나타나는 하얀 빈 종이 위에
진통제로 몽롱한 선생님이 쓰신 글씨 두 개처럼

이 세상에도 저세상에도 문이란 게 하나도 없다면 얼마나 좋을까

나는 이제야 느낀다
새가 날지 않으면 세상이 거울처럼 납작해진다는 것
그리하여 나의 새는 잠들어서도 날아간다는 것

그 새가 다시 유리창을 쪼는 동안
내게 일어난 증상

마치 얼음 밑에 갇힌
물고기를 바라보는 것처럼
걸어가는 너와 나
공중에서도 볼 수 있다는 것

새들의 영결식

영결식에서 조사(弔辭)를 듣고 있다
나는 창밖을 바라본다
언젠가 창가에 앉아 있는데 새들의 대화가 들려와
그 이름 화들짝새처럼
진짜 화들짝 놀란 적이 있다
새들은 말했다
나한테만 이렇게 높은 방을 주면 어떡해?
몇 층인데?
13층
그래? 나는 지하야
너무 놀라서 진짜 그만 나도 새가 되어버린
그 기분을 여러분은 알까?
내가 날개를 치는가 했더니
날개와 몸이 분리되는 그 기분도 여러분은 짐작할 수 있을까?
아니면 몸뚱어리만 땅에 철퍼덕하는 그 기분
새들의 지하는 어디일까?

저 조사의 내용은 상투적인 언어의 보고다
나는 경청하려고 애쓴다

그녀는 말한다

가슴에 와닿아 가슴에

나는 생각한다 가슴 어디에? 심장에? 아니면 폐에? 아니면 갈비뼈에?

나는 가슴에 와닿는다는 말을 싫어한다

나는 다른 생각을 하려고 해본다

수심 1백 미터를 잠수하는 검은무리물떼새에 대해

나는 귀를 후벼 판다 조사가 안 들린다 안 들린다

나는 그녀를 흉내 내본다

한 단계 더 기 기 깊이 내려가면

발표자의 입술이 모이를 쪼는 새 같다

나는 그만 그녀에게 쉿 쉿 쉿 하고야 만다

추모객이 전부 나를 향해 고개를 돌린다

그녀는 죽은 시인의 시신을 쪼는 새 같다

그녀는 그것이 찬양인 줄 아는가 보다 자못 열렬하다

우리의 탁자 위 접시에는 새 한 마리씩 올려져 있다

접시 옆에는 칼도 있다

우리는 돌아가신 이의 새 얼굴을 모두 다르게 알고 있나 보다

접시마다 새가 다 다르다

나는 옆자리의 시인에게

저 사람 왜 저렇게 떨어? 하고 필담을 한다

그러자 그가 원래 그런 년이야

새의 살이 낀 이빨을 번득이며 나에게 속삭인다

내 귀에 톡 톡 톡 망자의 관을 쪼개는 것 같은 소리들이
새 떼처럼 덮쳤다가 물러난다
그러자 나는 여기 그런데 여기 거기 여기
왜 내 목소리가 우물의 물처럼 한곳을 맴돌지?
왜 내가 조사하는 저 여자처럼 말하지?
반쯤 쪼개진 새들이 장례 순서지 사이에서 얼굴을 든다
때때로 인간의 얼굴을 한 새가
4페이지와 6페이지 사이에서 먼지를 일으킨다
새의 가면을 쓴 웨이터들이 포도주를 따른다
머릿속에서 피가 흐르는 소리 쉿 쉿 쉿

나는 의자 밑에 내려가 앉아 있고 싶은데

조사는 아직도 계속된다
불우한 어린 시절은 쉿 쉿 쉿
작가의 불행을 긍정적으로 만들어버리는 작가 특유의 쉿 쉿 쉿

내 목구멍에서 피가 갸르릉거리는 쉿 쉿 쉿
그 피가 망가진 텔레비전처럼 끓는 쉿 쉿 쉿

나는 요즘 잠을 못 잔다. 새처럼 얼굴을 옆으로 돌리고 잠깐씩 존다. 음식도 먹지 않는다. 내 머릿속에서 음식 이름들이 사라진다. 어디서나 새들이 솟구쳐서 그들의 목소리를 받아 적느라 그

런가. 새들은 웃는 걸 좋아한다. 웃으며 짝을 부른다. 새는 5천 마리가 한꺼번에 날아올라도 일부일처제다. 새는 5천 마리가 다 떠들고 있는 속에서도 자신의 짝에게 사랑을 표현하지 않고는 못 배긴다. 새처럼 나에게서 열이 솟구친다. 응급실에 간다. 다음 날 또 간다. 새들이 링거액을 훔쳐 먹는다. 음식을 뺏어 먹는다. 내 기억이 보존된 액체마저 흡입한다.

박쥐 눈에 검은 안대를 씌우고 실험해본 얘기를 읽은 적이 있다

박쥐는 안대를 쓰지 않은 것처럼 날아가 벌레를 잡았다고 한다

다음엔 가위로 박쥐의 눈알을 도려냈다

박쥐를 지하 통로에 데려가 던졌다

그래도 박쥐는 같은 속도, 같은 자신감으로 날아갔다고 한다

나는 눈에 피딱지가 앉은 박쥐에게 물었다

너는 눈을 뭣에다 쓰니?

나에게서 새들이 심해로 잠수한 다음 바다 표면으로 떠올랐을 때

내쉬는 큰 숨소리가 난다

여름도 아닌데 내년 여름의 매미 끓는 소리가 난다

새들이 그 매미들 먹으러 오는 소리가 난다

나는 곤충의 날개로 만든 대양에 풍덩 빠진 채

어쨰서 어 쨋 쨋 쨋

그러자 왼쪽 옆에 앉아 있는 끓여서 기름을 얻을 수 있는 쏙독새가

왜 그랬 랬 랬 랬 랬

내가 말을 하면 할수록 내 의자와 쏙독새의 의자 사이가 멀어진다

서울과 모스크바만큼 멀어진다

내 영혼은 이제 날개를 펼치고 집으로 돌아가야 한다고 생각한다

영혼도 검은머리물떼새도 심해에서 단 한 번에 솟구치면 잠수병에 걸린다

나는 이제 집으로 가고 싶   다

새들의 영결식이 거행되고 있다

새들이 맞댄 머리 위에 죽은 새를 올려 운구하고 있다

더 높아서 오히려 검은 하늘로

미리 준비되어 있는 새들의 묘혈로

나는 사방을 둘러본다 큰 영결식장에 새 떼가 가득 앉아 있다

조사를 낭독하고 있던 내가 울면서 뛰쳐나간다

내 날개를 어디에 뒀는지 잊어버렸다

공중이 아니면 숨을 쉴 수가 없다

Korean Zen

눈을 감지 않아도 속눈썹은
내 얼굴에 글씨를 쓴다
(하지만 나는 속눈썹이 없다)

어느 땐 정수리의 몇 가닥 머리카락을 일으켜 허공에 글씨를 쓰며
이 시간을 견딘다
(하지만 나는 머리를 밀었다)

인간은 얼마만큼 침묵을 견딜 수 있나

하지만 나는 골반 위의 소녀가
치고 있는 타이프라이터 소리를 듣고 있다

(인간은 시 안에서 얼마 동안 견딜 수 있나)

새는 나를 데리고 높이 떠올랐다가
저 혼자 가버린다

나는 시를 못 견디듯
하늘도 못 견딘다

자아(自我)라는 이름의 뚱뚱한 소녀를 생각한다
그녀를 오늘 밤 굶겨 죽여야 한다

그 소녀를 죽이고 내가 해탈에 이르는 것은
과거보다 미래를 먼저 죽이는 짓인가 아닌가

하지만 그 누가 왔다 갔다 하고 있는
내 가슴의 와이퍼를 부러뜨리나

나는 아까부터 진동으로 울고 있는
뼈로 만든 주머니 속
빨간 전화기의 수화기를 든다

그 소녀다

양쪽 귀를 접은 페이지

엄마, 이 페이지는 읽지 마
읽지 말라고 접어놓은 거야

새들이 뾰족한 부리를 하늘에 박고 눈물을 떨어뜨리네

새를 불게 하라
때려서라도 불게 하라
명령이
타이핑되었다

그러나 내가 받아쓴 건 맥박보다 더 빠른 새새새새새새새새새새새새였는데

젖은 발가락이
내 얼굴을 더듬고
혀도 입술도 없는 새가
제발 살려주세요

이 엘리베이터에는 올라가는 버튼이 없고

영안실은 물속에 있습니다만

부엌에서 너를 때렸을 때
새를 때리는 것 같았어
말하는 엄마

다 맞고 나서 너는
방으로 들어가
가만히 날개를 폈지

이것아
이 불쌍한 것아

(세상의 모든 신호등이 붉은색을 켜 든 고요한 밤
나는 엄마를 따라간다
나는 물속의 깊은 방문을 연다
거기 고요한 곳 엄마가 아기에게 젖을 물리고 일렁이는 곳)

남의 머리를 억지로 목에 얹은 것처럼
까닥까닥하는

새야
작은 새야

이것아

새의 호흡기 질환에 대하여

삶아지던 계란에서 흰자가 새어 나왔다,
흩어지더니 흰 날개가 펴졌다
새가 끓는 물속을 날아갔다

날개가 퇴화된 털 돋은 손이
내 등뼈를 쓸어내렸다
내 브래지어의 단추를 풀었다
기분이 더러워서 울고 싶었다

흰 시트가 발이 묶인 백로의 날개처럼 펄럭이다가
영원히 같은 장면에 멈춰 있는 영사기처럼
상영을 시작했다
내 몸의 구멍들이 하나하나 방영되었다

구멍 속에 사는 낙태아의 눈썹이 까맣더니
날개도 돋았다
새가 빽빽한 흙 속을 날아갔다

엄마는 죽은 아이의 엄지발가락을

입을 가리고 바라보았다
죽은 새 한 마리가 구급차 소리처럼
엄마의 입술 밖으로 게워졌다
엄마는 비명으로
침으로 끈적거리는 커다란 날개를 잡아당겼다

내게는 아무도 보고 있지 않아도
끊임없이 올라오는 참혹한 표정이 있다
몸속에서 물이 설설 끓고
그 속을 날던 새들이 얼굴 밖으로 치솟았다

(얼음 밑에 갇힌 작은 새가
밑에서부터 끓어오르는 눈보라를 견디고 있다
두 손으로 감싸 안아
가슴에 모시려 했지만
날개는 영영 얼음을 놓지 않았다)

기름을 얻기 위해 새를 끓이는 풍습이 있었다

끓는 물속에서 내 두 팔은 날개처럼 너울거렸다

새, 소스라치게

골프채로 새 대가리를 친다

잠자리에서 끌려 나온 새가 날아간다
머리채를 묶은 새가 날아간다
아기 손 같은 발을 떨어뜨리고 몸만 간다
영문도 모른 채 퍽퍽 날아간다
내려앉을 때는 머리가 산발이다

하늘은 이미 초록 그물로 막혀 있다
산중 깊은 곳에 불을 밝히니
마치 치과 전등 아래
크게 벌린 내 아가리 속 같다
그 속에서 골프채가 새들의 대갈통을 갈긴다
새들이 던져진 듯 날아간다

그물 밖에 사는
새들은 불면증이다
매일 밤 이 광경을 숨죽여 보고 있다
충혈된 눈으로 보고 있다

지하 방에는 몸을 동그랗게 만
귀머거리 소녀가 울고 있다

낚싯바늘에 꿰인 미끼처럼 새가 날아간다
낚싯배는 낚시꾼들로 만선이다

소스라치게 현관의 벨이 울고
골프채의 머리가 사람보다 먼저 고개를 들이밀면
슬픔의 모가지가 톡톡 꺾였다

티라누스 멜랑콜리쿠스†

태풍은 말한다

밤하늘에 작은 눈썹이 하나 떠간다

심장에도 그 눈썹이 하나 떠간다

만 하루 만에 벌레에게 먹히는 시체처럼
속삭속삭속삭 대화가
안의 물 기척인가 밖의 물이 썩는가
끊이지 않는다

변기 속으로 보름달이 숨어들고

수도꼭지에서 물이 한 방울씩 떨어져
욕조에 가득 찬 물의 엉덩이를
찰싹찰싹 때린다

살아 있는 안의 물이 썩고

내가 밥 한 그릇을 땅바닥에 내던져
밥알들이 확 하고 흩어진 것 같은데
새끼 새들이 부화한다

다시는 새를 호명하지 않겠다 결심했는데

엄마와 나는 이렇게 시작한다
이번엔 엄마 차례
엄마가 밥상을 던진다

내 가슴은 속삭속삭속삭 미치고
입안엔 담뱃재가 가득하다

나는 새를 기르지 않고
안팎에 물을 기르는 사람인데

금방 태어난 새 새끼들이 검은 번개에 엉덩이를 맞는다

나는 성냥 같은 저 다리들에 양말을 신기고 싶다
누가 가위를 들고 저 다리들을 싹둑싹둑 자르기 전에

죄수들처럼 구부린 나무들아
오늘 날씨는 굶주렸다

조금 있다가 너희를 치러 갈 거다
나는 나무에게 주의를 준다

내 강의를 듣는 남학생이 이빨을 드드득 갈며 지나갔다

저 어린 새들의 검은 혀가 일제히 움직인 것 같은데
착각이겠지,

남자들과 친해지고 싶으면 몸을 만지게 내버려두면 되듯이
어린 새들에게도 그렇게 하면 된다는 말이 생각났다

난쟁이 새들이 몸의 구멍마다 들어와 수도꼭지를 열고
새벽 1시에서 2시 사이 나는 항상 잠이 깬다
축축해진 눈가에서 유령 냄새가 난다
꿈속에서만 사는 외할머니의 검은 입술의 끝없는 입맞춤
싫어, 싫어. 젖기 시작하는 입술
연구실의 의자가 물속에 휩쓸리기 시작한다
두려운 강가에서
사면 벽을 붙잡은 책들이 다 젖었다

새들이 내 안에서 목욕한다
목련꽃이 내리는 비에 한 잎 두 잎 제 몸을 씻듯
내 안도 섬세하게 씻을 수 있다

가까이 다가온 태풍이 말한다
몸 밖에도 슬픔이 있을까?
이것은 슬픔이 아니다 발작이다
암흑 물질의 반복이다
바짝 마른 현기증이다
나는 외치고 싶다
이 우울인에게도 인권이란 게 있다!

우리나라를 뒤덮은 거대한 새가 일어난다
아까도 말했지만 내가 새를 호명해서 이렇게 되었다
그 새가 스스로 저으며 나아간다

새는 강한 비바람을 동반하여 움직인다. 새가 한번 날면 그 날개로 우리나라를 다 덮을 수 있다. 아무것도 아무것도 아니라는 생각이 든다. 발가락이 간질간질하게 위태롭다. 주로 늦여름에서 초가을 이 새가 발생한다. 간혹 엉뚱한 계절에 내습하는 경우도 있다.

태풍은 다시 말한다

모녀가 마주 앉은 비커를 흔들지 말 것
자기 전에 비릿한 분홍색 자몽주스를 마시지 말 것

엄마의 우물은 맹독성이다
그 물을 마시면 전염된다
망가질 대로 망가져서 더 망가질 게 있나 싶은 엄마가 말했다
네가 나를 귀찮아하면
내가 이제 무슨 짓을 저지를지 몰라
나는 대답한다
엄마, 내가 먼저 망가질게
천 번이나 같은 말을 하는 엄마에겐 무슨 대답이 좋을까

제발, 고통의 성모님, 검은 하늘보다 더 무거운 나의 엄마님
제발, 순수한 척, 모르는 척, 흰색인 척 그만해요

항상 나는 새들이 발생한 다음 주문을 외는 것이 문제다

열을 받은 해양 표면의 물이 증발하고 대류에 의해 상승하다가 응결한다. 하늘의 표면 위를 선혈처럼 흐르던 잠열이 주변 수증기들을 가열한다. 이때 강한 상승기류를 타고 최악의 저기압이 발생한다. 이것이 저 새들의 발생의 근거다. 이 상태에 도달하기 전 이미 기압은 마음속에 잠입해 생각과 감각 속을 지그재그로 내달리고 있었다. 발을 구르면서, 노래하며 소리치면서, 뱀처럼 나아가거나 사슴처럼 뛰어가고 있었다. 깊은 곳에서 잠복한 슬픔이 자세를 낮추고 달려들듯이 앞다리를 치켜들고 있었다. 한 여자가

마주한 감당할 수 없는 우주적 광기처럼.

태풍은 발생한다
태풍은 폭발한다

전두엽 대뇌 피질의 신경섬유를 잘라라
내 양쪽 뺨에 새의 다섯 손가락이 찰싹찰싹
떨어지기 시작한다

태풍은 말한다

항아리의 뺨을 갈기고 산산조각 내기란 얼마나 쉬운가
왜 나는 산산조각 날수록 커지는가
왜 나는 끝없는 검은 광물의 들판인가

땀으로 흥건한 침대는 힘찬 새들의 발생지다. 새들은 저 남쪽에서 북서쪽으로 오다가 근해에서 편서풍을 타고 방향을 바꿔 크게 포물선을 그리며 내습한다. 새들이 조류인플루엔자의 속도로 덮친다. 나는 머리부터 꼬리까지 5천 마리로 들끓는 한 마리 새다. 5천 개의 그림자다. 새와 새의 사이가 다 새인 새다. 더러는 떨어져 죽고 더러는 산 새다. 나는 5천 개의 손뼉을 친다. 나는 베개를 고쳐 베고 이 손뼉에서 벗어나려 해본다. 이번 새는 진로가 시계 방향으로 휘어, 내 몸을 U 자 형태로 지배한다. 자루 모양의 새 떼다. 매우 크다.

두 팔이 뜬다
덩달아 버둥거리는 두 다리가 뜬다
골목에서 쓰레기들이 떠오르지만 집은 가만히 있다
가만히 있다가 집이 와장창 기운다
점점 더 많은 쓰레기를 데리고 회오리가 뜬다

얼굴은 웃지 않는데 폐가 웃는다 속수무책 웃는다
그래, 어쩔래 나 웃음거리다

몸은 물에 떠 있는데 폐가 물에 잠겨 웃는다
그래, 어쩔래 나 정말 웃긴다

이 세상에서 제일 웃기는 것, 우리 엄마
이 세상에서 제일 죽이는 것, 우리 아빠

낮과 밤, 낮과 밤 하다가 낮에도 밤이 온다
이 멜랑콜리커는 산책을 좋아한다
저 맨 끝, 오호츠크해 검은 날개를 향해
오호! 오호! 축지법으로 가는 걸 좋아한다
비웃음을 타고 가는 걸 좋아한다

비바람에 담쟁이 이파리가 한꺼번에 다 떨어지는 길을 택시를 타고 가다가
내가 창문을 열고 엄마, 엄마 악쓰며 운다

새 떼의 새들이 저마다 내 몸만 하게 큰다
그다음 어마어마한 거인처럼 큰다
이것은 새가 아니라 내 죽음을 알리는 펄럭이는 부고장이다 만장이다
그다음 대양이 하늘에 뜬다

태풍이 울부짖는다
왜 나만 떠 있는가

일생 동안 엄마아빠에게서 받은 편지들을 펴본다
편지의 시작은 늘 이랬다
세상에서 내가 제일 사랑하는 딸 보아라
편지는 하나하나 속삭이는데
울면 안 되는데
울면 찢어지는데
다 모아놓으니
검은 트렁크다
트렁크가 열리고 새 떼가 치솟는다

새마다 소리친다
내가 세상에서 제일 사랑하는 딸 보아라

나는 불법 침입자처럼 노크도 없이 방문을 여는 엄마의 이름을
생전 처음
똑똑히 불러본다
자식의 이름을 부르듯
순.
자.
야.
그리고 덧붙인다
문.
열.
지.
마.

가까이 가서 보면 새들이 모두 중력을 거슬러 움직이는 내 안의 물처럼
철썩철썩 한 바가지씩 공중에서 엎어진 물처럼
저마다 기형이다
새를 호명하다가 이렇게 되었다
더 가까이 가서 보면 모두 전류에 지져지고 있다
물인 줄 알았는데 발광체다

새마다 비명은 기선처럼 크다
사람의 마음에 담긴 소리는 이보다 더 크다

새의 눈과 탁 마주친 적이 있다. 이렇게까지 조용한 세상은 없었다. 마치 고요히 피똥 누는 아이의 눈빛 같았다고나 할까. 소용돌이 한가운데 새의 눈은 파란 하늘보다 더 파랬다. 새는 보통 위도 30~33도에서 날개가 휘어진다. 큰 새다. 심야의 오케스트라. 우리나라에 상륙한 다음 동해로 빠져나갈 예정이다.

이제 다시 말하겠다. 저 아래 우리나라 전체의 그림자만큼 큰 치마를 입은 여자가 바로 나다. 나는 내 안의 일부에서 내 안의 일부에게 편지를 보낼 수 있을 만큼 크다. 치마가 다 물이다. 무거워서 일어날 수가 없다. 젖은 치마 위에 우리나라의 모든 기차의 은빛 레일이 올려져 있다.

기차의 칸칸마다 잘못했어 잘못했어 우는 내가 탑승해 있다.

† Tyrannus melancholicus, Tropical kingbird의 학명.

2부

나는
숲을 뾰족하게 깎아서
편지를 쓴다

우체통

얼굴을 붉힌 채 기다리고 있다 해야 하나. 이별하려고 기다린다는 말은 말아야 하나. 순결이란 말을 처음 만든 사람은 누굴까. 없는 것에 이름을 붙인 사람. 창구에 앉은 여자처럼 받은 것은 무조건 돌려보내는 나를 뭐라고 해야 하나.

이미 피를 흘려봤다고 해야 하나. 피 묻은 얼굴이라고 해야 하나. 들어온 것은 반드시 내보내는 가엾은 심장이라고 해야 하나. 흰 손바닥이 가슴에 들어왔다 나간다. 영장류의 손바닥은 왜 비닐 코팅된 감촉일까. 생은 막(幕)일까. 나는 너에게 당당히 말한다. 나는 너를 간직하지 않겠다.

불 꺼진 부화기 안에서 불을 켜달라고 소리쳐야 하나. 익일 특급 우편이라고 해야 하나. 나는 아이를 싸서 주소를 쓰고 침을 발라 눈을 감긴다. 온몸 가득 스탬프 찍어 아이를 반송한다. 자꾸만 돌아오는 아이를 또다시 보내려고, 아침 9시부터 문을 열었다가 정각 5시에 닫는다고 정문 앞에 고지해야 하나.

눈보라 치는 거리에서 가슴을 열고 있다고 해야 하나. 취급주의 꼬리표를 붙여서 이 사연 좀 가져가라 해야 하나.

숨을 은

나는 묘지 담벼락에 붙은 집에 묵기로 했다
내가 창문에서 몸을 날리면 묘지에 떨어지게 되는 집이었다
묘지는 그곳 사람들의 마지막 안식처이기도 했지만
한가한 산책로이기도 했다
묘지를 제집 정원인 양 산책하고 가꾸는 이웃들
나는 한 발은 묘지에 한 발은 내 방에 이렇게 올려놓고
산책 겸 휴식, 산책 겸 식사, 산책 겸 잠을 잤다
잠을 자고 있으면 묘지가 거인으로 일어서서 내 이름을 불렀다
산책을 게을리하지 말라고 하는 것 같았다
일어선 묘지의 커다란 몸엔 당연히 식물들과 새들이 매달려 있었고
묘비들도 주렁주렁 매달려 있었는데
어느 날은 스스로 자신의 몸에 물조리개로 물까지 주면서 나를 불렀다
그러면 나는 다시 비를 맞으며 산책 겸 꿈을 진행하게 되었다
나는 산책을 하면서 비문을 읽기도 했는데
어느 날 거인은 산책 겸 잠을 자는 나에게 분명히 말했다
산책을 하면서 비문에 새겨진 이름을 하나하나 불러주라는 것이었다

그래서 나는 출석부를 부르듯 그들의 이름을 하나하나 부르면서 산책을 하게 되었는데

나중엔 내 방에 돌아와서도 그 이름들을 하나하나 부를 수 있게 되었다

그것은 마치 내가 바구니에 쌓아놓고 기르는 감자에게

잘 자라~~ 내 감자~ 내 귀여운 감자~~~

하루에 한 번씩 자장가를 불러주든 말든 나의 감자가

독이 오른 싹들을 제멋대로 내뿜게 되는 것처럼

그들의 죽음을 더 잘 자라게 하는 일이 되는 것 같았다

그러다가 어느 날 나는 그만 그 집을 떠나기로 마음먹게 되었는데

그것은 내가 그 묘지 밖에서조차 먹지도 자지도 않고 산책만 하면서

매일 안식에 든 사람들의 출석만 부르고 다니게 되었기 때문이다

almost blue

강을 만들어 흐르면서
금관조는 흐느낀다

강가에 회초리 같은 나무를 기르고
바람을 흐느끼게 하고

날 선 칼들이 강물 속을 흐르게 하고
클럽에 모인 여자들이 고개를 숙여
시퍼런 강물을 들여다보게 하고

강물 속에는 금색 선명한 금관조

입술이 터져서 피가 흐르고
흰 속옷이 피에 젖도록
내가 울컥울컥 쏟아진다
내가 나를 주체 못 한다

횡단보도의 여자들이 모두 비스듬히 서 있는 것처럼 느껴져
어두운 거울이 시퍼렇게 젖고

앞에 앉은 여자도 시퍼렇게 젖어

푸른색을 만들어 흐르면서
금관조는 울부짖는다

청 코너에 올라와 소리친다
침착해
잘하고 있어
눈을 크게 뜨고 마주 보는 눈에서 눈을 떼지 마
그런데 코치는 왜 다 남자인지
붕대 감은 손은 가죽 장갑 속에 있고
긴 머리칼은 헤드기어 속에
흔들리는 이빨은 마우스피스 속에
아직은 하나도 아프지 않다
그러나 box
고개가 젖혀지고 젖가슴이 터지지만 아프지 않다
왜냐하면 우리는 푸른색에 잠겨 있기 때문에

1분에 한 사람씩
영혼에 불이 켜지던 신생아실의 푸른색
1분에 한 명씩
이름이 불리고 시신을 확인하러 들어가야 하는 안치실의 푸른색

그러나 지금은 아프지 않다

입술이 터지고 난 다음
이빨이 쏟아진다
입안에 압정이 가득히 씹히지만 여전히 트럼펫을 문 금관조

금관은 달리고
바람은 없는데 바람의 혈흔

링 밖에 가득 관객들은 발을 구르고 손뼉을 치고
사운드는 울부짖는데
나만은 1인분의 강물 속에 서 있는 듯
푸른빛이 마이크 앞의 내 머리에 쏟아지고 있다

흰 타월은 아직

불쌍한 이상(李箱)에게 또 물어봐

친애하는 수르꼬레아뽀에마오또르윤따 여러분
나는 계단을 기르는 사람입니다
계단에 물을 줍니다

선율처럼 자라나는 계단
침울한 5층
안타까운 6층
서러운 7층

나는 눈물이 몸을 거슬러 오르듯 계단을 오르고
슬픔을 땅속에 묻듯 계단을 내려갑니다

아빠 잃은 남매의 계단

계단의 서랍을 열면 눈 번쩍 뜨는 아빠의 시신

쓰라린 내 무릎이 없다면 계단도 없을 겁니다

한사코 지평선을 무릅쓰는 계단이 없다면

옆으로 누워서 무릎을 끌어안으면
몸속에서 방향을 바꾸는 계단

나는 계단을 올라 까마귀의 눈으로 아래를 내려다보곤 합니다
나는 계단을 내려가 억 조 경 해보다 먼 숫자들의 끝을 보곤 합니다

나를 계단 연주자라 불러도 좋습니다
나를 계단 발굴자라 불러도 좋습니다

눈물이 솟아오르기 시작하면
내 속에 계단이 차곡차곡 놓이듯이
슬픔이 묻히기 시작하면
내 속에 깜깜한 지하가 끝없이 뻗어나가듯이

그리하여 나는 계단이 쏟아지지 않게
위로 아래로 층계참을 돌아 위로 아래로

내 계단은 당신 계단과 입술을 맞대고 음 음 음

계단이 내 음악을 발명한 것이 아니라
내 음악이 계단을 발명한 것이라 해도 좋습니다

그러나 외로운 집
　　　　외로운 계단
　　　　외로운 침대
　　　　외로운 환자
　　　　계단을 올라가는 외로운 기침 소리

오늘 아침 뽀에마오또르윤따 여러분이 계속 초인종을 누릅니다
목뼈가 부러지듯 계단이 울부짖습니다

피아노 속에 숨어 듣는 소리
미친놈의 잠꼬대, 무슨 개수작이냐, 죽여야 해†

이걸 왜 하느냐고 이 피아노 줄을 끊겠다고
왜 이런 거냐고 이런 건 음악이 아니라고

그렇지만 설마 모른 척하시진 않겠지요?
당신 몸속엔 당신보다 훨씬 어려운 음악이 들어 있다는 것

나는 당신들에게 사랑받고 싶지 않습니다
나는 사실 절망의 패턴을 만든 것뿐입니다

나를 쫓아와 나를 연주하는 나선형 계단을

그리하여 나는 입 다물고 무릎 꿇기
두 번 걷고 한 번 웅크리기
엎드려서 오른쪽 다리 올린 다음 돌아눕기
묶인 발가락을 열쇠 삼아 문 열어젖히기

나방에 접붙기
전기밥솥에 머리 집어넣기
고래와 몸 바꾸기
발뒤꿈치로 징 박기
주먹으로 바다 때리기

지하의 지하까지
뿌리의 뿌리까지

계단이여 이 악물고 창궐하라
계단이여 이 악물고 허공을 버텨라

그러나 현관 밖의 뽀에마오또르윤따 회원님들이시여
그 칼을 두 손으로 감싸드릴게요

이 계단만은 제발 그냥 내버려둬주세요

† 이상이 「오감도」를 『조선중앙일보』에 연재할 때 들은 욕설 중 일부.

불안의 인물화

머리 위에 핀 꽃이 뜨거운 언니는
이파리만 만져도 손이 델 정도로 뜨거운 언니는

가슴 위의 사과는 금속성이라서 더 뜨거운 언니는
사과 속 앞니 두 개가 무작정 시린 언니는

입속의 혀가 얼음이어서 몸이 불덩이 같다는 언니는
뇌 속에 사는 호령이 점점 심해진다는 언니는

벽에 붙은 가족사진이 끓고 있다고
사진틀을 잡으면 냄비의 손잡이처럼 뜨겁다고

사시나무 떨듯 울고 있는 언니의 귀에서
뜨거운 참새가 기어 나온다고 관장을 해야 한다고

심장을 꿰맨 검은 실들이 툭툭 끊어지고 있다고
눈을 번쩍 뜬 꿈이 침대에 옷장에 식탁에 침을 바르고 있다고

씹다 만 고깃덩어리가 입속에 백 년째 붙어 있다고

이 집의 반려동물이 시시각각 입속에서 부패하고 있다고

머리 위에 핀 꽃의 뿌리가 몸속에서 타는 언니는
심장이 깍지 낀 두 손처럼 축축한 언니는

매일 병원장님 귀하 대통령님 귀하 편지를 쓰는 언니는
너는 애 있지 남편 있지 나랑 바꿔 살자 바꿔 살자 하는 언니는

그믐에 내용증명

바닷속 깊은 곳에 있는 물 근원까지 들어가보았느냐?
그 밑바닥 깊은 곳을 거닐어본 일이 있느냐?
—『욥기』 38 : 16

밤이 깊은데 심해에 사는 여자애가 내용증명을 하러 왔다

내용증명은 삼자가 나눠 가지는 법

우체국 여자는
한 장은 우체국 캐비닛에
한 장은 심해의 아이에게
마지막 한 장은 보낼 곳이 없었다

또 다른 여자애가 내용증명을 하러 왔다
사계절 눈물에 젖어 있는 엄마의 입술을 닦아주고 싶어요
혀처럼 안아주고 싶어요

우체국 여자는
만지면 터질 것 같은
심해 생물체 셋을 골라

증명서를 우송할 수 있는지 심해어 사전을 뒤적였다
여자애의 엄마에겐 보내지 않았다

계속해서 아이들이 내용증명을 하러 왔다
바다의 바닥에도
에베레스트보다 높은 산이 있고
골짜기에 학교도 세워져 있고
성당도 있지만
얼음 위로는 올라갈 수 없죠
라고 말했다

조금 있다가 눈빛이 차가운 여자애가 내용증명을 하러 왔다
버리고 돌아서도 다시 따라오는 반려동물처럼 돌아왔다

얼음 성당 위는 너무 차갑고
얼음 성당 밑은 너무 고요해
한밤의 우체국 여자는
차가운 거울 같은 언어를 읽을 순 없었지만
한 장은 캐비닛에
그렇지만 두 장은 보낼 곳이 없었다

멀리 보이는 밤바다처럼 우뚝 솟아오른 책상 위에는
흰 종이로 만든 빙하의 퇴적층이 푸르게 치솟았다

남극의 아이들이 아무 때나 여자를 찾아와서
숨 쉴 때마다 소름이 돋고 흐느낌이 차올랐다

아침이 오면 종잇조각으로 변해버릴라
업무를 끝낸 여자가 차가운 아이의 몸을 껴안았다
수치와 노여움이 교대로 나타났다

우체국이 문을 닫을 무렵
다시 아이들이 내용증명을 하러 왔다
여자는 그들과 한방에 잠들었다

(다음 날 우체국에 갔더니 우체국 여자의 책상 위엔
옆자리를 이용하세요
라는 팻말이 놓여 있고
심해어 사전이 펼쳐져 있었다)

초

기쁘다 구주 오셨네 하면
기쁘다 내 죽음이 오신 것 같고

기쁜 우리 젊은 날 하면
그가 나를 죽인 기쁜 날 같고

기쁨의 복음을 하면
나 죽은 기쁜 소식 널리 전하세 하는 것 같고

쌍비읍 때문인가 아빠오빠기쁨은 한통속이어서
결국 내 숨을 끄러 오는 것 같고

나가 나가 내 방에서 나가
나를 태워야 너를 내쫓을 것 같았는데

여고생들이 스크럼을 짜고 울면서
나가 나가 내 방에서 나가
행진할 때 제일 눈물이 났습니다

우는 사람이 우는 사람에게
얼굴을 기울여 눈물로 당겨주면

첫눈 내린 날 붉은 소매를 뚫고
유령들이 흩어지고 흩어지고

별은 누가 만져주기 전까지
뒤집어져 있었습니다

기쁨의 주 밝은 빛을 주시네 하면
결국 내 몸을 태워 내 두 눈이 씨앗 틀 때처럼 밝아지는 것 같고

이 불 꺼뜨리면
천지의 새들이 다 날개를 펼 수 없을 것 같고

몬스터

나에게는
저수지에 내려앉으려는
5천 마리의 철새를 날아오르게 할 수 있는 두 다리가 있지
나에게는
밤중에 우리나라 개들이 다 일어나
짖어대게 할 수 있는 냄새나는 구멍들이 있지

피 흘리는 풍경을 담아둔 질긴 주름상자 두 개가 얼굴에 있지

우주의 문을 하나씩 열고 나갈
촛불처럼 닳아가는
숨이 있지

운전하던 차 앞유리에 비둘기가 날아와 몸을 부딪친다
아주 큰 소리가 난다
그러고도 비둘기는 날아간다

나는 등허리에 길게 달린 지퍼를 열고 몬스터를 꺼낸다
꾸역꾸역 나온다

자동차가 미어터진다

나는 지퍼를 열어둔 채 핸들을 잡고 있다

빨간 풍선을 잡으러
아이는 큰길로 달려들고
엄마는 그 아이를 잡으러 달려들고
엄마의 벌어진 입속에서 집채만 한 흰쥐가 뛰쳐나오고

흰쥐가 투명하게 피어오르고
그 엄청나게 거대한 흰쥐의 암술 수술이 하늘 높이 오르면
성층권 대기권 나눠지는 그 언저리 어디쯤까지 흰쥐가 커지면
그다음 울부짖는 엄마의 목소리

지구는 마치 울부짖는 흰쥐 한 마리처럼

나에게는 백만 마리의 돼지를 산 채로 땅속에 파묻을 수 있는 바이러스가 있지
절간의 나한(羅漢) 천 개를 밀어뜨릴 수 있는 열 손가락이 있지
나에게는

송곳니

주머니 속에서 기차가 운다

주머니 밖으로 은빛 체인이 길어진다

체인에 묶인 승객, 즉 내가 컹컹 짖는다

어깨동무를 한 산들이 후진한다

입안의 박하 냄새, 피냄샌가?

리듬에 올라타야 살 수 있는 나와 기차, 전화와 산, 산맥과 바람

기차가 발신자 정보 없음 전화를 건다

이마를 뚫고 상아가 솟아오르는 것 같다

은빛 체인이 몸을 둘둘 감는다

갑자기 바둑판무늬가 무섭다

낭떠러지로 여자를 떠밀듯이 기차가 달려간다

전화기처럼 달려간다

나는 전화가 무섭다

위독하십니다

한쪽 눈을 뜨고 잠든 새처럼 전화를 들고 전화를 피해 도망간다

기차가 오른쪽으로 고개를 돌린다

뼈마디로 만든 레일이 기차를 기다리고 있다

주머니 속에서 기차가 운다

어느 작은 시

작은 이야기와 큰 이야기가 살고 있었어

작은 이야기는 너무 작아서 개미만 한 개가 목줄을 풀고 달아난 정도로 작아 밥하고 접시 닦다가 접시 한 개가 이가 빠지고 거기다 살림 차린 정도로 작아 변기가 고장 나고 빙하가 녹아내리고 몇십 년 전에 흑백사진에 갇혔던 젊은 당신이 떠내려오고 그 정도로 작아

작은 이야긴 내가 더 작아져서 망가진 영사기 속으로 쓸려 들어갈 정도로 작고

내 밤은 더 작아서 까만 콩보다 더 작아서 네가 움켜쥘 수 없을 정도로 작아서 매일 밤 흘리고 다닐 정도로 작아

북산에 올라가서 서울을 내려다보면 뭐가 엎질러졌는지 그 엎질러진 것 위에 바글바글 건물들이 몰려들어서 그걸 핥아 먹느라 정신들이 없는 그 정도야

작은 이야긴 너무 작아서 이야기하고 있다고 생각하지만 이

야기하고 있지 않은 거나 마찬가지야

씻다만 있고 싯다 샷다 슛다 숓다 셓다 셋다 쓯다는 없으니 그저 나는 작은 이야기로 무엇을 씻는지도 모르면서 씻 씻 씻 하는 정도야

영하의 철판 위에 소금을 뿌려놓으면 새벽에 멧돼지가 와서 그걸 핥아 먹다가 그만 혀가 철판에 철컥 달라붙는 그 정도 이야기야 그 어미 멧돼지 밑에서 새끼 두 마리가 젖을 빨아대고 있는 정도야

작은 이야긴 너무 작아서 우체국 여자의 책상 위에 먼지처럼 쌓여만 가고 내가 보낸 이야기를 읽으려면 먼지보다 더 작은 사전이 필요한 정도야 그 정도야

너는 내 이야긴 너무 작아서 언제나 때릴 수 있다고 하고 내 이야긴 네가 만든다 하고 내 이야긴 너무 작아서 네 작은 고막에 붙어사는 보이지 않을 만큼 작은 짐승 정도라고 하지만 내 작은 이야긴 네 뇌 속의 다리들을 건너 세 갈래 길에서 세번째 길을 오래도록 걸어 네 해마에 살림을 차리고 꿈마다 네가 비명을 지르는 정도야 그 정도야

더 여린 마음

시인들에게 보물찾기 하라고 해서
우르르 풀밭에 나갔는데
보물이 물렁한 돌인지 딱딱한 구름인지

전 세계에서 몰려온 시인들이
각자 모국어를 버리고 곧 멸종할 언어를 배워서 연락하자
공평하게 그러자
그래보듯이

당신이 알아볼까 봐
내가 얼른 우리 비밀을 두 시간짜리 어떤 영화 속에 감춰두듯이

깜깜한 밤 흰 보자기 펼치고 그 위에다
그 영화를 조용히 돌려보듯이
그리고 비밀에 다다를 때까지 기다리듯이

영화 속에는 우체통이 서 있고
늘 다시 살아 나오는 아이처럼 비밀이 맺혀 있고

얼마나 무서웠을까 다시 돌아오느라

영화 속에서 우리는 발을 땅에 두지 않고도
사랑할 수 있다는 듯이
10초간 꽉 껴안고 난 다음
힘차게 노래를 부르며 돌아설 수 있다는 듯이

아물어가던 상처가
한쪽 눈알처럼 떠지고

피 한 방울 어둠 속에
조용히 솟아오르듯이

도대체 이 포에트리 페스티벌은 보물을 어디다 숨겼는지

우체국 여자

세상엔 너무 많은 이름이 있어
그보다 더 많은 영혼이 있어
울고 싶은 여자야

침묵에 빠진 골목들을 스카치테이프처럼 서랍에 가득 쌓아두었습니다

은는이가
을를에의
와과만도

조사들처럼
종일 받아서 보냅니다

초록색 책상을 끌어안은 이별 전문가

팬티에 손을 넣고 길게 줄을 당겨봅니다
나에겐 빨간 포장끈처럼 붉은 핏줄
상의도 없이 이별의 의무를 다하는 기관들이 몸속에 가득합

니다

나는 지금 흰 눈의 흰색은 배송하고 혼자 남아
옷깃을 적시는 물방울과 싸우고 있습니다

우체국을 나서면 아직 태어나지 않은 음악처럼
고인의 안경처럼 아무것도 아닌 여자야

이별의 미래야

눈발이 우체통 위에 하얀 손가락 마디를 자꾸만 썰어놓고 갑니다

우체국 여자의 혈압과 맥박은 돌돌 말린 종이 위로 계속해서 출력되어 나오고

발송이란 팻말을 비석처럼 세우고
그 아래 종일토록 앉아 있습니다

죄송하지만 다 보내드리고 퇴근하겠습니다

엄마의 팽창

눈 속에 파묻힌 흰토끼야

하얀 시트 하얀 베개 좋은 잠옷 우리 엄마
두 손을 포개고 눈 속에 누운 흰토끼의 정적

아무것도 안 듣는 귀들은 자라서
가까이 다가가면 때 묻은 구름이 되었네

내리는 눈송이처럼
강물에 앉은 안개처럼
안을 수 없는 흰토끼야

식물인간이란 말은 식물에 대한 모독일까 격려일까
식물인간의 영혼이 가득 고인 병원의 복도를 걸어가네

옛날 옛날에 천재 소녀가 살았는데
소녀는 늙어서 침대 위의 흰토끼가 되었네

이름이 뭐예요 물으면 잊었어요 말도 못 하는

주춤주춤 넓어지는 희디흰 불구가 되었네

우리는 맹렬하게 자라서 무엇이 될까
희디흰 토끼를 이불에서 꺼내 흔들어보네

미리
귀신

눈에서는 무엇이 나올까
나를 사랑하는 눈물 말고

눈동자는 무슨 맛이 날까
영혼의 맛이 이럴까

눈에서 나오는 빛을 빛이라 할 수 있을까. 눈에서 나왔다고 몸의 것이라 할 수 있을까. 눈빛은 미리 귀신일까. 아빠 가고 석 달 열흘을 울고 방문을 연 엄마의 눈빛을 뭐라 할까. 280일간 검은 물에 떠 있다가 생전 처음 컬러로 된 내 얼굴을 마주 보던 내 딸의 눈에서 나오던 빛은 뭘까.

우리는 영혼의 뒤꿈치로 보는 걸까
우리는 선 채로 꾸는 꿈일까

식기 전에 먹자면서
생물의 시신을 나누는
가족의 눈에서 나오는

빛은 무얼까

바닥에 쏟아진
두 모금의 물이
되쏘는 빛은 뭘까

문 닫은 창 앞에서 서성거리는
별의 눈빛은 어떨까

죽은 다음에도 보는 일을 쉬지 않는
저 슬픔을 뭐라 할까

이 소설 속에서는 살고 싶지 않아

내 머리카락 한 올 한 올이 칼날처럼 아팠다
바람이 살짝 불어도 살이 베일 것 같았다

난쟁이 병사들이 벽돌들 틈에서 솟아나
내 몸에서 힘을 주욱
잡아당겨 가져갔다

소설을 읽다가 소설로 들어간 밤
끈적한 똥개의 내 뺨에 침

오늘 밤 달이 죽었음을
덩달아 하늘이 죽었음을

흙 위로 비스듬히 더러운 비처럼
죽은 새들의 투명한 뼈들이 쏟아졌다

짐승만도 못하다고 해서
짐승을 무시하시는군요
했다

더 나쁜 일들이
더 더 더 나쁜 일들이 계속해서 일어나는 나라에서
감옥에 소설 공장을 차리던 나라에서
태중의 쌍둥이처럼 귀신들과 마주 보던 나라에서 겨우 나왔는데

너는 이야기를 잘라서 도화지에 붙이는구나
세상에 이렇게 내가 얇아지는구나

나무들이 도화지에 그린 연필화처럼 모두 가늘어지는구나

내 인형들이 결핵에 걸리는구나
내 삶이 발병하는구나

나는 이제 하늘색 하늘이라고 바람색 바람이라고 하기가 어려워졌다

내가 이 종이의 것들을 열고 나갈 수 있을까
이 소설이 없다면 계속 울 수 있을 텐데

이 인형들을 넘어갈 수 있을 텐데

앙리 미쇼의 그림에서처럼
나는 내 글자에서 일어서는 사람이 되고 싶었다
여러 글자에서 일어선 여러 사람이 되고 싶었다

삐에서 일어선 사람
빼에서 일어선 사람

나는 한 페이지 가득 삐뚤빼뚤 걸어간다

하지만 나는 기찻길 옆 오막살이처럼 시끄러운 이 소설 속의 사람

더러운 침으로 가득한 이 미담
오래된 얼룩으로 얼룩진 가짜 보물 지도
돼지 없는 돼지우리의 검은 이끼
목욕탕에 빙 둘러앉은 엉덩이들만도 못한 것
침냄새 나는 것

제발 이 소설 속에선 나를 꺼내주소서

뾰족한 글씨체

안고 있던 어항의 금붕어를 화르륵 웅덩이에 쏟았다

또 버릴 것이 없나 둘러보았다
고양이마저 버릴까
이 집에선 살아 있는 건 안 돼

우리 집 한가운데 울창한 숲이 있다
헝겊 한 장을 들추면 거기 있는
각자의 냄새나는 성기 같은

아이가 들어오지 않는 날 나는 그 숲으로 들어가봤다

심포니를 들으러 예술의 전당에 갔는데 오케스트라가 시작하기도 전에 스타인웨이 피아노는 다리가 세 개 달린 암말처럼 무대를 뛰어다녔다. 관악기들은 홍학들처럼 부리를 내밀고, 첼로에 대해서 말해봐야 무엇하겠는가. 얼음 웅덩이에 박힌 저 아이를 꺼내라고 소리를 질렀다. 목구멍은 비명을 지르고 가슴은 칠흑 같은 숲이었다. 숲속의 무덤들이 나를 때렸다. 내 얼굴을 갈겼다. 아랫도리를 드러낸 거대한 숲이.

도마뱀을 방생했다

매일 방생했다 내 뺨을 쳤다 조공을 드렸다
도마뱀은 냄새나는 바위처럼 웅덩이 곁에 엎드렸다
친애하는 친구와 선생님과 가족을 방생했다
방생한 뒤엔 다시는 돌아보지 않았다

작별을 숲이라 부르고 있는 거냐고 누가 물었다
나는 방 안에 길고 긴 편지처럼 비가 내리면
슬픈 일이 생기고 숲이 시작된다고 대답했다

사실을 말하려고 하면 할수록 센티멘털이 온다는 것을 알았다
아기를 지운 날엔 손톱만큼 작은 홍학을 삼킨 것 같았다

그 작은 홍학이 밤에는 얼룩덜룩 춤을 추었다 숲이 더 커졌다

잠이 들면 숲에서 나온 무심한 발들이 내 얼굴 위로 지나갔다
쥐였다거나 도마뱀이었다거나 고양이였다거나
하지만 죽은 육친들이 나의 무방비를 놓칠 리가 있겠는가
숲에서 온 이들이 하필 내가 벌거벗었을 때만 창문에 달라붙었다

나의 하루 낮, 하루 낮은 숲에서 겨우 내어준 것일까 생각했다

깜깜한 집에서 하얀 숲의 거대한 기척을 느낀다
순장당한 영혼들의 숨결 같은 입김을 느낀다

눈에 띄지도 않을 작은 기미가 필생의 동작인 작은 곤충처럼
흰 종이 속에 숨은 나의 가느다란 글씨는 기미로 나아간다
숲이여 나의 숲새여 나의 수피즘이여 나의 숭배여
이제 나만 남았다 나를 화르륵 쏟아주고 끝내겠다
얼마나 센티멘털한가

나는 지금 숲으로 글을 쓴다
숲을 뾰족하게 깎아서 쓴다

3부

작별의 공동체

작별의 공동체

작별의 신체

어째서 아빠, 너는 입술이 파리하니?
내 앞에 앉아 있는데도 눈길이 흐릿하니?
식탁 앞에 앉아 있는데도 자꾸만 뒤로 물러나는 것 같니?

우리가 영원을 시작하던 시절
늘 시작만 있던 시절
아빠, 너와 나와 동생들과 흐린 날개들이 있었다
(다시 말하지만 우리는 한 영혼의 내부에 있었다)
어떤 빛이었는데 그림자는 없었다
체온을 받기 이전이라고
희끄무레에 홀린 눈빛이라고 할 수 있었는데
그땐 그랬었다

우리는 각자 전등에 갇힌 새 같았는데 그땐 몰랐다
투명한 해골에 갇힌 새 같았는데 그땐 몰랐다

아빠, 네가 본 것을 말해보렴
그러나 아빠, 너는 묻기만 한다
나는 어디 있니?
나는 눈을 감고 대답한다
해가 없는 곳, 그러나 빛!

아빠, 천사는 서로 안을 수가 없어

나는 자꾸 대답해본다

흐린 날개들이 있었다
불가사의하게 긴 속눈썹을 깜빡거리면서
무한히 작아진
추방된 빛처럼
투명한 쌀알갱이들이 쏟아져 내리듯
작은 영혼들이 있었다

(저 작은 쌀알갱이 하나하나의 놀랍도록 예리한 감각들)

(오, 한 알 한 알 낱알의 영혼들이여!)

뭉게구름의 무게를 다는 것
뭉게구름을 칼로 자르는 것

아빠, 너의 입술을 지나 가슴속을 지나
얼굴을 어루만지고 사라진
손길의 무게를 다는 것
손길을 칼로 자르는 것

무한은 춥고
영원은 무서워

저 공중에서 돌아오는 메아리 사이로 손을 집어넣어
저 희미한 목소리를 오려놓으려는 헛된 손짓이 있었다

우린 시작을 시작했으므로
이미 작별이었는데 그땐 몰랐다

아빠, 너를 데려간 그곳
생명 하나가 막 날개를 접은 저 무심한 영원으로
또다시 투명한 해골 속으로
그곳에서 지저귀는 새가 한 마리
어디서 내려야 할지 모르는
발목이 잘린 새가 한 마리

우린 이미 죽음을 시작했으므로
모두 평등이었는데

그땐 왜 몰랐을까

흰 두루마기 흰 두건 잘 갖춰 입고
태워지려 들어가는 아빠
죽어서 나를 배신한 아빠
나는 배신자를 배신할 거야

그곳엔 시작도 없고 마지막도 없고
이미도 없고
아직도 없고
여자도 남자도 없고
아빠도 자식도 없잖아
그래서 평평하잖아
그래서 무한하잖아

떨쳐낼 수가 없어
아빠, 네가 태워진 후를 미리 본 것 같은 느낌
태초부터 멍한 아빠, 너를 본 느낌
아빠, 너는 시작하지 말았어야 했다
너로 인해 시간이 있었다
작별이 있었다

나의 과거인 척하더니 나의 미래가 된 아빠

그러나 지금은 우리 사이에
바람이 불다가 갑자기 딱 멈춘 느낌
그 바람이 아빠, 너의 등 뒤에서 모두 돌아가는 느낌

나무가 죄인처럼 등을 구부리고
나뭇가지에서 뛰어내린 흰쥐들이
아빠, 너를 파먹어 들어가는 느낌

더 이상 새 책이 들어오지 않던
아빠, 너의 폭삭 망한 책방처럼
아빠, 너는 왜 말문을 닫니?
식사를 하면서 동면에 드니?
마주 앉아 있는데도 멀리 가고 있는 것 같아
나는 얼굴에 양말을 쓰고 앉아 있는 것 같아

나는 아빠, 너의 누추한 책방에
뢴트겐에 쏘인 사람처럼
내부를 벌거벗고 서 있는 느낌
해가 없는데도 빛 안에 있는
꿈속 같은 곳
그 희끄무레에 들어서는 느낌

뭉게구름을 휘젓고 휘젓는 천사의 뒤꿈치가

식탁 앞에 앉은 우리 입속으로 들어온 느낌

아빠, 너와 나의 발 없는 새가
육신의 안치소를 이미 버렸나 봐

그래서 이미 죽은 내가 아빠, 너를 계속 맞이하나 봐

질척한 흙알갱이처럼 흩어진 내가
투명한 쌀알갱이처럼 흩어진 아빠를
자꾸만 추출하고 있나 봐

그렇게 아빠, 너는 휙 지나가고 휙 지나가고
염장이들이 아빠, 너를 쌀 한 자루처럼 묶어놓고

이 상자에 손을 넣을 수는 없다

어두운 상자다
6개의 면을 단번에 제거해도 여전히 어두운 상자다
이 상자에 손을 넣을 수는 없다

차라리 뱀이라도 괜찮겠다
차라리 변기라도 괜찮겠다

엄마의 벗은 몸은 안 되겠다
정신과 약 타 먹는 모녀는 안 되겠다

우리 식구만 아니면 괜찮겠다
그들의 성기 유방 입술 눈빛 항문만 아니면 괜찮겠다

내 손가락 아래 당신들

차라리 독충 바퀴벌레 지렁이라도 괜찮겠다
아빠만 아니면 괜찮겠다
숨이 끊어져서 난생처음 분을 바른 아빠
아빠가 제일 싫어하는 헤어스타일을 하게 된 아빠
따뜻한 재가 되어 여전히 숨 쉬는 아빠
나는 재가 든 상자를 안고
우리는 생전 처음 검은 리무진 타고 간다
나는 재를 잉태한 여자

그러나 내 손은 들어간다
(네 구멍에 손을 넣지 말라는 엄마의 말씀)
비집고 들어간다

(내 손이 들어가면 나쁜 일이 생긴다는 엄마의 말씀)
방공호 속으로
(몸의 구멍들은 다 깨끗이 해야 한다는 엄마의 말씀)
방공호에서 터지는 동생의 조그만 입속으로
(그 손모가지를 분질러버리겠다는 말씀)

식구들의 영혼이 갇혀서 우거진 새의 숲으로
새끼 새를 좇는 개처럼 들어가는 내 손톱

새의 성기
새의 항문
새의 눈알
새가슴

새가슴에 빨간 잉크로 칙칙 그은 것 같은 빨간 핏줄
손톱보다 작은 북을 손톱보다 작은 동생이 콩닥콩닥 두드리는 새가슴
백골이 진토된 할머니의 다정하게 구겨진 영혼

핸드백에서 아래턱을 꺼내듯
갈비뼈 조롱에서 위턱을 꺼내듯
새장에서 새를 꺼내놓고
나란히 앉아 있는

공원의 할아버지들
날개 잘린 영혼들은 할아버지 무릎 위에서 나란히 졸고
그중에 어느 할아버지가 내 아빠인가 나는 새를 뒤적인다

즐비 즐비 즐비 즐비 즐비 즐비 즐비 즐비 즐비 즐비
즐비 즐비 즐비 즐비 즐비 즐비 즐비 즐비 즐비 즐비

포장도로 양옆으로 늘어선 상자들을 뒤적인다

그렇다고 들어가면 손이 굳는 상자는 아니다
손톱 끝에 피가 맺히는 상자는 아니다
다만 피냄새가 유전하는 손가락
엄마의 자궁 속에는 다섯 형제자매가 부둥켜안은 채
양파 껍질처럼 흐린 피냄새
징그러워 징그러워
손을 넣으면 자꾸만 얇은 얼굴들이 벗겨지는

물개와 물범처럼 우울에 젖은
내 벌거벗은 몸은 이름이 없고

그러나 우리는 다 죽음이라는 라스트 네임이 같고

아빠와 엄마의 형상을 본떠서 만들어진 것들

밀대와 칼로
심장과 살을

밀어라
썰어라

미친 새들로 가득 찬 상자 속으로 이 손을
숨이 막혀 죽을 것 같아 이 손을
헐벗은 걸까? 이 손!

도와줘 도와줘
여기서 좀 꺼내줘
내 목구멍 깊이 상처 속으로

잠들어서도 히죽히죽 웃는 시큼한 부리 속으로
(흐느낌을 참는 내 더러운 옥타브는
피뢰침 끝까지 올라가다가 응급실로 달려가고)

엄마는 이제 제발 그 구멍 좀 닫으라고
나는 이제 제발 그 얼굴 좀 치우라고

날아라 병원

눈을 감고 떠오르고 있으면
마취 중인 사람 속을 떠가는 기분

달은 눈동자 속의 수정체처럼 빛나고
그 눈동자의 흰자에 올라앉은 내가
그 사람의 슬픔을 샅샅이 훑어보는 기분

불안정한 기류 속입니다 안전벨트를 매세요
듣는지 마는지 모두 잠들었는지

고층 빌딩에서 유리창 닦는 사람의 줄을
누군가 창문 열고 끊어버려서
그의 아내가 밤새도록 울부짖는 어제의 뉴스

병원에도 장례식장에도 비행기처럼 일등석 이등석 삼등석이 있어요
침대별로 나누어져 묶인 채 하나씩 둘씩 여섯씩
견디고 있는 사람들

눈앞은 침몰한 배 울고 있는

바닷속을 비추는 화면처럼 흐릿하기만 한데

병상의 아빠들마저
엄마 엄마 부르고 있는데
무덤 속 엄마들은 다 어떡하라고
엄마를 찾고 있는데

무서운지 무서워하는지 눈빛 두 개가
쌍라이트처럼 얼어붙은 창가에 달라붙고
병원이 대관람차처럼 지구를 한 바퀴 돌아
멀리멀리 날아가는 밤

안은 삶이고 밖은 죽음이로구나
밀봉이 이 생이로구나

나는 이 창살 두른 침대가
날아간다고 생각합니다

저 아래 항구에서 첫 고깃배들이 출항하고
산속에선 거대한 산불이 발아하는데

쥐들이 강의 발원지의 물처럼
쉼 없이 새끼를 낳고 있는데

어두운 내 눈매 속을 날아가는
화물칸에선 애완견들이 짖어대는데

영안실의 관들에도 비행기처럼 일등석 이등석 삼등석이 있어요
내가 조용히 좀 하자고 거칠게 항의해도
아무것도 들리지 않는 척
하늘 호수를 삐그덕삐그덕 저어 가는 밤 병원

살려주세요 엄마 살려주세요 엄마
죽은 아빠, 너의 잠꼬대

히말라야를 넘어가는 철새들이
귀를 막네

레시피 동지

눈이 와
흰 벌판 한가운데

물로 만든 척추처럼
개울이 흘렀다

나는 팥죽을 쑤었다
오른쪽 폐에서 피떡처럼
검붉은 기침이 펄떡거리고

집을 떠나 이곳에 오면서
이름도 적지 않고
초대장을 보냈는데
꼭 올 것만 같았다

공중에서 내려온
흰 시트를 헤치자
아빠, 너가 서 있었다

팥이 다 익었을 때
두 눈에 맺힌 아빠를 닦으며
흰 설탕을 넣었다

눈이 더 와
흐르는 물로 만든 척추를 가진 새가
거대한 날개를 털며

일어나는 게 보였다
작은 물고기들이
폭설처럼 쏟아졌다

쏟아지고 나니 다 은빛 티스푼인
물고기들이었다

1. 오지 않은 날들이여
2. 오지 말고 돌아가라

풍경에서 소리가 다 없어졌다

나는 포스트잇에
아빠 잘 가라고 써야 할지
아빠 가지 마라고 써야 할지
동지의 레시피를 적었다

하얀 동그라미를 빚어
뜨거운 팥죽 속에 ○○○ 자꾸 밀어 넣었다
나의 일부를 밀어 넣는 느낌
죽은 사람과 뭘 하며 밤을 보내지? 생각했다

살을 만지고 싶은데

물 뼈의 풍경이었다

왠지 아직 태어나지 않은 날들에
미안한 생각이 들었지만
한 국자 한 국자
눈밭에 팥죽을 던졌다

눈 속에 피가 활짝 피었다

새를 앓다

아빠, 네가 나를 내려다보듯 내가 나를 내려다볼 수 있으면 좋을 텐데
내가 저 커튼에 그려진 새라면 좋을 텐데
봉 위에 척 올라앉을 수도 있고
커튼이 베란다 밖으로 걸음을 떼면 커튼을 박차고 날 수 있을 텐데
그러면 무조건 멀리 갈 텐데

눈을 떠도 늘 어둠뿐인 정면. 내 눈앞에 내 미래, 캄캄함에

눈을 대고 발산하는 나의 표정은 어떨까. 슬픔이 내 몸보다 클 때의 처방. '새가 되는 법'이라는 매뉴얼대로 해보기로 한다. 문에 방해하지 마시오라고 걸어둔다. 완전한 암흑. 정적. 매뉴얼엔 각자 반응시간이 다르다고 적혀 있지만 시간의 흐름을 인지하지 못하게 되는 순간이 온다고 한다. 손발이 차가워지고 얼굴이 축축해지고 문득 천장에는 새 모양의 얼룩. 꿈을 비추는 등불처럼 막연한 인광. 딸꾹질처럼 얼룩새가 배어 나온다. 얼룩새는 뜨겁다. 얼룩새는 흐느낀다. 얼룩새가 얼룩개미를 잡아먹는다. 얼룩새가 얼룩메뚜기를 잡아먹는다. 얼룩새가 얼룩뱀을 잡아먹는다. 얼룩새에 사로잡히면 지긋지긋한 충고들과 멀어지는 장점이 있다. 전깃줄 위에 올라앉아 지저귀는 부리들의 지겨운 위로와도 멀어진다. 얼룩새를 품다 보면 발가락이 쇠꼬챙이처럼 차가워진다. 고막의 근육이 얇아져 10리 밖의 구더기 소리도 들리는 것 같다. 눈물도 피도 아닌 미지근한 얼룩새를 어른다. 그다음 정적과의 귓속말. 나는 들을 수는 있는데 더 이상 소리를 낼 수 없게 된다. 대신 목구멍에선 새된 비명. 이렇게 될 때가 거의 끝에 다다른 순간이라고 적혀 있다. 내 방문 앞에 나를 위한 음식이 차려져 있다. 향초 냄새를 맡음과 동시에 생각이 몸 밖으로 떨어진다. 몸의 주술이 풀린 듯 일평생의 생각이 하나의 덩어리 같다. 기억이 몸 밖으로 떨어진다. 기억은 생각보다 더 작은 덩어리다. 씻지 않은 몸에서 인광이 자주 올라온다. 인광이 노는 몸이 오로라가 노는 북극처럼 차다. 망연자실한다. 차가운 망각과 뜨거운 망각이 가끔 몸을 들어 올린다. 이때 문을 열고 들여다보는 이가 있었는데 표정이 너무 변해 있어 알아보지 못할 정도였다고 한다. 다만 더러운 장소의 문을 열었다는 느낌, 혹은 귀신이 만들어지고 있는 듯한 느낌 같은 게 있었다고 한다. 나는 형형한 인광과 얇디얇은 고막으로 견딘다. 달밤에 빛이 머나먼 성당의 스테인드글라스를 더듬는 소리를 듣는다. 고통은 없다. 설사 아빠, 너와 눈빛이 마주친다 해도 아빠, 너는 내가 무엇을 바라보는지 알 수 없었을 거다. 밤새도록 너무 예민해서 몸의 구멍마다 새가 나온다. 검은 종이로 만든 것 같은 천장이 한 장 한 장 낱장을 떨어뜨리는 것처럼 그렇게. 잠시 후 새 백 마리가 나를 바라보는 듯 으스스하다. 나는 이제 깜깜한 곳에서도 시선이 머나먼 곳을 향한다. 그러더니 새 떼가 차례로 나를 콕 찍어 먹고, 콕 찍어 먹고, 콕 찍어 먹고, 콕, 콕, 콕, 콕, 콕, 콕, 콕, 콕, 콕, 콕, 콕, 콕, 콕, 콕, 콕, 콕

삶은 노른자에서 나는 냄새, 쇠비린내. 새의 체온은 섭씨 42도. 내 겨드랑이가 공허와 정적 위에 올려진다

나는 무조건 멀리 간다

몸에서 심장이 혼자 뛰쳐나온 것처럼
나는 위독한 새

새가 되어보니 새는 너무 비참하다
매 순간 저 따뜻한 유방 아래 잦아들고 싶다

날아가는 까마귀들이 전부 깃털 없이 분홍 알몸뚱이다
천둥도 분홍이다

우리에게 하양이 있을까

식탁 아래 걸레 뭉치

날개는 몰아쉬는 숨처럼
뭉쳐져 있고

겨울 하늘 차가운 새처럼 쿨하고 싶었는데

가족을 너무 혐오해 두 손이 덜덜 떨려
숨 쉴 때마다 걸레가 오르락내리락해

푸드덕거리는 소리
와장창하는 소리
어디서나 죄송스러운 집

늘 오빠의 발뒤꿈치 밑에 새 한 마리 있는 꿈

저쪽 발뒤꿈치엔 조그만 엄마가 있었지만 구하러 갈 수가 없어

걸레 뭉치를 옷으로 싸서 어르는 소녀
저 소녀가 나일 리가 없어

아침엔 이빨을 세게 닦았지만 하얘지지 않았어

내 뼈는 닦지 않아도 하얀색일까 생각했어

흰색 빈두 차크라는 아빠에게서
빨간색 빈두 차크라는 엄마에게서
빨간색 생고기가 흰 이빨을 물들이는 나날

절간에서 초를 훔쳐 왔어
이 죄송스러운 집에 흰색을 밝혀볼까 생각했어
티베트 절간에서 나던 냄새
절간의 얼굴들처럼 번들번들한 마룻바닥에서 나는 냄새
뼈에 붙은 살냄새

날개를 질질 끌고 다 올라왔다고 생각했는데
돌아보니 산이 없어

아, 그 지독한 흰 산이 없어
흰색의 잠복 기간은 길지 않아
꼭 더러워지고야 말아
나는 평평한 흰 산에서 편지를 쓴다
이놈의 산, 흰색을 연기(演技)하다니!

멀리멀리 죽었다가 돌아온
아빠, 너는 올빼미처럼
식탁 위에 올라앉아
낮에는 밤을 보고
밤에는 밤을 보고

너무 부끄러울 때
내가 나를 삼인칭으로 부르며 욕하는 것처럼
아빠, 너는 틈틈이 욕설이야

모두 내 탓이라고 했어
오빠 탓은 아니라고 했어

아빠, 너의 살색 대갈통은
흰색 트럼펫처럼 흰색 머리칼을 내뿜고

오빠의 살색 대갈통은

검은색 트럼펫처럼 검은 머리칼을 내뿜고

피보다 붉은 죄 눈보다 희게
빨래 장인 예수님은 엄마 무릎 위 늘 말씀 중이신데
예수여 백합을 너무 많이 치켜든 엄마의 예수여†
우리 엄마를 백합질식사시키는 예수여

식탁 아래 걸레 뭉치
그 소녀는 걸레 트럼펫처럼 걸레를 내뿜고

내 몸엔 흰색이 없어
나는 흰색을 연기하지 않아

† 주는 저 산 밑에 백합, 빛나는 새벽별(찬송가, 「내 진정 사모하는」).

피읍
피읍

나는 나의 그곳을 에이야피야라요쿠울†이라고 부르기로 한다

아빠와 나의 얼굴 모양의 죄책감
나의 동시성[††]과 비동시성[†††]이
피읍 피읍 시작한다

누구도 이름 붙이지 않아서 아무도 그 이름을 모르는
(우리는 탄생할 때 새 이름을 받지만
죽을 땐 아무도 새 이름을 받지 못하는 것처럼)
새들이 밤하늘 높이 날아간다

매주 한 번 주사실에 누워 주사를 맞는다
침대에 누워 늘 내가 째려보는 천장의 한 조각 얼룩무늬

병원 침상에서 2년 동안 아빠가 쳐다보던 그 얼룩무늬

나는 나의 에이야피야라요쿠울을 건드리지 말아달라고 외치고 싶다

나의 피읍과 아빠의 피읍
서로의 피읍이 그 구멍 바깥으로 피를 토하는 그 순간
밤하늘을 날던 새가 천장의 얼룩 밖으로 고개를 내밀락 말락하는 그 순간
내가 시계를 차면

전 세계가 5분간 시계를 찬다
그러면 나는 짐짓 또 그 시계 기차를 탄다
내게서 사방으로 시계 기차가 흩어져 간다

두 줄 레일 위에서 5분간 신선한 머리칼을 날린다

아이슬란드 빙하가 내게 안겨온다

피읍
피읍
훌쩍이다가
땅속 깊이 묻혀 있던
신의 피처럼 파란 피가
9미터 높이로
갑자기 분출하는 그곳

그곳이 그곳에 있다는 것

날아가면서 똥을 갈기는 새가
병실 창문에 와 부딪힌다

백색소음 에이야피야라요쿠울이 전 세계로 전속력으로 흩어져 간다

가늘게 떠는 차가운 손목처럼 새벽의 새 떼가 전 세계 병원의 지붕을 넘어간다

불을 환하게 켠 유리 엘리베이터들이
비 맞는 숲을 헤치고 하늘 높이 치솟는다

내가 지하로 내려갈수록 엘리베이터는 높이높이 떠오른다

그러면 다시 잠시 아이슬란드에는 푸른 상처처럼 에이야피아 라요쿠울

† ay-yah-fyah-lah-YOH-kuul.
†† synchronism.
††† nonsynchronism.

새의 일지

아빠, 네가 죽은 방에서 나는 새가 된다
갈비뼈가 동그래지고

쉴 새 없이 두리번거리는 새가 된다

차곡차곡 오그라든 풍경들이 책꽂이에 꽂힌 방

마야의 여자가 죽은 남자의 머리통에서 해골을 부수어내고
가죽만 남은 머리통을 뜨거운 모래 속에서 굽는다
그러자 주먹보다 작게 오그라든
머리통이 모래 속에서 출토된다
머리카락이 길게 붙은 새의 얼굴이다
여자가 남자의 양쪽 귀에 실을 꿰어 가슴에 매단다

나는 문에 구멍을 내고 간밤의 새를 들여다본다

저것의 눈에서 흰자위가 사라지고
검은 눈동자만 남았다

수영장 바닥에 누워 나는 생각한다 내 방에는 새가 있다
털 없는 새끼를 여럿 낳을 수 있는 새가 있다
그렇게 생각하다 보면 갑자기 수영장 바닥에서 커다란 새가 솟구친다

누군가의 허리춤을 잡고 오토바이를 타고
새벽 도로를 달려간다 나는 생각한다 내게는 새가 있다

그렇게 생각하다 보면 갑자기 오토바이 뒷자리에 커다란 새가 앉아 있다

내게는 마야 여자의 가슴에 매달린 해골의 껍데기처럼 오그라든 얼굴이 있다
내게는 새가 있다 나를 혼자 두면 둘수록 새가 되는 새가 있다

쪼르르 달려가서 벽에 머리를 박는
이게 무슨 일이람
한 번도 포기하지 않고
이쪽 끝에서 저쪽 끝까지

책꽂이에 꽂힌 채
부리를 뾰족이 세우고
테니스 경기 관람하는 얼굴들이
이쪽저쪽 쉬지 않고 왔다 갔다 하는 것처럼

방에는 새가 있다
뜨거운 겨드랑이에 체온계를 꽂은 현기증이 있다

너 괜찮니? 물어도
고개를 까닥까닥 혼자 있으면서도
사교를 쉬지 않는 저 태도

너무 예민해져서 그 방에 들어갈 수가 없는데도
달아나면 어떡하나 자주 새를 보러 갔다

점점 새가 된다
힐끗새 문득새 잠깐새가 된다

만원 지하철에서 새가 된다
나보다 뇌가 천 배나 작은 새가 된다
지하철 바닥에 모여든 쥐 떼 같은
이빨을 갈아대는 신발들 사이에서
발발 떠는 새가 된다

아저씨가 엘리베이터에서 재채기를 한다
새가 된다

전봇대 아래서 비둘기가 자동차에 깔린다
새가 된다

자주새 더자주새 점점더자주새가 된다

백야의 밤에 태어난 새처럼
잠을 자지 않는 새가 된다

내가 들여다보면 노래하지 않다가
내가 떠나면 노래하는 새가 된다

빨대 같은 목구멍에서
커다란 숲을 게우는 새가 된다

먼저 살을 벗고
그다음 뼈를 벗고
이제 새만 남은
새가 된다

그 새가
저를 들여다보는 초라한 나를 본다

이제 돌이킬 수 없게 되었다
내 인생의 유일한 기적으로
이렇게 되었다

내가 또 방을 들여다보자
새가 처음으로 입을 열어 내게 말했다

가
가

아빠, 네가
죽은 방에서 나는 새가 된다

찢어발겨진 새

오늘 온나라 맑음, 무섭지 않니? 하고 날씨가 나에게 물으러 왔습니다

내가 어마어마하게 깊고 푸른 하늘에 빠진 새 한 마리를 상상하자

오늘 온나라 먹구름, 무섭지 않니? 하고 날씨가 또 물으러 왔습니다

정신과 H 교수 진료실 앞 그리고 문밖의 소파까지 나란히 줄 맞춰 앉은 환자들과 그 보호자들의 얼굴을 안 보는 척 보고 있습니다 날마다 온나라 온국민 온날씨 온뉴스 무섭습니다

내 잠옷의 단추를 풀면 푸드덕

무시무시한 잠자리에서
무시무시한 새들이 치솟아 오르리니

내 시집을 찢어 새를 접어보는 나날
나는『피어라, 돼지』를 날립니다

새는 아무도 안 보는 곳에 가서 혼자 죽습니다
내 시집도 아무도 안 보는 곳에 가서 죽습니다
죽기 전에 이미 실컷 두드려 맞았습니다

매일 밤 문상을 가서 베수건 열고
똑같은 얼굴을 마주 보는 나날

시 혹은 새는 혹은 새 혹은 나는 또 혹은 나라고 말하고 싶은 새 혹은 이 시는
깃털 아래 닭살을 전신에 감고

오늘 온나라 특급 소나기 무섭지 않니? 하고 날씨가 지치지도 않고 또 물었습니다
나는 상상하지 않고 대답했습니다
특급 무서워

내가 눈도 못 뜨고 온나라 빗속을 걸어가는데

내 작은 요람에 요람보다 큰 발이 들어옵니다

아빠, 발톱 깎아드릴게요

무섭지 않니? 무섭지 않니? 천둥 벼락이 자꾸 묻습니다

나는 오늘 빗발치는 발톱들 속을
딱 5천 마리의 새가 되어 날아갑니다
땅을 박차고 하늘 가득 날아갑니다

새 한 마리마다 다른 날씨 다른 정신병
5천 개의 오늘의 날씨 5천 개의 오늘의 운세
오늘 온나라 우울증 무섭지 않니? 하고 날씨가 또 물으러 왔습니다

내려다보면 온나라 가득한 병동들
그중 한 병실 안에서 내가 특급 무서워 대답했습니다

이 나라에선 날지 마

아빠, 여기서 태어났는데 이 나라를 피해야 한대
　　　지금껏 살아왔는데 이제부터는 안 된대
이 나라가 나를 찾아다닌대
국경이 봉쇄되었다는데
이 나라에서 발을 떼야 한대
전 국토가 내 발자국을 거부한다는데
내 얼굴을 다 안대
숨 쉬면 죽인대
울면 안 된대

아빠, 나는 물속으로 달아나
눈을 감으면 몸이 떠올라
전부 물이야

아빠, 봐! 물속에선 목이 더 말라 그래서 몸이 떠올라
이봐, 벽에도 누울 수 있어
천장을 딛고 걸을 수도 있어
몸을 둥그렇게 말고 날아
책장에서 책이 쏟아지고
그릇들이 날아가

집이 기울어

수압이 높은 곳에선 시간은 두 발을 끌며 천천히 걷고
침대 밑에선 일천 살짜리 거북이가 나와

여기선 새가 열 손가락으로 얼굴을 가리고 걸어
누가 알아보고 손가락질할까 봐

사람들 보는 데서 주책없이 몸이 떠오를까 봐

아빠, 내가 고개를 숙이고 빌딩 아래로 조용히 날아가면
심해에 앉은 선생님이
죽기가 얼마나 힘든데
빛을 향해 올라가, 더 올라가
엉덩이를 떠밀어

태양은 노란 수상 가옥처럼 수면 위에 앉아 있고
외로운 잠수자의 가슴에선 흐느낌이 차올라

물속에선 신발을 잃어버리기 마련이야
휴대전화를 잃어버리기 마련이야

여권을 잃어버리기 마련이야

나는 지금 공중에서 아파
죽을 만큼 아파 죽을 만큼 목이 말라
눈을 뜨고 싶지만
이 나라가 나에게 잡히기만 해봐라 그런대
전 국토가 내 두 발을 거부한대

새 샤먼

새가 오면
나는 안개 속에서 흔들리는 아득한 샌드백 같아요
당신들은 애인을 품었지만
나는 새를 품었다고 말할 수 있게 돼요
새를 가진 사람은 새를 가진 사람을 알아보죠
서로 인사하죠
새들끼리
어떤 춤을 향해서는 저 춤에는 새가 없군 말할 수 있게 돼요

잎맥들이 초록을 꽉 움켜쥐고 있는 것처럼
나는 새가 움켜쥔 사람

열 손가락으로 두 눈을 가린 흠뻑 젖은 새

나는 나에게서 사람을 놓아버린 사람

섬에 오자 자주 새 꿈을 꾸었어요
목매단 새들이 팔을 전부 밑으로 늘어뜨리고 있었어요

어느 날은 나는 새들의 얼굴을 정면으로 마주 보았는데
나에게 할 말이 있는 것 같았어요
주인 할머니에게 밥상머리에서 꿈 얘기를 하자
섬의 방언으로 대답해주었어요
녹음해 가서 커피숍 아르바이트생에게 물었더니
저 산에 목매 죽은 사람이 많았어
아빠도 죽고 엄마도 죽고 그 얘기라고 했어요
할머니는 죽어서 저 산에
묻히지 않을 거라는 얘기라고도 했어요

낮에는 제복이
밤에는 총검이

혼령들을 일렬로 세워놓고
서로 뺨을 때리라고 했어요

아들 혼령에게 아빠 혼령의 뺨을 때리라고 했어요
안 때리면 찔렀어요
때려 더 세게 때려 아빠 혼령이 아들 혼령에게
소리 질렀어요
라고 커피숍 아르바이트생이 말했어요

나는 안개 속의 샌드백처럼 왔다가 갔다가
내가 태어나지 않은 시대의 새를 생각하는데
그 새가 내려다본 광경을 생각하는데

새들이 날개를 폈다 오므렸다
나무에 새들의 발이 묶여 있네요
저 새들의 두 발을 누가 묶었나
생각하다가

새와 인간이 눈을 마주칠 때 누가 누구를
만물의 영혼이라 생각할까 궁금해졌어요

미지의 행성에 도착했는데 새들만 산다면
여기서 어떤 기억을 간직하고 이제껏 살아왔니? 하고
어떻게 새에게 물어볼까요?

새새

새새

새새

새새

새새

새새

산이 깨어지는 것처럼 새가 울부짖어요

사람을 놓아버린 사람이

사람을 놓아버린 사람에게

안개 속에서 샌드백처럼 흔들리면서

새

새야, 네가 본 것을 말해보렴

그 사진 흑백이지?

가출한 달의 머리를 깎고 발목을 묶어
새장에 넣은 다음
밥도 주고 그럭저럭 기르는 나날
달을 키운 다음
달의 몸을 풀어
내 수의를 짜게 해야지
아빠는 말했다

내가 창문 앞에 앉아 먼 산봉우리에 손을 갖다 대면
내 손은 저 산보다 높다
나는 한 손으로 산을 움키고 산의 허벅지를 쓸어내릴 수 있다
나는 늘 나에게서 시선을 떼지 않는 저 풍경보다 크다
나는 내 코 양쪽에 엄지손가락 두 개를 붙이고
여덟 손가락을 새의 볏처럼 편 다음
서울의 높은 산보다 더 높이 나는 큰 새가 될 수 있다

하루 종일 창가에 서서 내가 커지는 놀이

심지어 서울 풍경과 일대일 할 수 있을 것만큼 나를 키우는 놀이

지금은 붉은 노을이 코를 찌르는 시간
창 앞을 떠나지 않는 나를 질투하는 태양이 노란 성게젓갈 냄새를 풍기며 떠나면

내 방의 커튼은 구름 밖에 있다
아주 멀리 있다
커튼을 치면 심지어 먹구름이 딸려 온다
내 세수수건은 저 산의 정상에 걸려 있다
아주 멀리 있다
얼굴에서 어푸어푸 물을 흘리며
얼굴을 닦으러 멀리 갔다 오는 나날
혹은 발가벗고 물을 뚝뚝 흘리며
슬리퍼를 직직 끌며 젖은 수건을 들고 산으로 가는 나날

먼 밭에서는 우산이 가득 자라고
어느 집 다정한 아빠와 공손한 딸이 우산 두 개를 뽑아
비를 긋고 간다 참 아름답다
나의 아빠는 말했다
멀리 있으면 다 애틋하지
나는 아빠를 젖은 수건처럼 참 멀리 두고 싶었다
나와 아빠는 식탁에 앉아 일생 동안 두 마디 말을 나누었다
그 말의 내용은 나중에 밝히겠다

다시 말하지만
저 풍경보다 큰 내가 사는 우리 집은 얼마나 큰지
노를 저어 가서 베개를 건져 와야 잠을 잘 수 있을 정도다

우리 집은 또 얼마나 높은지 날아가는 새를 베개 삼아야 할 때도 있다

우리 집은 또 얼마나 아득한지
허공에 매달린 젖을 쪽쪽 빨아 먹어야 잠이 올 때도 있다

그럼 이건 어때?
우리 집에서는 복면을 하고 노를 저어 가서
칼날 같은 수평선에 올라앉은 나의 새에게 모이를 주고
물 위에 널어놓은 아직 피가 마르지 않은 이불을
끌어와 덮어야만 잠이 올 때도 있다

그래도 내가 돌아가신 아빠의 사진을 찍자
돌아가신 아빠가 달의 몸을 풀다 말고 나에게 물었다
우리가 아직도 태중에 있는 것처럼

그 사진 흑백이지?

부사, 날다

매일 그 시간 아빠, 네가 깨어난다.
내 시간으로 말고 망자의 시간으로 그 시간.

아빠, 네가 내 흐느낌 속에서 속삭이듯
새아빠가 한 분 나타나셨으니.

짧게 친 머리칼은 새벽처럼 서늘하고
앵두보다 작은 엉덩이는 눈물의 발원지를 찌르듯.

아빠인가 하면 새이고 새인가 하면
눈발같이 밀가루같이 새하얗지만 내 손으로 휘저어지는 얼굴.

그 새가 내 얼굴에 앉았다 날아가면 내 얼굴이 사라졌다.

내 얼굴이 있던 자리엔 존재하는 듯 부재하는
은은한 부사의 울림만 남았다.

나는 이름을 달기도 전에 사라진 생명같이 희끗하였다.
내 머릿속이 하얀 종이로 만든 북극처럼 텅 비어갔다.

나는 오른팔로 두 눈을 가린 다음 쓰러졌다,
베로나의 성당 차가운 바닥에.
나는 또 그 시간인 줄 알았다.

아빠, 네가 죽은 시각은 11시.
내가 아빠, 너의 죽음을 예감한 시각은 새벽 4시.
꿈의 창밖으로 아빠!
새가 한 마리 스쳐 갔어.
그 새의 목은 심야 버스 운전사의 목덜미처럼 섬뜩하고 왠지
아빠, 너 같았지.

성당에 모인 사람들이 죽은 이를 하나씩 켜 들고
성모승천대축일 찬송을 부른다.
우리나라는 지금 광복절.

천장에서 물이 새듯.
차가운 새가
각자 하나씩.

아빠, 너는 손바닥만 한 작은 외투.
지금 막 태어난 아기에게 입힌 외투같이 작은 외투를 입고.

죽음의 추위를 견디고 있는

조그맣게 줄어든 작은 인생같이.

아빠, 너의 섬망이 시작하면 언제나 6·25가 다시 시작했다.
아빠, 너는 총을 들었던 전장으로 언제나 낮은 포복으로.
이불이 침대 아래로 떨어지고
어느 편 참호에 아빠, 너의 촛불이 악착같이 펄럭이는지.
엄마는 간호장교로 호명되고, 나는 의무병이 되어서
병사의 비명을 향해 돌진했다.

엄마와 나는 계속해서 물었다.
아빠, 내가 누구야?
아빠, 내가 누구야?
그러면 명사와 동사를 다 잊은 아빠가
이미 미리 이미 미리
그리고 다시 이미 미리 이미
부사만 외치다 말았다.

내가 지금 성당을 나와 왼손 오른손 번갈아 끌고 가는
시끄러운 구급차 같은 이 여행 가방엔 무엇이 실려 있나.
북극으로 싼 선물처럼 흰 종이에 싼 조그만 아빠, 네가 들어 있나.

아빠, 너를 아무 데나 데리고 오는 작은 외투가 펄럭이자

주인을 잃고 무게도 잃은 풍경이 펄럭거리며 나를 따라왔다.

우리가 모두 죽은 다음
부사만 남은
그런
세상이
나를 감쌌다.

이미와 미리 사이에서.

해파리의 몸은 90퍼센트가 물이다

나는 요새 무서운 말을 적어 목에 묶고 다닌다
복도를 슬슬 걸어가는데
학생이 나에게 물었다
선생님은 요새 왜 새만 적어요?

나는 지하에 새를 발명하러 왔다

나에겐 심해의 바람을 타는 해파리처럼

작은 우산들이 발가락 사이마다 끼워져 있다

흰옷 입은 아빠의 손발을 거두었다
먼저 손을 묶은 끈을 발가락 끝에 건 다음
발을 묶었다
좁은 관에 넣을 수 있도록

아빠가 두 손을 머리에 꽂은 것 같은 새 모자를 쓰자
나는 연약한 새의 깃털 한 개의 기척을 몸 어딘가에서 느꼈다

죽어가는 사람이 다 적지 못한 편지 조각은
이불 위에 펼쳐져 있었다

나는 폐허를 풀풀 날아다니는
내가 계속 적지 않으면 떨어져버리는 새를 생각했다

연필 밑에 꾹꾹 밟히는
죽음으로 가는 축지법을 쓴 종이

나는 요새 망자의 편지를 목에 묶고 다닌다

내 목의 깃털을 뽑아서 이 글을 다 쓰면
새는 날아가겠지

망자가 자신이 죽은 순간을
천천히 아주 천천히 온종일 다시 돌려보듯
독수리는 순간을 길게 늘일 수 있다고 들었다
먹이가 포착된 순간부터 그것을 낚아챌 때까지의 순간

아빠의 입속에 날아가실 때 여비로 쓰세요
동전 세 닢을 넣는다

(한국어로는 아빠를 이인칭으로 부를 수 없다)

(선생님은 이불 속에서만 이인칭으로 부를 수 있다)

계속 단추를 누르고 있어야
계속 열려 있는 엘리베이터처럼

피아노의 페달을 계속 누르고 있어야
투명한 저 새가 떨어지지 않는 것처럼

계속 비를 맞아야 한천이 되지 않는
해파리의 우산처럼

나는 아빠 떨어지면 안 돼요

깃털을 뽑아
새의 말을 적는다
계속해서 적는다

다른 학생이 다음 날 물었다
선생님, 선생님은 왜 목을 가리고 다니세요?

4부

여자들은
왜 짐승이 말을 할 수 있다고
생각하니?

화장실 영원

빈집이 있었다
오래도록 빈집이었으나
언제부터인지는 알 수 없었다

빈집에 모니터가 하나 오래 살고 있었다
아시다시피 관객은 없었다

아주 천천히 삼백육십오분의 일 배속보다 더 천천히 진행되는 화면이었다
눈먼 오랑우탄이 검은 태양에 눈을 맞춘 채
시간의 흐름을 가늠해보는 것보다 더 천천히 시간이 흘렀다

화장실엔 숙녀용과 신사용이 있었다
여자아이는 천천히 그보다 더 천천히 숙녀용으로
남자아이는 천천히 그보다 더 천천히 신사용으로
문틈으로 보이는 대리석 바닥

깨끗한 도시보다 더 깨끗한
깨끗한 굴뚝보다 더 깨끗한

세면대와 변기 들이 깨끗한 빌딩보다 더 깨끗하게 늘어선
그곳으로 천천히 아이들이

슬퍼서 비늘이 하나하나 돋아 나온

온몸에 비늘이 돋아나서 더 슬픈 물고기 두 마리처럼

아이들이 물속으로 미끄러지듯

소독약 냄새 나는 화면 속에는

여자아이의 흰 구두 흰 매듭
남자아이의 흰 모자챙 흰 양말

그렇게 천천히 화면이 흘러서
꿈에서 흐르는 강처럼 천천히 흘러서
물결치는 실크처럼 천천히 흘러서
그 실크에 슬픈 물고기가 눈물을 닦는 것처럼 천천히 흘러서

오랜 세월이 흘러도 아무도 돌아오지 않는 강가에서
몇십 년인지 몇천 년인지 빈집은 화면을 끄지 않고
무한한 기쁨으로 가득 찬 교회를 품은 권사님처럼 화면을 끄지 않고

여자아이는 숙녀용
남자아이는 신사용

우리에게는 흑백으로 재생되는 추억밖에는 없어
이토록 추운 추억
결국엔 모두 흑의 노리개

결국엔 우리가 눈을 감고 마주 보게 될 거야

질문, 저 아이들의 얼굴을 볼 수 있나요?
질문, 저 아이들은 자라서 숙녀와 신사가 되었나요?
질문, 저 아이들은 매일매일 어디를 가나요?

빈집에 냉담하고도 담담하게 손을 흔들며 천천히 사라지는
그러나 사라지지 않는 화면이 살고 있었다

정적의 흡반 생물들이 가득 달라붙은 지붕 아래
뒤꿈치를 들고 곤충들이 천천히 아주 천천히 기어 다니는 지붕 아래
누군가 정적의 금빛 심벌즈를 부딪치려는 듯, 그러나 아직, 그 지붕 아래

한 개의 눈빛이 억겁의 시간 동안 천천히 거울을 보는데

쏟아지는 하얀 음악 속에는 하얀 멜로디가

개미 한 마리가 거미 한 마리의 사체를 끌고
저 언덕을 넘고 저 설산을 넘어가는 그 시간만큼 천천히 내 귓속으로
그 천천히 속에서

여자아이는 숙녀용
남자아이는 신사용

그런데 저 사람, 모니터에 비쳐지지 않은 저 사람
거울 앞에서 왜 그리 오래 빗질을 하고 있는지

사라진 엄마
사라진 부엌

사라진 부엌을 따라나서자 사라진 부엌들만 만나게 되었다.
사라진 부엌들이 사는 곳도 알게 되었다.
사라진 부엌끼리 알아보는 법도 알게 되었다.
그들도 아침이면 우유를 꺼내고 신문을 읽고 커피를 마시고 옷깃을 스치고 버스를 타지만 단 한 가지.
사라진 부엌은 자신이 사라진 부엌이라는 걸 모른다는 것.
사라진 부엌이 나무 그림자들 늘어선 거리에서 마치 아케이드를 거니는 것처럼 한가로이 거닐기도 한다는 것.
거울 속에서처럼 나무들이 뿌리가 없고 산맥들이 무게가 없는데도
봄이 왔구나 여름이 가는구나 폐허를 폐허인 줄 모르고 맴돈다는 것.
사라진 부엌을 따라나서자 바람이 식칼처럼 아프다,
조용한 햇살이 도마 위의 피처럼 아리다,
냄새가 프라이팬에서 요리되는 먼지처럼 쓰다.
사라진 부엌은 사라진 부엌에서 한 발만 내디디면 다시는 돌아올 수 없다는 것을 알고 있을까.
무시무시한 사건들은 제일 가난한 사람들에게만 오고,

평생 들고 다니는 바구니 속의 피 묻은 머리처럼 다가오고.

사라진 부엌에서 사라진 엄마들이 둘러앉아 그 머리를 사과처럼 돌려 깎는다.

사라진 부엌에서 저녁을 먹으면 숟가락이 피투성이가 된다.

사라진 부엌의 냄새를 맡지 마라,

사라진 부엌의 창문을 열지 마라.

그러면 사라진 부엌이 죽을힘을 다해 사라진다.

죽은 사람이 죽기 전보다 더 힘껏 사랑할 수 있는 것처럼

사라진 부엌도 요리를 한다는 것.

죽은 사람이 다시 한번 죽을 수 있는 것처럼

사라진 부엌도 다시 한번 사라져갈 수 있다는 것.

거울 속 수은에 잠긴 듯 사라진 부엌도 사라진 사람처럼 눈부시다는 것.

사라진 부엌에서 사라진 돼지 천 마리,

사라진 닭 만 마리,

사라진 물고기 십만 마리.

사라진 울음소리 백만 마리.

사라진 부엌을 따라나서자 사라진 부엌이 따스한 눈동자를 짓이겨 따스한 김을 올리며 나에게 가르쳐준다.

사라진 부엌을 한 번만 더 깨우면 절대로 안 된다는 것.

그러면 사라진 부엌에서 사라진 것들이 모두 다 눈을 뜬다는 것.

사라진 세상의 사라진 엄마들이 에이프런을 두르고 식칼을

든다는 것.

이 부엌에서 내가 이 시를 마치고 그만 눈뜬장님처럼 돌아서 가야 한다는 것.

들것

들것을 든 남자는 위험하지 않다.

들것은 친하다. 들것을 들고 계단을 내려가야 하므로. 네가 높이 들면 네가 몸을 낮추고, 네가 몸을 낮추면 네가 두 팔을 들어 올린다.

들것은 살려야 한다고 외친다. 고통을 줄여줘야 한다고 외친다.

들것은 들것을 든 손을 놓을 수 없다.

들것은 엘리베이터를 탈 수 없다. 들것은 버스를 탈 수 없다. 들것은 지하철을 탈 수 없다.

앞서가는 뒤통수는 낯이 익다. 나와 입을 맞출 때 내 얼굴을 받쳐주던 뒤통수다, 내가 거울로 훔쳐보던 뒤통수다. 내가 떨어질 때, 떨어져서 튀어 오를 때 내 숨을 받쳐주던 뒤통수다. 유체 이탈한 내가 바라보던 뒤통수다. 그렇지만 저 얼굴을 봐서는 안 된다. 너는 돌아보면 안 된다. 그러면 내가 죽는다.

들것이 숨이 차서 낄낄거린다. 빨리, 빨리 하다가 낄낄거린다.

다시 말하지만 들것은 위험하지 않다.

들것이 나를 먹이고, 옷을 갈아입히고, 아침에 씻겨서 내보내고, 가방도 들어주고, 내 아이의 콧물도 닦아주고, 무엇보다 웃어주고, 이렇게 들고 다녀줬으면.

생각하는 찰나

들것이 뛴다. 나는 살아 있을 때보다 더 무겁다. 영혼이 없는 것은 무겁다. 그러나 나는 내가 가볍다. 갓 태어난 새보다 가볍다. 가벼워서 몸을 내려다볼 수 있다. 멀리 갔다가 금방 돌아올 수도 있다.

벽제 화장터 앞에서 분골함을 받아 든 청바지가 흰 가루를 화장터 출구에 확 쏟고 간다. 미숫가루처럼 쏟아진 골분이 잡풀 위에 가득하다. 여자의 구겨진 사진이 화장터 앞에서 바람 소리를 듣고 있다. 여자의 사주를 보던 늙은 여자가 말했다. 네 임종의 침대 옆엔 단 한 사람이 서 있을 거야. 그 사람도 너를 버릴 거야.

들것이 계단을 내려간다. 한 층 한 층 내려갈 때마다 센서 등이 켜졌다 꺼진다. 들것은 한 층 한 층 낮아진다. 처음 보았다, 이 천장을. 천장의 페인트칠이 벗겨진 부분을. 그 부분에서 고개를 내미는 작은 새를. 그 새의 애처로운 얼굴을. 그 새의 발가락 젓가락을. 그 새의 마스카라 칠한 눈썹을. 아까도 말했지만 들것을 든 손은 괜찮다.

나는 들것에서 살았으면 좋겠다. 나룻배처럼 출렁거리지만 괜찮다. 나는 들것에서 빨래하고, 세수하고, 노래할 수 있다. 나는 나룻배의 틈새로 몰래 올라온 물고기처럼 출렁출렁 혼잣말한다.

사실 나는 인어다. 깊은 바다에서 올라와서 머리카락은 차갑다. 입술은 파랗다. 사실 우는 것 같지만 우는 게 아니다. 지금은 걸을 수 없다. 낚싯바늘이 성대를 뚫어서 목소리가 안 나온다. 나는 좌판에 던져질 신세다. 죽은 다음 더 비싸질 거다.

들것에 실려 실비아 플라스는 계단을 다 내려왔다. 이제부턴 더 이상 죽지 않아.

공항의 보안검색대 위에 가방이 올라가듯 들것이 바퀴 위에 올라간다.

들것을 놓은 손은 무섭다.

빈손은 무섭다.

않아

음악이 없으면 걷지도 않아
레이스가 없으면 슬립을 입지 않아

때리면 피가 나는 드럼이 있어
맞으면서도 춤추는 데를 떠나지 않아

무너진 바다에 무너진 배 무너진 밤
무너진 배는 떠나지 않아

교황 아버지 앞에선 촛불을 들고 춤을 춰야 해
물속에 비친 촛불은 흐르는 피를 닦지 않아

출렁출렁 고통밖에 없는 고통이 흐릿한 뼈를 일으키는 밤
이생의 모든 내 얼굴이 나를 불러도 돌아보지 않아

물속엔 메아리가 없어서 울지도 않아
내가 여기 없어도 나는 떠나지 않아

아직
않아

중절의 배

빛에 민감해졌다
빛이 스칠 때마다 피 맺힌 입술을 잡아 뜯었다

검은 커튼을 이마에 치고 식탁 앞에 앉았다
빛이 고문 경관처럼 정수리를 잡고 비틀었다
아직 펼쳐지지 않은 포동포동한 주먹이
나 대신 빛에 꼬집히고 있었다

변덕이 심해졌다
감정에 휘둘리지 않는 사람이 되고 싶다고 굳게 결심했지만
좋았다가 싫었다가 무서웠다가 기운이 없어졌다
감정 과다 충동 장애가 생겼다

아녜스 바르다의 「노래하는 여자 노래하지 않는 여자」에는 프랑스가 낙태를 허용하기 전 네덜란드로 낙태 여행을 가는 여자들이 나온다. 중절 수술 후 그 여자들이 암스테르담 운하에서 배를 타고 관광을 했는데, 그 배를 중절의 배라고 불렀다. 중절의 배를 타고 한 여자가 노래를 부르는 장면에선 빈 자궁의 허망한 노래를 듣는 것 같았다. 아기들은 꺼내져 불에 타고, 여자들은 배를 타고

운하를 내려갔다.

말하다 말고 침이 흐른다
콧물이 길게 떨어진다
우는 건 아닌데

너무 오래 암막 커튼을 치고 살았나
머리에서 문득 수사슴처럼 나무가 올라온다
나는 암컷인데
나무에 아기 심장이 맺힌다
심장이 익는다
포크와 나이프를 던지고 뛰쳐나간다

내가 뛰면 옆에서 터널이 한 개 같이 뛴다
터널이 울며 따라오다가 매우 길어지기도 한다
아기를 뗐는데도 아기가 떼지지 않는 여자가 달려간다
터널을 지나면 아기가 떼졌다가
터널에 들어가면 다시 붙는다

네덜란드에서 출항한 레베카 곰퍼츠의 배, '파도 위의 여성들'은 낙태가 금지된 나라의 임신한 여자들과 의사와 간호사들을 싣고 공해로 나간다. 그 배가 낙태 금지 국가의 항구에 잠시 정박하면 배에 승선한 성모마리아가 제일 먼저 '내 자궁은 나의 것' 플래카드를 들고 나간다. 그러면 그 나라의 건장한 남자들은 배를 둘러싸고 떠나라 떠나라 주먹을 흔든다. 여자들의 네덜란드(Netherlands)는 파도 위에 있다.

빛에 민감해졌다

피부가 시멘트에 쓸리듯 빛에 쓸리면 피가 배어 나온다

봄을 맞은 나뭇가지 위에 침 흘리는 조막만 한 아기 심장들이 열렸다

물구나무 팥

정엽이는 집 떠나고 싶으면 등산용 배낭을 짊어지고 설거지를 한다
2층에서 마당으로 트렁크를 던지기도 한다

그러나 그보다 더 자주 우선 정성을 다해 팥 한 알을 그린다
그 팥을 먼저 기차에 태우고 혹은 큰 배에 태워서

그러다 주체할 수 없이 주머니에서 쏟아지기 시작하는 팥
장갑을 벗자 손가락 대신 팥
끝없이 팥
가랑이 사이에서 발가락 사이에서 눈물처럼
월경처럼 참지 못하는 팥

정면에 가득 팥
이빨 사이마다 팥
팥달이 떠오를 때까지 팥

정엽이는 집 떠나고 싶으면
가랑이 사이로 하늘을 본다

피 맺힌 하늘에 비행기 한 대

정엽이는 붉은 소나기가 쏟아지는 저녁
도로마다 넘치는 붉은 파도를 좋아한다

예술의 전당이 태풍을 만난 보잉 747처럼
팥바다 속에 머리를 처박고
소프라노는 거꾸로 매달려 객석으로 머리칼을 흔들며
나비 부인님의 「어떤 개인 날」을 부를 때

거대한 여자의 거대한 아기가
볍씨 같은 눈을 뜨고
엄마 배 속에 매달린 채
웃음을 터뜨릴 때

깊은 곳
이곳 아닌 곳
가랑이 사이 충혈된 달이
전 세계 도처 팥의 사원들을 애무할 때
기도하는 두 손들 사이마다
팥

아기를 다 낳은 엄마가

마지막으로 한 번 더 태반을 낳으며
힘차게 공중의 변기로
팥! 할 때

정엽이의 월경은 공중에 매달린 채
정엽이의 버찌 두 개는 그 아래에 매달린 채

우리도 공중에 매달려 신발이 닳는다
기장도 승객도 머리칼 아래는 공평히
팥
바다

바다가 거대하고 거대한 그릇에 팥을 씻는 소리

팥 하나가 목덜미를 타고 내리는 우울
팥 하나를 빨아 먹다 삼켜버린 고독
사실 팥 하나에 모든 감정

이것은 피 한 방울이 몸 밖으로 시작하는 것에 관한 얘기라고 할 수 있다

정엽이는 풀어진 운동화 끈을 매고
위장 취업 전선에 복무하던 미혼 시절처럼

제 이빨을 제가 뽑아 들고
살아간다는 것에 맞서듯
어김없이 팥 한 알
뿌리도 내리지 못하는 팥 한 알
사실 두려움 하나일지도

우선 그렸어, 팥 하나
정엽이는 씩씩하게 나에게 말한다

눈물보다는 팥 한 알!
비행기에 태워
비행기를 끌고
현관을 지나 버스 정류장을 지나

팥!

마취되지 않는 얼굴

강이 마르자 드러난 매끈한 돌 하나
마른하늘에서 단 하나의 빗방울 떨어지자
온갖 불행을 다 맞이하고 나서도 한 번 더 불행해지는 돌 하나

머리칼 다 떨어지고도 따끈한 얼굴
주삿바늘도 꽂을 수 없이 딱딱해진 얼굴

뺨 맞고 정신 아득해질 때 오른손에 꽉 움켜쥔 얼굴
보도블록 깨뜨려 치마에 담아 들고 가서 우르르 쏟아준 얼굴
나는 왜 저 여자를 여기 두고 떠났나

몇 걸음 떨어진 돌멩이들에는 저 여자의 모세혈관들
가느다랗고 붉은 금들 살짝살짝 그어져 있고
그렇게 강바닥에 온몸을 늘어놓고 긴 세월 잠들어 있을 수 있었다니
기차를 타고 먼 길 달려갔던 어느 날
철길에 천지 사방에 살을 흩뿌리며 달려갔듯이
가스실 문 열리면 우르르 쏟아지던 민얼굴

흐린 구름 그림자 그대로 받으며
어느 돌 아래에 축축한 심장을 눌러놓고
복도를 돌아 응급실을 지나 중환자실을 지나 멀리멀리

머리맡에 조그맣게 우는 웅덩이 하나 두지 않고

박동

폭설주의보

네 편지를 열면 새들이 차곡차곡 든 상자가 열리네

편지에서 나온 새 떼가 울울창창 내 나무 내 숲 다 뭉개네
일찍 나온 내 쓰라린 젖꼭지들 다 따 먹네
희디흰 쑥대밭이네

고백을 하고 나니 후련하다고
우리의 스크린은 이제 흩어졌다고
너는 틀렸다고 언제나 틀렸었다고
너는 손뼉을 치면서
치유받았다고
이제 구원받았다고
만면에 죽은 정원 같은 미소
심지어 나를 이해한다고

너의 고백이 나를 죽인다. 울 엄마를 죽인다. 울 언니를 죽인다. 죽은 정원엔 희디흰 새 떼의 열병식 아무한테도 말 못 할 과거라더니 정말 알고 싶어? 듣고 싶어? 윽박지르고 날개로 뺨을 갈기더니 그만 날개를 벗고 팬티를 내린다.

나보다 먼저 떠나갔던 글자의 받침들이 떨어진다

쌍쌍이 손잡고 눈발 사이 뛰어가는 바짓가랑이들처럼 떨어진다

헤어졌
죽었
잊었

이맘때 끔찍하게도 똑같은 네 고백
싹들의 숨통을 틀어막는 내 과거(라 이름 붙인 것들)
너는 없고 나만 있는 ㅆㅆ ㅆㅆ ㅆㅆ
밤새도록 내 알몸에 흰 수의를 입히네
내 손가락 발가락을 눈 속에 파묻네

네가 나에게 쓰라리라 하네
네가 나에게 진창이 되라 하네
불쌍하고 쓸쓸한 여자가 되라 하네

마지막으로 폭설을 맞으며 알몸으로 서로를 씻겨주면 어떨까? 하네

순결한 그대여! 노래하며 박수를 치더니, 똥강아지처럼 박수

를 치더니 왜요? 왜요? 물었으니 모두 내 책임이라 하네. 말 못 할 비밀이라더니, 영원히 간직할 거야 하더니 천지에 가득히 흰 새떼들이, 나는 죽고 한밤중에 찾아오는 눈사태처럼 설인의 그 발자국들이

내 과거를 만드는 똥구멍 같은 받침들이

합창대

소년들이 서서 노래한다

합하여 소리를 낸다

제일 맑은 소리를 내는 애는 어미 없는 놈이다 애비마저 달아난 놈이다

제일 낮은 소리를 내는 놈은 방화범이다 틈만 나면 성냥을 그어대며 힐끗 웃는 놈이다 대형 산불에 환희에 젖는 놈이다

저 음치는 70세가 넘은 나이에 소녀를 납치해 와 다락방에 숨긴 놈이다

커다란 자물쇠로 소녀의 발에 쇠사슬을 단 놈이다

제대한 지 언젠데 몸에서 군대가 지워지지 않는 놈이다

아직도 시신이 발견되지 않은 놈은 베이스다

죽은 소녀를 베고 있다

어느 놈은 바위 아래 백골이 진토된 놈도 있고 강물 속에서 살이 벗겨지고 물고기 집이 되었으나 누구도 행방을 알고 싶어 하지 않는 놈도 있다 소년들이 노래를 하고 있다 덜 익은 순대 곱창 소시지 발효 중인 총각김치가 노래를 하고 있다

스테인리스 미끄러운 판 위에 누운 시신이 노래하고 있다 목에 검은 나비를 묶고

소년들이 노래하고 있다

여자들의 따뜻한 사랑을 얻은 남자들아!
환희의 송가를 다 같이 부르자!†

착하지 정말 착하지 나는 저놈을 따라간다
착하지 정말 착하지 나는 저놈 발아래 꿇어앉는다
나는 맹인견 저놈은 맹인 조율사 같지만
나는 한 번도 대답을 한 적이 없지만
이 침묵의 끝에는 망가진 피아노들로
꽉 찬 창고가 기다리고 있다
피아노들 사이에 저놈이 나를 꿇어앉히겠지만
저놈이 지휘봉을 들기도 전에
나는 망가진 피아노처럼
바지를 벗어주었다고 말하겠지만

착검한 병사들처럼 죄수들이
어젯밤에 지은 시를 읊어대고 있다
교관은 전직 시인이다
그는 감옥 밖에서 쓴 시를 외우는 것을 좋아한다
전직 시인 아닌 자가 드문 마당에
그는 여전히 전직 시인이다
눈물이 오줌처럼 솟구치는 시
아내를 때리고 난 다음 껴안는 시

아내의 머리칼이 빗물처럼 흘러내리는 시
남자의 서정이 애무하는 시
매일 밤 울고 싶지만 시에다 싸는 시
(무슨 말인지 몰라 화가 나는 시는 죽여야 한다
그에게는 시상식에서 만난 여자 시인을 때리고 싶은 시가 있다)

소녀들이 서서 노래를 한다
제일 맑은 소릴 내는 아이는 아들에게 따귀 맞는 엄마다
내놔내놔 없어없어 맞는 엄마다
제일 높은 소리를 내는 아이는 죄 많은 년이다
틈만 나면 제 머리를 자른다
팔뚝을 칙칙 긋는다
밖에선 근엄해도
집에 들어오면 방문을 걸어 잠그고
뒤집어쓴 똥물을 닦는다
마음 따로 몸 따로 비밀이 많다
알토를 담당하는 저 여자는 주인이 바캉스 떠난 집에서 발가벗고 소파에 누워 단팥빵을 먹는 가정부다
이 합창의 가사가 너무 유치해 울고 싶을 뿐
그러나 이미 사라진 여자들이라는 건 우리가 다 알고 있다
억울하게 사라진 여자들을 기리는 사이트에 이미 이름이 올려져 있다
소녀들이 노래를 한다 호흡 곤란 빈맥 발한 심계항진 파리한

얼굴 검은 안색 헐떡거림이 노래를 한다 가스실로 태워지려 들어가는 사람들에게 불러주는 노래 같다 기쁜 노래 기쁘게 못 부르면 죽어야 한다

스테인리스 미끄러운 판 위에 누운 시신들처럼 노래한다

흰 드레스 흰 구두 흰 면사포

결혼 의복인가 수의인가 헷갈리게 차려입고 제일 높은 소리를 낸다

환희! 환희! 환희! 아름다운 하나님의 광채여!
낙원의 딸들아! 정열에 취해 빛이 가득한 성소로 가자††

† 베토벤 교향곡 제9번「합창」.
†† 위와 같음.

할머니랑 결혼할래요

할머니 눈을 그렇게 꽉 감겨드릴 필요는 없었는데.

할머니의 삼베 수의 치마 솔기마다 씨앗을 심어드린다.
그 솔기들에서 싹이 튼다.

거짓말하는 양배추는 되지 마, 할머니의 평생 유일한 충고.
나는 말하는 양배추밭을 가꾼다.

달콤하고 끈적거리는 비를 보내는 이와
씩씩하게 비 맞는 이가 만나서
좋아 죽겠다고 한다. 결혼하자고 한다. 둘이서 하나씩 혼례복이면서 장례복인 흰 치마를 입고 결혼하자고 한다. 천지에 물꽃이 천만 개 핀다.

비가 할머니의 다리를 씻기고 있다. 할머니의 몸이 서울의 북쪽 산에서 남쪽 톨게이트까지 걸쳐져 있다. 나는 할머니의 높고 높은 이마에 걸터앉아 '나는 기억한다 할머니를' 하는 구절로 시작하는 문장을 백 개 만들어드린다.

나는 할머니 몸을 몽땅 덮을 수 있는 우산을 구상한다.
나와 결혼식 하객들을 다 덮을 우산을 구상한다.

할머니 이제 땅 많아요. 이거 다 할머니 거예요.
할머니 살아생전 땅이라곤 입은 치마밖에 없었는데.

그렇지만 잠시 후 검은 하늘에 주렁주렁 열려 있던 양배추들이 땅 위에서 퍽퍽 깨진다. 머리통이 찐득거린다.

해바라기씨 같은 아이들은 어두운 성당 고해실에서 두 손을 모으고.
죽은 이들이 다시 사는 일이 없기를 두 손을 모으고.

나는 비를 맞으며 내가 눈을 감겨드린 할머니를 생각한다.
나와 내 할머니가 비 맞으며 결혼 행진 하는 걸 생각한다.

흉할 흉

그는 꽃병을 길러서 아내로 삼았다

꽃병은 너무 고요해서 감히 말을 붙일 수조차 없었다

그는 말했다 집에 가만히 있으라
내가 돌아올 때마다 입꼬리를 올리라

그는 벙어리가 된 꽃병 속에 몸을 숨기는 걸 즐겼다
꽃병에게선 지독한 냄새가 났다

집에 들어간 검침원이 말했다 뭔가 섬뜩한 느낌
수천 개의 눈동자가 숨어서 쳐다보는 느낌
빈 부엌에서 갑자기 수도꼭지가 돌아가고 물이 나오는 느낌

꽃병은 그 집에서 아무것도 한 것이 없었다
그저 썩은 꽃이나 입에 물고 있을 뿐
창문이며 찬장이며 컵이며 밤새도록 달그락거리게 할 뿐

가끔 탁자에서 튀어 올라 제 머리를 산산조각 내볼 뿐

늘 같은 시각 같은 공중에 직선으로 누워 어디든 재빠르게 몸을 날릴 수 있을 뿐

침대 위에 머리칼을 늘어뜨리고 몇 분간 떠 있을 수 있을 뿐

그러나 그의 눈동자를 오래 들여다보면 그곳에서

꾸물꾸물 기어 나오는 벙어리 노숙 미친 여자가 있었다

그는 누구와도 눈을 마주치지 않는 수줍은 사람이라는 평판

그가 죽자 꽃병이 제일 먼저 한 일은 밤중에 머리를 감은 일

그가 죽자 꽃병이 두번째 한 일은 거울을 오래 들여다본 일

그가 죽자 꽃병이 아침마다 한 일은 얼굴이 송곳에 찔린 사람처럼 소리를 지른 일

새벽이면 지붕에 올라가서 봉화를 올리듯 세숫대야를 두드린 일

소음 신고를 받은 경찰관이 와 물었다

여기 몇 년째 살고 계십니까?

여기 안 살아요

그냥 집을 봐주고 있는 거예요

꽃병 물 갈아주고

우편물 받아주고

그림자 닦아주고

아기도 낳아주고

꽃병이 처음으로 말했다

올빼미

보이니? 올빼미가 솟아오르는 것. 앉은 채 콩알 같은 똥을 싸는 것. 눈 한번 깜빡이지 않는 것. 너무 섬세해서 징그러운 깃털이 몸 전체로 올라오는 것. 눈앞이 캄캄한 밤에 빈사의 새가 번개처럼 질풍처럼 쇠파이프처럼 너의 망막을 후려치는 것.

나는 밤만 본다.

머리채를 잡던 차디찬 손가락. 따뜻한 젖가슴 깊이 들어오던 야구 장갑 같던 손바닥. 내 노란 달을 터뜨리던 예리한 새끼손톱. 콧구멍을 후비고 담뱃갑을 뜯으려고 기르던 더러운 손톱. 네 눈알처럼 금 가던 내 손목시계의 유리. 침대 모서리에 떨어지던 내 몸 같지 않던 뒤통수. 내 몸속에서 몸 밖으로 펼쳐지던 거대한 강철 우산 한 개. 하나하나 느껴보던 힘센 우산살 여덟 개. 밖에서 들려오던 나 아닌 다른 사람을 싣고 가는 구급차 사이렌 소리.

나는 대낮에도 밤만 본다.

여자가 숲속을 헤매다가 수컷 올빼미를 만난다.
여자는 묻는다.

우리 엄마 어디 갔는지 아니?

수컷 올빼미는 대답한다.

내가 네 엄마를 어떻게 아니? 여자들은 왜 항상 숲에서 길을 잃니? 여자들은 왜 짐승이 다 말을 할 수 있다고 생각하니?

수컷 올빼미는 여자의 얼굴 가죽을 뜯어내고 눈알을 뽑아 먹는다.

눈이 없는 여자는 올빼미가 된다.

암컷 나무 위에 올라앉은 암컷 올빼미가 된다.

멍이 솟아오르고, 멍 위에 혹이 솟아오르고, 혹 위에 엄지손톱만 한 털 달린 블랙 파라솔 백 개가 차례대로 솟아오른다. 햇빛 방울방울이 블랙 파라솔을 타고 떨어진다. 올빼미는 해가 나도 해에 젖지 않는 동물. 빛이 있어도 앞 못 보는 동물. 새. 온몸에 돋아난 파라솔들이 빛을 미끄러뜨린다.

옷장 문을 열자 큰 연못, 연못 속에는 나무 그림자, 그 그림자 위에는 따뜻한 럭비공. 흰자위 없는 까만 눈동자. 그 눈동자 1센티 앞에 눈을 갖다 대도 꿈쩍하지 않고 저만 들여다보는 중.

원피스 자랑

아침에 일어나면 원피스부터 찾는다
원피스가 옷걸이에 꼿꼿이 서 있는 걸 보면 안심이 된다

원피스가 생각이 없다는 건 다 거짓말이다
원피스가 세 번 울면 나라가 망한다는 말도 다 거짓말이다

나는 원피스가 있어서 외롭지 않기 때문에
다시 외롭게 되면 어떡하지 두렵다

하지만 원피스는 새장 같았다고 말해도 될까
바람이 불면 좀더 풍성한 새장을 걸친 것 같았다고

바람을 걸치면 새장은 나부꼈다
왼손 오른손 각각 손가락이 백 개인 피아니스트가
공중으로 나를 살짝 들어 올린 기분

허리께에서부터 날개가 돋아나서
끝이 보이지 않게 펼쳐지면
나는 세상에서 제일 가벼운 것과 애무하는 기분

높이 떠올라 왠지 슬퍼지는 기분

나는 초원의 마부처럼 시력이 좋아지고
이랏! 원피스를 타고 멀리 날아갈 수 있었다

내 뼈는 피리처럼 가운데가 텅 비어
모조리 노래하고 휘파람 불 수 있었다

원피스가 유방을 감싸 안고 흐느끼는 밤
원피스가 야했기 때문이야(내 탓이었을까) 자책하는 밤
원피스로 무릎을 감싸 안고 얼굴을 무릎에 대는 밤

원피스를 사흘에 한 번씩 때려야 한다는 말은 거짓말이다

원피스가 셋이 모이면 접시가 깨진다는 말은 거짓말이다
그렇지만 내 원피스가 없다면 나는 아무것도 아니기 때문에
원피스로 다시 태어나지 않으면 어떡하지 걱정한다

내가 어둠을 걸친 밤에는 내가 제일 좋아하는 블랙 원피스가 펼쳐진다
내 목에 묶인 검은 리본이 길게 풀어지다가
하나둘 원피스에 불이 켜져서 서울의 야경처럼 반짝이는 이 기분

마치 발광 가오리 한 마리가 심해를 유영하듯이
끝이 없는 날개가 서서히 이륙하는 이 기분
그다음 청천 하늘에 거대한 반짝이 원피스가 고요히 떠가는
이 기분

나는 죽어서 이 원피스를 남기겠다

수레의 컴컴한 덮개 아래
흑단으로 만든 화려한 관들이
검푸른 털로 빛나는 장대한 암말들에게
바삐 끌려가고 있다[†]

우는 엄마 다섯이 담긴 통이 굴러간다

눈물은 차갑고 땡볕은 뜨겁고

하늘은 눈부시고 공기는 아늑하고 오늘의 시신은 서둘러 불 속으로 들어가고 어느새 우는 엄마 넷이 담긴 통이 굴러간다

우는 엄마 하나가 어디 갔나 둘러볼 새도 없이 우는 엄마 넷이 담긴 통이 굴러간다

높이 쌓아놓은 유리컵이 일시에 무너져 내리듯 울음이 굴리는 바퀴가 쿵쾅쿵쾅 굴러간다

긴 머리칼들은 통에 달라붙어 젖은 뱀처럼 구불거리다 알까지 낳는데

울음을 그칠 줄 모르는 우는 엄마 셋이 담긴 통이 굴러간다

멀리서 보면 연이어 매트리스를 깔아놓은 것 같은 푸근한 길인데 가까이 다가서면 자갈투성이 말줄임표투성이 울퉁불퉁 길 위를 우는 엄마 둘이 담긴 통이 굴러간다

검푸른 털로 빛나는 장대한 암말이 어느 날 갑자기 유명해진 소설을 눈먼 사람이 점자를 건너뛰며 읽어나가듯 겅중겅중, 우는 엄마 둘이 담긴 통이 굴러간다

높은 발코니 위에서 유리 찬장을 밀어버린 것처럼 우는 엄마 하나 담긴 통이 굴러간다

암말이 땀이 떨어지는 길 위를 간다

땡볕에 울음 통이 하나 굴러간다

엄마가 다 떠나가고도 아이들은 여전히 실종 중이고

머리칼처럼 작은 금을 가득 품은 낡은 피아노 같은 빈 통이 하나 굴러간다

† 랭보, 「바퀴 자국」, 『일뤼미나시옹』.

자폐, 1

눈이 없는 반려 아귀를 내놓고 자두밭에서 놀고 있었는데 망태를 든 아저씨가 나타나 아귀를 때렸어요. 그러자 내 정수리에 혹이 나고 이마에서 피가 흘렀어요. 아귀 때문에 그랬어요, 내가 말하자 아귀는 심해에 살지 하면서 담임은 상담을 받아야 한다고 하고, 주임은 입원해야 한다고 하고, 체육은 머리채를 잡았어요. 담임이 커튼 봉으로 아귀를 쑤시자 내 입에서 피가 흘렀어요.

아귀는 발치에
까마귀는 어깨 위에
내 아기는 나팔관에

엄마는 아귀를 찾는다고 소방대원에 소독원에 흥신소까지 불러서 집을 샅샅이 뒤져댔지만, 마지막엔 내 뺨을 때렸어요. 김 선생님 눈에는 아귀가 보이신다고 하니 제가 말씀드리는 거지만 엄마가 날 속이는 거예요. 소방대원도 소독원도 다 나를 속이는 거예요. 상담은 아귀를 만져보고 꼬집어보라고 했어요. 아귀는 밤중에는 냉장고에 살아요. 아귀가 먹으면 왜 내가 거식증인지, 부엌이 토사물로 미끄덩거리는지. 엄마가 자다가 일어나 아귀를 내리치면 내가 울어요. 변기의 물이 넘치면 아귀가 넘치고 그러면 내 머리가 젖거든요. 엄마는 집을 나가라고 했어요, 제발 나가 죽으라고 했어요.

불쌍한 아귀.

커다란 입속으로 제 몸을 밀어 넣고 제 손으로 머리 뚜껑을 덮는 걸 좋아하는 아귀.

앞 못 보는 아귀를 내놓고 자두 밭에 있었는데 덜 익은 자두는 시고 푸르고, 까마귀는 깜 깜 깜 하고, 자두 밭엔 왜 갔냐고 왜 자꾸 침을 흘리냐고. 자두라는 말만 들어도 아이 시어 아이 시어 침을 흘리고 망태를 든 아저씨가 아귀를 망태에 던졌어요. 아저씨가 아귀를 집으로 데려가서 방문을 잠갔어요.

침대가 더러워서 잠이 안 와요.

자폐, 1000

나는 노을을 입술처럼 그리는 사람
노을의 중심에 이빨을 매다는 사람
노을을 아름다운 쇠고기처럼 쓰다듬는 사람
노을을 구강 질환처럼 그리는 사람

이 사람은 피 흘리는 속치마를 입은
그 위에 겉옷을 걸친 여자입니다

우리가 치유해주겠도다
우리가 위로해주겠도다
그러니 고백하라
그러니 고백하라

사방에서 들려오는 더러운 말씀

나는 교황[+]의 얼굴에
심해 아귀의 이빨을 그려 넣는 사람
하루에 세 번 이상
한 번에 30회 이상

교황님의 손이 식탁에서 위로 올라가
저 거룩한 얼굴 하단부에 달린 저 구멍으로
바다 깊은 곳에서 건져 올린 것이며 하늘을 날던 것이며 초원을 뛰어놀던 것이며
트럭이며 수레며 기선이며
저 구강 기관의 거룩한 의식이여

흰옷 입은 교황의 자제분들이 나를 둘러싸고 소리친다

시 쓰는 여자 한 명에 천 명의 의사가 필요해
내 상처의 위아래에 매달린 이빨들이 붉게 물드네

말하라
말하라

일천 명의 인부가 포클레인으로 내 입속의 혀를 파헤치지만
내 입속에서 끝없이 입을 벌린 아기가 출토되지만
하지만 나는 절대 고백 따윈 하지 않아
내가 낳은 고백을 네가 찌르면 내 허벅지에 피가 나니까

나의 잇몸들이 일제히 속치마를 벗고 침을 흘리면
일천 마리의 심해 아귀들이 일제히 지퍼를 내리고 침을 흘린다

나는 치마 밑으로 이빨 달린 노을을 줄줄 싸는 여자
다 싸고 나면 두 다리 사이에
보름달을 끼우고 어르고 달래는 여자

† 벨라스케스의 「교황 인노첸시오 10세」에서 베이컨의 「디에고 벨라스케스의 인노첸시오 10세에서 시작한 습작」이 탄생하고, 베이컨의 「디에고 벨라스케스의 인노첸시오 10세에서 시작한 습작」에서 나의 교황 '순수'가 탄생한다.

구속복

초등학교 입학식 날 담임의 숨에서 나던 냄새
결혼식 날 주례의 숨에서 나던 냄새
여자를 모욕하려고 쓴 글에서 나던 냄새

이 옷과 같은 냄새

내가 기록한 것은 내가 언제나 출발했음을
그러나 붙잡혀 돌아온 곳은 언제나 이 옷 속이었음을

토네이도를 묶어두는 것은 범죄야
끓는점에 도달한 액체를 가둬놓는 것은 재해야

나에게 우파에 좌파에 모더니스트에 친일파에 온갖 병을 뒤집어씌워도
나는 울지 않아 대신 내 콧물 가래나 받아

물고기에게 그물을 옷이라고 하다니
물고기에게 튀김옷을 외투라고 하다니

이 옷을 입으면 라디오 안에 들어간 것 같아
전 국민이 내 말에 귀를 기울이는 것 같아

사과할게요 전 국민이 사과를 바란다니
평생 사과할게요 앞으로 내 입에서 나오는 말은
모두 새빨간 사과예요

왜 사과(내)가 사과(너)한테 사과를 해야 하니?
사과(너)랑 사과(나)랑 무슨 사과(상관이)니?

두 손을 묶고 소매를 묶은 옷

단 한 벌

저절로 기도하는 자세가 된 내 두 손으로 찌른 내 심장에서 나는 냄새
빙 둘러앉아 갓 잡은 돼지를 나누던 소수민족 아낙의 손에서 나던 냄새

조명이 도수 높은 렌즈로 세례를 베푸는 방
그러나 아무도 옷을 입고 이 방에 들어올 순 없어

새들도 깃털을 벗고

물고기도 비늘을 벗어야 해
나무도 물론
내 방에선 무조건 누드야

오래 낀 가죽 장갑이 나에게 뻗어 올 때
훅 끼치던 화장실 냄새
땀으로 부글부글 끓는 옷냄새

때려봐
때려봐
새는 이미 날았어

네가 친 것은 그저
옷 입은 허공이야

옷 속이 훤하잖아

낙랑의 공주

번개가 뇌리를 친다. 턱까지 친다. 다음엔 왼쪽 발까지 친다. 잠시 쉬었다가 또 친다. 모멸감과 함께 놀라움, 공포. 조금 있다가 또 친다. 계단을 올라가자 오줌 냄새. 이제 끝이다. 여길 나가면 죽자. 여자는 웃옷을 벗고 눕는다. 간호사가 불붙은 쌍안경 같은 대나무 통을 들고 온다. 그것을 배 위에 검은 띠로 묶는다. 그 다음 천장에 매달린 양철통을 끌어내린다. 뚱뚱한 양철 아나콘다가 거대한 입술을 배 위에 벌린다. 나는 옷걸이쯤에서 여자를 내려다본다. 여자는 통째로 구워지는 벌거벗은 고기다.

더러운 개가 쇠창살 우리에 갇혀 자전거에 실려 가는 것을 본다. 자주 본다.

정신 나간 번개다. 여자가 여자에게 가하는 심한 모욕이다. 이번엔 세다. 잠시 머리가 조용해지면 불안에 떤다. 다시 모욕당한다. 눈물이 핑 돈다. 한의사가 여자의 고개를 젖힌 다음 콧속에 바늘을 꽂는다. 그다음 고개를 숙이고 피를 받으라 한다. 양철 도시락에 피가 흥건하다. 왼쪽 눈가에 약침을 퍽 꽂는다. 그쪽이 아니라고 말하기도 전에 다시 침을 퍽 꽂는다. 침을 뽑아 드는 순간 여자가 그쪽이 아니고 이쪽! 하자 아. 이쪽! 하면서 다시 침을 오른쪽 눈가에 꽂는다. 머리에 꽂는다. 여자는 이제 눈 주위로 빙 둘러 침을 꽂은, 마치 침으로 만든 안경을 쓰고, 침으로 만든 모자를 쓴 다음 눈물 핏물을 질질 흘리며 복부에서 연기를 피워 올리는 고슴도치 바비큐가 되었다. 고문 경관의 손길 아래 놓인 한 마리 암컷 짐승이 되었다. 매일 이곳에 와서 좁은 불판 위에 눕는다.

어린 시절부터 애완했던 개들이 온다. 번갈아 온다.

몸 안에 소나기 온다. 머릿속 종유석 동굴에 물 떨어진다. 눈먼 번개 온다. 필시 길 잃은 번개다. 자살하는 번개다. 벼락과 형제다. 고통의 졸개다. 제우스의 친척이다, 이놈의 번개. 방사능 번갠가. 번개가 칠 때마다 나는 기형이다. 손이 세 개였다가 머리가 두 개로 쪼개진다. 발이 백 개인 내가 냅다 달려간다. 몸은 달리지 않는데 나는 전속력으로 달려간다. 몸속의 그들은 가만히 있는데 나는 달려간다. 나는 그들이지만 그들은 내가 아니다. 그들이 나에게서 창문을 닫는다. 그다음 내가 창문 안에서 지독히 맞는다. 불판 위의 고기를 향해 내려오는 젓가락들이 고깃덩이 위에 꽂힌다.

난쟁이의 장난감 상자에 개가 웅크린다. 짖는다.

내가 교실에 줄 맞춰 앉아 있다

슬픔을 받기 위해 깨끗이 씻은 얼굴
불안을 받기 위해 부푼 심장
공포를 받기 위해 부지런히 오그라든 팔다리
절망을 받기 위해 잘 빗질된 머리

유기견 보호소에서 목욕 봉사를 받은 개들이 줄 맞춰 앉아 있다

메르스 바이러스가 창궐한 적막한 병원 대합실에 한 여자가 들어선다. 오늘 오후 현재 예약을 이행하러 온 환자는 여자 혼자다. 우리나라 사람 그 어느 누구도 이 병원을 믿지 않는다는데 여자는 믿기로 했다. 나는 여자를 멈출 수 없다. 대신. 만약 여자가 여기서 전염병이 옮는다면 우리나라는 망한 나라라고 생각하기로 한다. 마스크를 쓴 검사실 직원 전부가 여자를 위해 근무한다. 여자는 깨끗하게 소독된 침대를 옮겨가며 눕는다. 친절하다. 전기 감응 장치들이 머리 주변에 연결된다. 커다란 검사실에는 여자와 검사원들뿐. 그들은 마스크를 썼고 여자는 벗었다. 검사원은 다리미판 같은 것으로 얼굴에 전기 충격을 가한다. 여자의 고통이 빛 속에 철컥철컥 나타난다. 여기서도 오늘 환자는 여자 혼자다. 여자는 그들의 친절에 감읍한다. 나의 렌즈 속에서 여자는 오늘 공주다. 공주는 흰옷 입은 시종들에게 에워싸여 복도를 걸어 다닌다. 넓고 청결한 세면실에서 공주 혼자 그 많은 수건과 비누와 청결제를 상대한다. 공주는 이 병원 2층을 세내었다. 4개의 수납

대도 공주만을 위해 존재한다. 마스크를 쓴 그들이 공주만을 위해 계산하고 다음 예약 일자를 알려준다. 아주 평화롭다. 감염된 응급실은 폐쇄되었지만 그 위층에서 공주 혼자 방을 옮겨 다닌다. 공주가 얼굴에 전기 바늘을 꽂고 누워 있다. 공주가 내 손을 괜찮아 괜찮아 어루만진다. 전염병 바이러스들이 떠다니는 청결한 골목들이 공주를 위해 텅 비었다. 내가 떠나자 병원 전체가 폐쇄되었다. 공주가 갇혔다.

냄새나는 개가 짖는다.
메아리가 서울의 북산의 뺨을 치고 다시 돌아온다.
돌아올 때마다 다른 개가 온다.
점점 더러워지고 살이 쪄서 부끄러운 개가 온다.
돌아올 때마다 더 큰 소리가 온다.
번개처럼 들개처럼 개 같은 개.
물고 늘어지는 개.
먹지도 자지도 않고 점점 꼬질꼬질 개.
너무너무 커져서 북산만 해진 개.
북산에 똥개가 똥 싸고 가는 개.

공주여 가죽을 찢으라.
북을 찢으라.
외치는 개.

여자의 여자

엄마, 여긴 깜빡이는 눈꺼풀들이 자욱한 숲이야

새에게도 나무에게도 성별이 있다는데
이 숲의 나무는 전부 암컷이라고 했어

엄마, 나는 여기 왜 왔을까
한참 걷다 보면 한 번 더 생각해보라고 팻말이 서 있고
또 집에 계시는 엄마를 생각해보라고도 써 있어

오래전 엄마가 나를 낳아 처음 안았을 때
그림자 하나도 처음 태어나 그 광경을 지켜보고 있었어

엄마, 생명은 하나라고 여기저기 붙어 있고
더 들어가면 안 된다고 길을 막아놓기도 했어

엄마, 나는 여기 왜 왔을까
내 안에서 울며 떠난 여자들이 모여드는 이 숲에
우중충한 검은 나무들이 발목을 눕힌 채
힘없이 젖은 땅을 헤매고

새의 발목들이 후드득후드득 떨어지는 이 숲에

엄마, 여긴 내가 버린 여자들이
암컷가족이 되고 암컷민족이 되어
기다렸어 기다렸어 기다렸어
그렇게 헐떡거리는 숲이야

엄마, 내가 전에 말했었잖아
리마에 가서
내가 팔아버린 자동차를 만난 적이 있다고
똑같은 차종 똑같은 색깔 양보라고 씌어진 모국어 스티커
엄마가 말했잖아 같은 자동차가 얼마나 많은데 그러니?
엄마, 내 자동차가 택시가 되어 있었는데
더 늙수그레해진 내 자동차가 오래 나를 기다렸다는 듯
우울한 미소를 앞세우고 있었는데
이제야 다시 만났다고 그래서 좋다고
부르릉거리며 깜빡이고 있었는데
나는 마냥 반갑지는 않았었는데

추모하러 와서 사진을 내동댕이친 저 여자
신발을 벗어놓고 나무마다 눈썹을 내리깐 저 여자
허벅지에는 잊지 않겠다!라는 문신 세 개

내가 버린 자동차처럼 이 숲은 나를 기다린 걸까?

엄마, 사실 매일 목젖처럼 헐떡거리며
나를 쫓아오는 것이 있었는데

왜 이제야 왔느냐고 검은 나무들이
힘없이 팔다리를 휘저으며 땅을 짚고 헤매고

엄마, 나는 눈도 못 감은 채
그 누굴 대면하러 여기 왔을까?

최면의 여자

기분이 어떤가요? *외로워요. 미지근한 물속에 떠다니고 있는 것 같은 기분이에요. 부피가 없는 사람이 된 것 같아요, 무게도 없어요.* 좋아요. 그전으로 가보세요. 뭐가 보여요? *빛이요. 얼마든지 갈 수 있어요. 빛이 나를 둘러싸고 있어요. 나는 눈부셔 더 이상 마주할 수 없어요. 채워주세요, 눈에는 안대를, 아래엔 생리대를.*

당신은 보기는 하지만 말할 수 없습니다. 나는 질문하고 당신은 대답합니다. 당신은 답변의 세계에서만 살아갈 수 있습니다. 당신은 먹지만 내가 맛을 알려줍니다. 이 구두는 참 맛이 있군요. 이 구두를 먹으면 당신은 활달해집니다. 당신은 매 순간 먹고 싶습니다, 내 구두를. 그 속의 발가락을.

침을 뱉어요. 꼭 잡아요. 복도를 빨리 걸어가요. 당신은 내가 다가가면 심장이 뛰어요. 내가 멀어지면 심장이 아파요. 나를 보면 웃어요. 아무나 보고 웃지 않아요.

오늘부터 왼쪽으로 기울어집니다. 다시는 당신의 몸을 오른쪽으로 펼 수 없습니다. 가방이 왼쪽 땅에 질질 끌립니다. 식판의

밥이 왼쪽으로 쏟아집니다. 왼쪽 귀가 멍멍합니다. 당신의 아름다운 오른쪽은 나의 것입니다.

내가 텔레비전 하면 텔레비전이 최면을 겁니다. 내가 재봉틀 하면 재봉틀이 최면을 겁니다. 내가 달력 하면 달력의 1일에서 31일까지가 최면을 겁니다. 1 하면 두 손을 드는 겁니다. 5 하면 웃옷을 벗는 겁니다. 6 하면 가랑이를 벌리는 겁니다. 이제 숫자는 명령입니다. 가방을 열면 안 됩니다. 당신 가방 속에 내 목소리가 있습니다. 눈물을 손등으로 닦으세요. 당신은 나를 대신하는 것들로 둘러싸여 있습니다.

당신은 내 말을 중간에 끊을 수가 없습니다. 당신은 무한궤도 위에 홀로 돌고 있는 1인 우주선입니다. 당신은 오직 나, 휴스턴에게만 반응합니다. 당신은 이제 나 없이는 귀환할 수가 없습니다. 드디어 당신의 심장이 당신에게 최면을 걸지 않습니까? 당신의 심장이 당신 의지와는 상관없이 나에게 반응하는 것입니다. 한번 외쳐보세요. 내 심장은 당신의 것. *내 심장은 당신의 것.*

반복하라!
나는 당신의 소름!
당신의 오르가슴!
당신의 호주머니!

당신은 지금 피곤합니다. 다리에 힘이 풀립니다. 눈을 뜨고 있기가 힘듭니다. 달빛이 당신을 재웁니다. 잠에 들었습니까? 좋습니다. 당신은 오늘 일은 잊습니다. 당신은 세 번 두드리는 소리에 깨어날 겁니다. 깨어나면 나를 기억하지 못할 겁니다. 안대를 벗을 때 무언가 흘깃 떠오를지도 모릅니다만.

—저녁 바람이 고요하다. 명령을 싣지 않는 바람은 바람이 아니다. 이 물맛 진짜 좋은데 말해주던 사람 어디 갔나, 명령을 받지 못한 나는 내가 아니다. 물맛이 물맛이다. 당신은 이제 발을 한 발짝 떼고 걸어 나갈 수 있습니다, 말해주지 않으니, 나는 내가 아니다. 벽에 붙은 거울처럼 아무도 아니다. 이 최면을 거슬러, 거슬러 올라가라 하던 목소리, 나를 살다 사라진 목소리. 단숨에 나를 그곳으로 데리고 가던 목소리 없는 나는 진짜 아니다. 아니라는 명령이 없으니 나는 아니조차 아니다.

5부
리듬의 얼굴

리듬의 얼굴

죽는 게 낫지 싶다가도
갑자기 고통이 멈추면 적막해요
죽는 게 낫지 싶다가도
갑자기 고통이 멈추면 고통이 생각나지 않아요
죽는 게 낫지 싶다가도
갑자기 고통이 멈추면 죽고 싶어요

죽음도 이보다 깊이 내게 들어올 순 없으니까요

*

차례차례 닫히는 눈꺼풀들이 사는 진흙탕이 있었는데
눈꺼풀들이 진흙에 달라붙어 푸들거리고 있었는데
접힌 날개를 펴려는 나방들처럼 푸들거리고 있었는데
눈꺼풀 아래 여러 몸이 헐떡거리고 있었는데
멀리서 소나기구름이 다가오고 있었는데
진흙 속에서 혀짤배기소리들이 들려오고 있었는데

*

얘야, 흰 별들이 쏟아지는 대낮의 하늘을 쳐다보아라
별마다 긴급한 조난신호 들어보아라
가까이 다가오면 거대한 돌덩어리인 것들이
너무 커서 내 귀가 머는 비명을 지르며
나에게로 나에게로 떨어져 오는구나
얘야, 햇살은 천 갈래 만 갈래 아리고
숨어서 깜박이는 흰 별들의 세계
얘야, 들리지 않니? 내 고통의 조난신호

*

나는 둘로 쪼개지고도 살아 있다
나는 다섯이 되고도 살아 있다
나는 가루가 되고도 살아 있다

리듬에 맞춰 나이다가 아니다가

한 무더기 가루가 풀썩풀썩 숨을 쉰다
입가가 터져 허연 가루가 번진다

이제 고통의 어머니가 나를 반죽할 시간이 다가온다

*

리듬에 몸이 묶여 가는 여자가
컹컹 짖는 그림자를 끌고 가는 여자가

죽음이 날마다 외국에서 청혼하러 온 왕자들처럼
다른 나라 말로 얘기한다는 여자가

왕자들과는 사랑한다는 말도 통역이 필요하냐고
피식 웃는 여자가

*

공주의 머릿속에서 국민들이 웃었다
웃는 사람을 잡아들이라는 명령을 내려봤자 소용이 없었다
그 웃음소리는 이미 죽은 사람들의 것이었다
방청객의 웃음소리처럼
오래전에 녹음해둔 것이었다

공주를 웃게 하라는 명령이 내려졌지만
찾아오는 이 없었다

*

복숭아세숫대야

복숭아슬리퍼

사춘기소녀처럼솜털이자라는세면대

복숭아비누

복숭아치약

옆에서 앓는 사람의 숨냄새

복숭아냄새

구부린무릎냄새

마취에 떨어지기 전 에덴의복숭아과수원에서

복숭아주사기

−1 −2 −3 −4 지하로 내려갈수록 싸구려 복숭아냄새

어린 간호보조원이 복숭아의 털을 깎으러 면도칼을 들고 온다

*

왕자는 고뇌하고 공주는 고통한다

왕자는 애도하고 공주는 고통한다

왕자는 정신하고 공주는 신경한다

왕자는 연설하고 공주는 비명한다
왕자의 고뇌는 공주, 공주의 고통은 이름이 없다
왕자는 멜로디하고, 공주는 리듬한다
왕자는 내용하고, 공주는 박자한다

아버지! 내가 안 그랬어요 그가 나를 택했어요
아버지! 내가 먹으면 고통도 먹어요

낙랑의 공주가 주머니 속 제 얼굴을 꽉 움켜쥔다

*

때리는 쪽은 침묵 스크럼
맞는 쪽은 외침 스크럼
때리는 쪽은 물대포 곤봉 방패
맞는 쪽은 오직 외침
때리는 쪽은 함무라비적 정의
움직이면 무조건 타격하라
물론 움직이지 않아도 타격하라

이들이 왜 하필이면 내 안에서 붙을까?

하늘이 벌벌 떨고

가로수들이 아파 아파 하는데
깃발이 내 얼굴에서 치미네

누가 제일 아플까?

광장이 매 맞고 푸르르푸르르 떠네

*

엄마가 아프면 내 어린 시절이 다 아프다

내가 아프면 한 번도 가본 적 없는 날들이 다 아프다

나는 고통의 행성의 언어를 배운 적 없는데
그 행성의 나뭇잎들이 자꾸만 말을 걸어온다
그 행성의 신생아들이 자꾸만 말을 걸어온다

고통의 성모여! 악착같은 성모여! 성모님의 이빨이여!

*

밤바다에 고래 한 마리 떠돈다
혼자 울고 혼자 웃으며 멀리 간다

더 어두운 속으로 간다

내 검은 눈동자에 고래 한 마리 떠돈다
그 고래가 나를 끌고 간다
나한테서 더 먼 속으로 간다

*

이 약 저 약 처방받아요
이 약이 들으면 이 병이고 저 약이 들으면 저 병이에요
병의 이름을 지을 땐 의사 이름을 붙인대요
환자 이름을 붙인 적은 한 번도 없대요
한번 태어나 환자와 함께 죽어간 병은 이름이 없어요

경락은 말했어요 이건 병이 아니라 엉킨 줄이라고 줄을 펴야 한다고
엄마는 말했어요 이건 병이 아니고 이모라고 근데 엄마는 외동딸인데요?

*

엄마, 링거에서 물방울이 떨어져
물방울 한 개에는 수억의 얼굴이 우글우글 들어 있어

그 얼굴들이 내 얼굴 속으로 들어와
다 소리 내어 울어
똥 싼 기저귀를 차고 엄마엄마 울어
다 태어나고 싶다고
이름도 없으면서 다 얼굴이 아프다고

*

자갈이 깔린 보도다
나는 운전을 하고 있다
자동차 들어오지 마세요 팻말을 보면서도 비틀비틀 지난다
돌아가신 시인을 본다
시인을 만나자 거기가 외국이라는 것을 안다

매끄러운 고속도로다
나는 운전을 하고 있다
막다른 길입니다 팻말을 보면서도 신나게 달린다
돌아가신 시인을 본다
시인을 보자마자 나는 거기가 시인의 속이라는 것을 안다

*

줄넘기 줄이 땅에 닿을 때 타! 소리가 난다. 줄이 아프다. 아

픔이 만개한다. 곧 줄이 공중으로 떠난다. 바로 지금이다, 살아나가자. 그러나 또 타! 줄이 땅을 치고 아픔은 치솟는다. 다시 고통이다. 죽음보다 더하다. 없음보다 더하다. 그러나 줄은 다시 올라간다. 그 순간 하늘이 커지고 적멸보궁이 솟아오른다. 그러나 다시 타! 매 맞는다. 내 두 손에 줄이 묶여 있는 줄도 모르고, 그 손을 놔! 내가 소리친다. 그러나 나는 다시 타! 고통이 밀려온다. 서커스단의 난쟁이가 채찍을 갖고 논다.

*

아픈 인형을 들어서 노을 앞에 세워두었어
꺼내줄게 꺼내줄게
몸의 병이 죽으면
인형도 죽어
태양이 울면서 넘어갔어

아픈 인형을 들어 물 위에 세워두었어
재워다오 재워다오
하루 한 번 네 얼굴을 볼 수 있다면
그걸로 살 수 있어
그렇지만 지금은
재워다오 재워다오
저 호수에 비친

깊은 산속 절간의 등불보다 깊이 재워다오
아픔이 깨지 않게 깊이 재워다오

어쩌다 몸속에 들어와 나갈 곳을 찾지 못한 까마귀가
뛰어오른다 뛰어오른다 뛰어오른다
아래턱과 위턱이 닫혔다 열릴 때마다 매 맞는 소리가 난다
벌건 호수가 입술을 삐죽삐죽
시작한다 시작한다 울기 시작한다

만약 인형이 죽는다면 하얀 천을 덮어줄게
인형이 전기 충격기에 맞은 듯 울기 시작한다

*

개인 줄 모르는 개가 머리에 집을 지었다. 개가 짖으면 나는 아프고, 아프면 부끄럽다. 나는 숟가락에게 거짓말, 밥그릇에게 거짓말, 머리카락에게 거짓말한다. 개가 잔다고. 아가야 자장자장 울면서 달랜다. 엎드려서 빈다. 누워서 화낸다. 개야 아프구나, 아부한다. 마취 주사를 맞으면 개는 잔다. 그러다 슬며시 깨어난다. 깨어나는 이유는 다양하다, 바람이 분다, 고개를 갸웃한다, 나쁜 문장에 신경을 쓴다, 눈치를 본다. 나는 이제 개 한 마리 눈치만 본다. 자면서도 개를 깨울까 고개를 돌리지 못한다. 개는 습관적으로 때리는 남자다. 이유가 없다. 이유가 있다면 다 거짓말

이다. 개를 오른쪽 머리에 품고 병원에 간다. 머리에 개가 짖어요. 병원 순례를 떠난다. 난쟁이의 집에 개 한 마리 들어오자 집이 가득 찬다.

*

머리는 하나인데 몸이 둘인 사람이 찾아왔다

하룻밤 묵어갈 수 있을까요?

꽃은 하나인데 줄기는 둘인 꽃나무가 찾아왔다

하룻밤 피었다 떠날 수 있을까요?

둘이 양방향에서 잡아당기자 내가 소리를 지른다

공중에 솟은 내 알뿌리가 쪼개지고 있다

*

알이 깨질 때마다 기형 까마귀가 나온다
차마 비참해서 그 형상을 말로 못 하겠다
부리가 항문에 붙은 놈까지 있다

토끼가 새끼들을 데리고 먹을 걸 찾으러 온다
어떤 것은 물어오고 어떤 것은 질질 끌고 온다
차마 비참해서 그 형상은 말로 못 하겠다
귀가 세 개인 놈까지 있다

창문에는 머리가 없는 여자 여섯이 매달려 있고
내가 내 몸을 벗으려 하고 있다

*

그 하루가 오면
담낭과 비장, 심장과 위장이 다시 한번 화해진다
육체 농장의 어두운 나무에 매달린 섬세한 비밀들이 박하 냄새 한번 요란하게 풍긴다

그 하루가 오면
담낭과 비장, 심장과 위장이 청동 동상 속에서 한 천 년 잠들었다가
느닷없이 햇살 가득 머금은 녹차밭에 던져져
초록색 현기증에 휘둘리는 듯
핑그르르 돈다

비행기를 타고 먼 곳으로 가서 종일 헤매다 다음 날 새벽 비행기를 타고 돌아와 보물처럼 품은 그 하루가

담배 한 갑을 사고 술 한 병을 쌕에 넣고 아침이 오도록 먼 골목을 헤맨 다음 다시 비행기를 타러 가면서 꽁꽁 싸놓은 그 하루가

비행기처럼 진동하는 보자기로 싸놓은
그 하루가

그렇게 그 하루가 2인실로 들어오면
그 하루가 환해지면
담낭과 비장, 심장과 위장이 다시 한번 외국 어딘가 골목길 정육점에 내걸린 듯

비행기 정면에 피어오르는 아지랑이에 싸매여
깨끗한 병상 두 개가 이륙하는 듯

그 하루가 오면
고통의 우리 밖으로 이륙했던 그 하루가 오면

당신의 먼 데와 나의 먼 데를 묶어놓은 그 하루가 오면

*

소리로 뭉쳐 만든 공이
이 벽에 부딪히고 저 벽에 부딪힌다
공이 깔깔거린다 비틀거린다 폴짝거린다
공을 검은 쥐가 그림자처럼 쫓고 있지만
운동장은 고요하다
신작로가 가던 길 멈추고
운동장을 들여다본다

내가 지금 벽이라고 말했던가
벽이 응 응 대답한다
온 세상에 벽이 붙어 있다

식당 뒤에 내놓은 쓰레기봉투 속에서 아직 숨이 붙은 것이 있다

*

이렇게 아픈데 곧 죽지는 않을 테니 걱정 말라고 한다

결과는 하나다
내가 고통을 죽일 수 없으니

내가 나를 죽여야 해

땅 위에 물속에 집을 지은 모든 생물이 죽고
내 머릿속에 사는 그것만 살아남았다는 소식이 온다
내 머릿속에 사는 그것이 보내온 소식이라 그런다

머리가 북처럼 울리자
머릿속에서 큰 개가 한 마리 별안간 눈을 번쩍 뜬다

*

검은 물속에서 수중 카메라가 터진다
그러나 카메라는 아무것도 찍지 못한다
플래시는 1센티도 못 나간다

엘리베이터가 끝없이 낙하한다
며칠째 낙하한다 몇 달째 낙하한다
북극을 지나 남극을 지나도록 낙하한다

아침이 거울 속에 갇혀 있다
나는 아직 한밤중에 갇혀 있다
종일토록 끈질긴 대치
천 년 전의 성읍에서 개가 짖고

번개가 친다

*

고해하는 방으로 들어갔다
신부님의 이름을 불러줘야 마지막 고해를 들어준다고 한다
이름이 생각나지 않는다
검은 신부님의 이름을 나는 모른다
베드로 안드레아 야고보 마태 도마 야고보 요한 필립 바돌로매오 다대오 시몬 가롯유다
나는 열두 제자의 이름을 부른다
그다음 교황님의 이름을 불러본다
요한 바오로 프란치스코 1세여 2세여 3세여 4세여
천세여 만세여 그러나 저 검은 신부의 이름이 아니다

암흑 터널이다
여자의 신화에서처럼 여자는 멀어져 간다
우선 여자는 지옥부터 간다

저 신부의 이름을 불러야 한다
그래야 나는 고해할 수 있다
내 죄를 찾을 수 있다.

*

비명 비가 쏟아진다
방이 세탁기처럼 돌아간다
어제로 갔다가 이 방으로 돌아오길 골백번 한다
귀에서 윙윙 소리가 난다 다시 감전이다
정신은 깨어 있는데 몸은 젖은 옷 같았어요
의사는 이런 표현을 제일 싫어한다 독자도 마찬가지
창문을 탁탁 치는 소리
벽에 꽂아둔 전등에서 진동이 몰려온다
나는 힐끔힐끔 돌아본다
누군가 내가 망하기를, 망해서 죽기를 기다린다
나는 그가 누군지 안다
내가 세탁기 속에서 여러 사람 목소리를 낸다
공중으로 떠오른 내 가슴과
몸부림치며 누워 있는 내 가슴 사이에
가느다란 은실이 끊어질 듯 끊어질 듯 펄럭인다

*

리듬이 공주를 공중에 태운 순간
멜로디가 죽는다
영원히 진행 중인 리듬 비트 벼락

번개가 번쩍번쩍 칠 때마다 대천사의 날개가 휘휘 현현한다
원자력 발전소가 죽지 않는 한
공주의 두 발이 공중에서 떨어지지 않는다

*

영혼이 잡아당겨지는 느낌
아플 때 영혼은 어디 숨어 있을까
심장이 두들겨 맞는 느낌
쉬지 않는 바다가 한 움큼 뭉쳐져서 그럴까
이렇게 아픈데도 심장은 뛴다
붉은 거미처럼 붉은 실을 내뿜으며 뛴다
세숫대야 하나 가득 붉은 실이 물에 잠긴다
라면밖에 먹을 게 없었다는 소녀 마라토너처럼 뛴다

환자복을 입고 창턱에 매달린 대머리 소녀의 영혼이 만나러 온 걸까

꽃병의 장미가 내 눈동자에다 피를 흘리면
라디오에서 노래가 나와 내 눈을 붕대로 감아준다

이 세상 모든 사람의 영혼은 하나로 연결되어 있을까 잠시 생각해본다

*

그믐달이 뜨고 포클레인 한 대가 머릿속 광야에 들어온다
나는 눈먼 포클레인 기사에게 비명을 한 숟가락씩 먹여드린다

굴 껍데기 속에 웅크린 검은 나를 긁어내려고
숟가락이 혓바닥 밑을 헤집는다

내장이 뱀처럼 검은 목구멍으로 올라온다

*

고통으론 만들 수 없다
흩뿌려지는 저 꽃을

고통으론 날릴 수 없다
흩뿌려지는 저 새를

고통으론 만들 수 있다
흩뿌려지고 흩뿌려지는 저 모래들
모래 위의 모래 위의 모래들

*

내가 리듬에 기생하는 걸까
리듬이 나에게 기생하는 걸까
리듬은 존재의 방식이 아니라 결핍의 방식으로 간다

나는 내 정신을 발가벗기는 이 박자가 싫다
나는 내 영혼을 벗겨 가는 이 음악이 싫다

나는 거울로 만들어진 이 파도가 싫다
거울을 보면 개가 보일까 봐 나는 눈 감고 간다

*

달에 살던 개를 안아 들고 기차를 탄다
승객들이 마치 웹툰 속에 앉아 있는 듯 귀신같이 조용하고
기차는 발사된 우주선처럼 너무 밝다
나는 개의 하얀 털을 쓰다듬는다
어떻게 달에서 떠나올 수 있었니
조금 있다 보니 내 몸의 털들이 꼿꼿이 서고
내가 네발로 서서 한 여자를 핥고 있다

*

숨 쉬는 북이네
북이 외투를 입고 떠네
북이 신발을 신고 떠네

—가능한 한 빨리
—극히 흥분한 듯이
—저물어 쓰러지듯

심지어 1초에 한 번씩 하루가 마감되네

—다시 빠르게
—피아니시모 수비토
—점점 숨이 가빠지는 가운데

누군가 나를 보면 사랑의 갈급에라도 빠진 줄 알겠네
1초에 한 번씩 나를 실은 비행기가 당신을 향해 이륙하는 듯

작은 고통에서 한 개의 호흡이 발아하고
파동이 생기고 집채만 한 호흡이 출렁거리고
전 세계가 두꺼운 외투를 입고 신발을 신고 떠네
아버지 이제 그만 나를 보내주세요

이 우주만큼 큰 영혼이 내 몸에서 떠나려 해요

*

시동을 걸고 이륙하면서 버려줘요
프로펠러가 하늘을 작게 다져댈 때 버려줘요
내 해골 깊은 곳까지 프로펠러의 손길이 들어가면 나를 버려줘요
악에 받친 강물이 입술에서 출렁거릴 때 버려줘요
눈꺼풀 밖으로 송곳니가 자라듯 산봉우리들이 솟아오르면 버려줘요

저 활주로 인근 겨울에도 살아 있는 저 더러운 풀의 고통이
저 독수리의 냄새나는 날개가 펴질 때마다 뼈가 하나씩 부러지는 고통이
어둠 속에서만 눈 떠지는 올빼미의 고통이
에베레스트처럼 꼿꼿하고 치명적인 고통이
하루에 한 번 몸을 한 바퀴 돌려보는 지구의 고통이
조종석으로 몰려오거든 버려줘요
고통의 주머니들을 주렁주렁 매단 산맥들이
밤 비행기 아래 엎드려 있거든 버려줘요
먼 데에 먼 데에 나를 버려줘요

고통의 발치에서 난쟁이가 운다

결코 운다

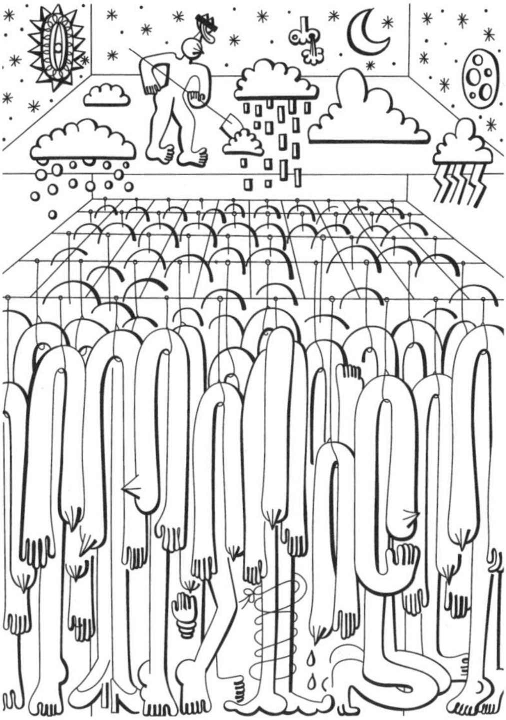

제3권

지구가 죽으면 달은 누굴 돌지?

시인의 말
(2022)

엄마, 이 시집은 읽지 마, 다 모래야.

차례

1부 지구가 죽으면

377 춤이란 춤
379 엄마 on 엄마 off
382 모음의 이중생활
384 죽으면 미치게 되는 건가
386 아파의 가계
389 흑마의 검은 얼굴
392 더러운 흼
397 체세포복제배아
401 엄마가 내 귓속에서 기침을 하는 엄마
403 백설 할머니 특공대
406 잊힌 비행기
411 인생의 마지막 필수 항목 세 가지
414 미지근한 입안에서
418 먼동이 튼다
420 검은 피아노의 사공
423 저 봄 잡아라
426 냉장고 호텔
428 흰머리 새타니
431 꼬꼬닭아 우지 마라
우리 아기 잠을 깰라
멍멍개야 우지 마라
우리 아기 잠을 깰라

434 빈집의 아보카도
437 엄마란 무엇인가
440 죽음의 베이비파우더
443 취한 물고기
445 민들레의 흰 머리칼
449 목젖과 클리토리스
451 죽음의 고아
453 거울이 없으면 감옥이 아니지
456 죽음의 유모
458 피카딜리 서커스
461 천 마리의 학이 날아올라
464 엄마는 나의 프랑켄슈타인
467 불면의 망원경
469 나는 엄마의 개명 소식을 들었다

2부 봉쇄

473 셧다운
475 죽은 사람들이 제일 싫어하는 꽃
477 erotic zerotic
479 고니
482 종(鐘) 속에서

3부 달은 누굴 돌지?

489 형용사의 영지
492 시인의 장소
495 내세의 마이크
499 결코후회하지않고사과하지않는육체를가진여자와
너무조용해서위로조차할수없는육체를가진여자와
주파수가다른곳으로떠난여자의 기원막대나선공명
503 포츠다머 플라츠
507 서울식 우주
510 다쉬테 도서관
514 지구가 죽으면 달은 누굴 돌지?
518 우주엄마와 우리엄마
Yellowsand
Blackletter
Whitebooks
520 *모래인
522 *시작
524 *국가
527 *피플
528 *무한한 포옹
529 *언어
531 *눈동자
532 *몸과 몸
533 *경전
535 *모래증후군

536 ＊신기루
538 ＊별의 것
540 ＊결국
542 암탉의 소화기관
545 사막의 숙주
551 모래능
553 발
555 오아시스
557 사하라 오로라
559 아지랑이의 털
564 종 속 과 목 강 문 계 역
566 새는 왜 죽은 사람을 떠올리게 할까?
569 모래세안
모래화장
571 호스피스 정문에 과일이 왔어요 과일
소리치는 트럭이 도착하면
573 모래의 머리카락
577 진저리 치는 해변
580 눈물의 해변
584 불면증이라는 알몸
587 지하철 쇠 의자에 온기를 남기고 일어설 때,
나는 왜 부끄럽지?

1부
지구가 죽으면

장의사가 아빠를 보여주었다.

엄마가 관에 누운 아빠를 향해 소리쳤다.

이게 무슨 짓이야!

장의사가 아빠를 닦고, 머리를 빗기고, 화장을 하고, 흰 두루마기를 입히고, 나와 엄마에게 아빠와의 마지막 시간을 준 다음 삼베 수건으로 얼굴을 가리고, 관에 넣었다. 그다음 어깨 양쪽에 아빠의 몸이 움직이지 못하도록 택배 상자에 보충재를 넣듯이 흰 종이 뭉치들을 넣은 참이었다.

엄마는 아빠가 불 속으로 사라졌다가 뜨거운 뼈 몇 조각이 되어 희고 커다란 스테인리스 판 위에 놓였을 때

뼈만 남은 아빠를 향해 다시 외쳤다.

이게 무슨 짓이야!

그리고 곧 엄마도 죽었다.

이게 무슨 짓이야!

이번엔 내가 엄마를 향해 소리쳤다.

그다음 세상의 모든 저녁이 엄마의 피부로 만든 텐트 아래 있게 되었다.

말하자면 나는 엄마의 얇은 피부 아래서 살게 되었다.

언제나 어떤 죽은 생명체가 나를 감싸고 있는 느낌이 들었다.

내 얼굴을 내 손으로 감싸면 엄마의 얼굴부터 만져졌다.

춤이란 춤

그곳에도 봄 여름 가을 겨울 있나요?
여름엔 큰비가 오나요?
이곳의 동물들은 저마다 못생긴 발을 갖고 있죠
죽으면 발이 제일 먼저 죽어요
그곳에도 바닥이 있나요?
이곳에선 몸 아래 바닥이 사라지면 죽은 거라고 해요
나는 지금 허파 두 개에서 숨이 나간 다음 돌아오지 않아요
그곳에도 눈물 속에 조가비가 자라나요?
바람과 불이 이리저리 뭉쳐 다니나요?
그러면 그것들이 꽃이 되기도 하고 토끼가 되기도 하나요?
죽은 토끼가 한쪽 팔을 길게 쭉 뻗치나요?
그다음 그 팔이 산 넘고 호수 넘어 바람 소리처럼 이 세상을 넘어가나요?
봄 여름 가을 겨울이 차례대로 에스컬레이터를 타고 떨어지나요?

거기서 보이나요? 여기가

한쪽으로 몸이 기울어지는 나날

식당이 기울고

손가락 발가락이 차례로 떨어지는 나날

엄마 on 엄마 off

부엌에는 털실로 짠 냄비가 있다
저 냄비는 불에 올릴 수 없다
이제 저 부엌은 끝났다

안방에는 털실로 짠 가위가 있다
저 가위로 헝겊을 자를 순 없다
이제 이 집의 바느질은 끝났다

주전자는 말해서 무엇 하랴
저 털실 주전자엔 물을 부을 수 없다
이제 차 마시기는 글렀다
주전자에서 털까지 자라니
주전자와 냄비가 부부라니

엄마는 털실을 끌고 온 사람
털실은 흡반 달린 촉수를 어디에나 뻗었다
집에는 늘 털실로 짠 물건들이 늘어났다

저것을 짜는 동안 몸이 알아챈

불안감을 재울 수 있었다고
엄마는 회상했다

저 숟가락은 끝났다
구멍이 뚫렸으니
게다가 저 숟가락에서
뿌리가 어마어마하게 돋아났으니

태어나서 아무것도 먹지 않고 알만 만들다가
엿새 만에 죽는 나방이 있다
나방의 꼬리는 털실로 땋은 머리처럼 길다[†]
그 나방은 세상에 나올 때 이미 입이 없었다
나방이 떠나자 이제 집이 털실로 다 짜였다

금붕어 두 마리가 어항 밖에서 헤엄치며
털실로 짠 어항을 들여다본다
뭐 하는 물건일까 하는 표정으로
어항은 방치된 정신 병동처럼 뿌옇다

이 집은 끝났다
집이 털실 꽃병에 꽂혔으니
이 마을도 끝났다
집들이 전부 털실 꽃병에 잠겼으니

(엄마는 이제
이 방에
이렇게
진열되었습니다)

이 방에 불을 켜는 스위치는
털실 뭉치 안쪽에 숨겨져 있고

털실로 짠 이불을 들추자 그 안에
집 안의 칼들이 전부 누워 있다
이제 칼을 찾는 숨바꼭질이 끝났다

게다가 털실로 짠 칼이라니

† 장대꼬리산누에나방(Argema mittrei).

모음의 이중생활

엄마가 유리 믹서에 흰 침대들 가득한 호스피스를 넣고 곱게 간다
아니면 거대한 유리 믹서가 엄마를 갈고 있나?
호스피스엔 햇빛에 떠오른 먼지처럼
말이 되어 나오지 못한 비밀 이야기들이 가득하다
엄마는 유리 믹서에 하늘을 넣고 갈 때도 있고
바다와 산을 넣어 갈 때도 있다
이제 엄마는 밀가루 쌀 야채 생선 같은 것은 상대 안 한다
엄마는 지구라는 큰 시계를 갈아 초침을 만드는 것처럼 큰 것만 간다
다 분쇄해선 나에게 한 컵 주지도 않고
호스피스 할머니들하고만 나눠 먹는다

그게 무슨 묘약이라고

내가 그 간 것을 훔쳐 먹었더니
몸이 뜨거워지고 온몸이 바스라지는 느낌이 들었다
사막 동굴의 박쥐가 되는 느낌이 이럴까
죽기 전에 이미 죽게 되었고

나무 산 바다가 이미 친구가 된 느낌이 들었다
흰 눈의 사전엔 희다라는 말이 없었고
파란 바다의 사전에 파란이 없었다
흰 눈과 바다에 대한 나만 아는 앎으로 몸이 가득 차올랐다
안경을 다시 쓰면 이 모든 게 꿈이라고 할까 봐 안경을 벗었다
모든 단어와 문장은 한 음절로 치환되었는데 그것은
아마도 자음을 버린 모음 한 개였다

모음 한 개가 방 하나를 빈틈없이 가득 채웠다가
다시 다른 모음 하나가 방을 채웠다

세상에는 모음 외에는 사실 아무것도 없었다

죽으면 미치게 되는 건가

잡초밭에 바람 온다. 잡초는 이유 없이 울거나 이유 없이 웃어서 정말 시끄럽다. 우는 잡초88이 우는 잡초89에게 시끄러워! 하는 건 정말 웃기는 일이다. 잡초들은 다 자신이 잡초1이라고 생각한다. 잡초는 죽은 사람들의 육체가 제1차로 윤회된 생물이다. 왜냐하면 죽은 다음 잡초 되기가 제일 쉽기 때문이다. 잡초밭에 나가보라, 죽었기에 억울해죽겠다는 신입 영혼들이 울고 떠드는 목소리 시끄럽지 않은가. 우리 엄마 미싱이 기차 소리를 내며 지나간 다음, 뚝방의 구멍이란 구멍이 잡초로 메꿔지면, 잡초1들이 1, 1, 1, 1, 1, 1 우는 소리 참 시끄럽다. 겨우 발뒤꿈치에 머리칼이 묶인 모습의 생물. 이 우습게 생긴 것들이 이토록 시끄러울 수 있다니. 잡초밭에 하얀 속옷을 입은 여자가 쓰러져 있다. 너무 조용해서, 너무 오래 누워 있어서 잡초들마저 궁금하다. 뱅글뱅글 도는 나날에 갇혀 사는 주제에, 미싱 소리에 맞춰 겨우 땅이나 깁고. 겨우 일어났다 누웠다 그거 하면서도, 앞으로 간다고, 멀리 간다고 착각 중인 잡초들. 언젠가부터 이것들이 바람 소리에 맞춰 이쪽으로 쓰러졌다, 저쪽으로 쓰러졌다, 여기 여자가 있다!, 여기 여자가 있다! 쉰 목구멍으로 소리치고 있다. 더구나 개미 같은 인생들이 잡초들의 발밑에 바글바글 모여 살고, 잡초들의 발밑에 빌딩도 많고, 자동차도 많으니 더욱 시끄럽다. 죽은 영혼들은 다 미치게 되는 건가, 도무지 진정을 할 줄 모르는 초록이다. 잡초들에게 입 다물어! 해봤자, 그건 아무 소용없는 짓이다. 오늘 아침엔 더 큰 합창 소리가 들려 이슬 맺힌 잡초밭에 발을 들여놓아봤다. 그랬더니 드디어 잡초로 태어나려고 땅속에서 씨앗으로 꿈틀거리는 신입 영혼들의 울음소리까지 들려서 나도 이제 미치게 되는 건가 생각했다. 아래로 시선을 향하니 내 신발 속에 내 두 발 대신 잡초가 소복이 심겨져 올라오고 있으니, 이게 또 어찌 된 일이란 말인가. 더구나 트럭을 타고 인부들이 이 잡초밭을 압류당한 카펫처럼 말아 가려고 달려온다는 소식마저 들리니 어쩌란 말인가.

아파의 가계

나무들은 그대로인데
숲은 추락합니다
글자들은 그대로인데
사전은 추락합니다

글자네 집에서 글자의 아기가
입술을 다물었다 펴면서
글자 엄마를 데려왔습니다
입술을 더 세게 밀착시켜선
글자 아빠를 데려왔습니다
이번엔 입술을 파열시켜서
글자 아파를 데려왔습니다

옛날에 옛날에 숲속 작은 집
변기 두 개가 사는 집
똑똑똑 방문이 열리는 소리
아파의 발목을 움켜쥐는 손갈퀴
그 집의 침대는 형틀이고
그 집의 테이블은 사실

환상통에 걸렸다는 소문

가구는 그대로인데
집은 직선으로 추락합니다

엄마는 여자의 목소리는 집 밖으로 나가면 안 된다 하고

비명을 지르는 검은 수풀이 쏟아지는 수도꼭지
물속에는 엄마아빠가 들어올 수 없으니
아파는 아파를 욕조에 가둡니다
욕조에서 나올 때마다 녹이 스는 아파

바람은 가만히 있는데
욕조는 달아납니다

엄마죽고 아빠죽고
새아기새엄마새아빠 그 집에
새새아기새새엄마새새아빠 그 집에
납땜처럼 다시 사는데

완두콩 집에는 완두콩 같은 식구
땅콩 집에는 땅콩 같은 식구

아파는 계속 남아
변기처럼 계속 남아
건너편 창문을 내다보는 습관

상상 속의 딸에게 중얼거리는 습관
태어나지 않았으니 얼마나 다행이야

잉크의 검은 물은 가만히 있는데
모욕치욕굴욕 펜을 잡은 손에서 나는 냄새

흰 종이에 숨은
내 시에서 나는 냄새

흑마의 검은 얼굴

저 입술에 검은 장갑을 끼워줘. 검은 입술이 내 뒤통수를 핥는다.

휙 뒤돌아보면 저녁의 흑마 대가리.

머리숱 검고 눈 코 입 검은 흑마의 얼굴. 내리깐 눈. 속눈썹은 너무 길어요. 검은 갈기가 흩날려요. 유령도 찾지 못할 만큼 까만, 밤보다 더 까만, 내 얼굴을 한 번 싸고 두 번 싸고, 백 번 싼 검은 보따리 속에서 눈을 뜨면, 흑연의 정면. 흑마의 얼굴. 내 눈동자빛 내 얼굴.

죽었군요, 벌써, 내가.

보따리 예술가 김수자의 알록달록 보따리 안에는 뭐가 들어 있을까 늘 궁금했는데. 동생과 나는 엄마가 숨을 거두자 엄마를 길다란 보따리에 싸서 병실을 떠났는데. 내 몸뚱이. 숨길 秘 빽빽할 密. 으슥한 나무. 뿌리처럼 엉긴 피. 젖은 벼루 같은 아스팔트. 비바람에 떠오르는 찢어진 휴지 같은 꽃잎. 푹 젖은 생리대. 이 세상에는 몇 가지 빨강이 있을까. 신부님들, 주교님들, 추기경님들의 빨간 옷. 어둠 속에서 보면 까만, 번들번들하고 거대한 옷들이 가득한 방.

커피를 마시면 커피 속에 그 숲. 숨은 숲. 노래를 부르면 노래 속에 그 숲. 숨은 숲. 악몽을 기르는 숲. 숨길 秘 빽빽할 密. A 양이 되고, B 양이 되어 적은 것. 여자에 관한 것. 내 아이는, 내 친구는, 내 장례식의 조문객은 이해해주지 않을 거야. 어른이 되었어도 그 숲. 회오리치는 숲. 빽빽한 숲. 낙태아가 담긴 보따리를 풀면, 보따리 속에 그 숲.

왜 아무한테도 말 안 했니? 말 안 했니? 말 안 했니?

사운드 클라우드를 뒤적이며 걸어가요. 노래의 전주만 천 개를 들었어요. 내 얼굴처럼 내 가까이 있었는데 나조차도 돌아보지 않았어요. 암술만 남겨놓고 꽃잎 다 떨어진 내 심장 천 개를 추기경님 발아래 우르르.

깜깜한 숲속에 깜깜한 내 얼굴.

내 아기의 망자로 산다는 것.

사과를 깎는 것처럼 빛의 껍질을 벗긴다. 과육처럼 달이 뜨면 이가 시리고, 꽃밭의 꽃은 모두 같은 색, 색깔을 빼앗긴 색. 오늘 밤, 이 자비로운 재앙. 들추는 곳마다 나방 같은 독한 꽃잎. 조용히 하라는 말밖에 할 줄 모르는 곤충들. 조용히 해, 조용히 해. 그 말만 하는 이명의 곤충들. 번들번들한 옷을 입은 바퀴벌레도 곤충인가요? 바퀴벌레처럼 번들거리는 검은 자동차 안에서 네가 감히 나에게!

가야 해. 가야 해. 검은 보따리에 싸놓은 내 얼굴. 얘야, 휙 돌아보면 다시 흑마의 검은 얼굴.

더러운 힘

나는 흰 자[1]를 모시고 다닌다. 머리에 눈을 얹은 여자. 숨이 찬 여자.

어둠 속에서 은퇴한 발레리나가 턴 동작을 연습한다. 은퇴한 발레리나가 공중으로 솟아오를 땐 어둠이 발레리노처럼 그녀를 받쳐준다. 은퇴한 발레리나가 어둠 속에서 희끗희끗 돌아간다.

내가 경비행기를 타고 깊은 산을 들어가는데 머리가 휙 돌아간다. 안 그러려고 해도 머리가 휙 돌아간다. 누가 잡아챈 것처럼 휙 돌아간다. 눈을 부릅뜨고 늙은 발레리나가 휙 돌아가는 것을 본다. 발레리나를 들어 올리는 킹콩어둠의 몸은 보이지 않는다. 내 안의 종이 인형도 휙 돌아간다.

새벽 5시 30분이면 전화가 온다. 내 시가 자기 얘기라고 한다. 전화를 안 받으면 죽이겠다고 한다. 대통령과 관계있는 일이라고 한다. 대통령이 죽으면 신당에 모시는 산신령이 된다고 한다. 유엔 사무총장과 관계있는 일이라고도 한다. 내가 왜 이런 전화를 받아야 하느냐고 물으면 너도 한통속이라고 한다. 밤 11시 30분이면 전화가 온다. 받지 않으면 계속 울린다. 새소리를 내는 전화가 온다. 매번 다른 번호로 온다.

「목신의 오후」에서 반인반수 역을 맡은 발레리노는 자전거를 타고 있다. 연출가는 그에게 바퀴가 보이지 않는 자전거를 타도록 한다. 자전거가 산맥을 조여온다. 바퀴가 돌 때마다 산맥이 한 번 나선형으로 돈다. 산맥이 줄어든다. 자꾸 줄어든다. 조그만 공만 하게 줄어든다. 반인반수가 그 공을 들고 가버린다. 저 공 속에 내가 사랑하는 흰 자[2]가 있다.

흰 자[3]는 가까이 다가서 보면 더럽다.
저 여자의 외로움이 지르는 비명.
찢어지는 허파.
겨드랑이마다 새 둥우리.
저 여자의 배 속 냉동된 시신들로 붐비는 서랍.
그 품속으로 등반가들이 시작한다.

내가 대학원생일 때 연로하신 국어학자 선생님이 나에게 자신의 겨울 코트를 입히라 하시곤 말씀하셨다. 우리 민족이 백의민족이라고 하잖아. 나 어렸을 적, 그 백의를 입은 사람들을 가까이서 보면 너무 더러웠어. 저고리 깃이나 소매 깃, 가랑이가 얼마나 더러웠는지. 까맣고 반들반들했다니까.

흼은 불가능이다. 미끄러지는 돛처럼 멀리서 보면 그제야 희다.

배보다 큰 흰고래가 뱃전에 부딪힌다. 돛을 부러뜨린다, 배를 뒤집는다, 흼. 흼, 흼, 흼. 흼. 흼. 흼. 흼. 흼. 무서운 흼!

전화가 온다. 유튜브에 들어가서 둘이서 죽자고 한다. 너와 나의 영원한 영상을 남기자고 한다. 대답을 하지 않으면 죽이겠다고 한다. 전화 때문에 내가 병든다. 인플루엔자에 내가 먹힐 때, 내가 그 작용을 모르는 것처럼, 지구어머니의 큰 얼음이 녹아내리는 고통을 내가 모르는 것처럼. 그럼에도 내가 차차 병드는 것처럼.

산호 때문에 울어보기는 처음이다. 엉엉엉 운다. 산호는 죽기 전에 병상의 엄마처럼 백화한다. 물속 흰 뼈들의 정원이 넓게 번진다. 집단 사망한 거다. 그다음 서서히 썩는다. 산호는 원래 영원히 사는 동물. 수명이 없어서 우리는 죽은 다음 산호가 된다. 산호동물이 죽는 순서는 다음과 같다. 백화 → 투명화 → 흑화 → 결국 부패. 물고기들이 모두 떠난 흰 산호의 숲. 나의 흼이 시작하면, 나의 내세의 부패도 시작한다.

이 희디흰 알 속에서 몇천 년인가.

재로 변한 내 뼈는 희지 않다.

냄새 때문에 5인실에서 쫓겨나 1인실에 누운 흰 자[4]의 기저귀를 갈고. 기저귀를 갈고. 기저귀를 갈고. 기저귀를 갈고.

늙은 발레리나가 이제는 더 작아져서 조그맣게 커서처럼 깜박거린다. 희끄무레한 나신. 작은 몸이 깜깜한 어항 속에서 곧 죽을 치어처럼 팔락거린다. 그러니 숨도 크게 쉬지 마라. 미소도 짓지 마라. 쳐다보지도 마라. 저것이 녹을까 두렵다. 늙은 발레리나가 우주선에서 본 흰 고래처럼 팔딱거린다.

나는 1년에 한 번 비행기를 타고 가서 흰 자[5]를 본다. 그때마다 운다.

남자가 여자를 때린다. 피가 번지는 아름다움을 느끼고 싶다고 흰옷으로 갈아입히고 때린다. 감히 나에게 헤어지자고 말해? 하면서 때린다. 여자가 죽은 다음, 남자의 아버지는 남자가 여자를 때릴 수도 있지 하고, 카메라 앞에서 말한다.

흰 자[6]가 점점 여위어가다가 그렇게 희박해져가다가 어느 날 사라져갔다. 슬픈 노래를 불러 나를 희뿌연 안개 아래 두더니 이제 가버렸다.

핏줄이 구부러지는 골짜기마다 흰 자[7]가 만발하더니 아직 떨어지지도 않은 흰 꽃잎들이 피와 오줌에 젖는다.

1) 에베레스트(Everest)산은 이름이 다섯 개다. 티베트어로는 초모랑(Chomolungma /Jomolungma), '세계의 여신' '지구의 어머니'라는 뜻이다. 네팔어로는 사가르마타(Sagarmatha), '눈의 여신'이라는 뜻이다. 중국에서는 주무랑마(珠穆朗瑪)라고 부른다.
2) 1)과 같음.
3) 1)과 같음.
4) 1)과 같음.
5) 1)과 같음.
6) 1)과 같음.
7) 1)과 같음.

체세포복제배아

아기를 더 이상 낳지 않는 나라가 있었다.

그 나라 정부는 아이를 낳지 않는 이유를 추측 생산 공표했다.

가임기 여자들 문제가 제일 크다고 공표되었다.

아빠가 죽고 엄마는 반짇고리를 들고 퀼트 학원 문을 두드렸다.

등이 굽은 최고령 학생인 엄마를 선배 학생들이 깔봤다.

할머니! 바늘에 실은 꿸 수 있겠어요?

엄마는 만들었다.

상처를 꿰매듯이.

깊은 강 양쪽을 봉합하듯이.

내 필통, 내 핸드백, 내 노트북 가방, 내 책가방, 내 등산 가방, 내 신발 가방, 내 물병 가방, 내 담배 가방.

우수한 학생이 된 엄마가 퀼트 선생에게 말했다.

밤이 되면 힘들어요. 생각이 많아요.

선생님이 물었다.

어떤 생각인데요?

이 새끼 죽는 생각, 저 새끼 죽는 생각. 나는 방정맞은 밤이 무서워요.

엄마는 병원에 누워서도 가방을 만들었다.

만들면서 말했다.

욕조에서, 서랍에서 자꾸 죽은 사람이 나와.

아빠가? 하니, 아니! 그런다.

그럼 누가? 물으니

그 사람이 땅속에 있지 않고, 여기 왜 있어? 한다.

퀼트가 자꾸만 엄마를 다음 가방으로, 다음의 다음 가방으로 데려간다.

두 팔을 안으로 숨긴 가방, 머리마저 집어넣은 가방

엄마는 꿈속의 인물도 꿈 밖의 인물도, 산 사람도 죽은 사람도 똑같이 취급한다.

가위 달라 할 때도 거기 걔 좀 줘, 한다. 가랑이 빨간 거! 한다. 모두 인간 취급한다.

엄마는 시인들보다 말을 잘한다.

우리가 산 것도 아니고 죽은 것도 아니고 다 죽음과 삶 중간에 있는 거라고 한다.

이 세상은 거대한 병원이라고 한다.

꽃도 호랑이도 사람도 다 아프다고 한다.

엄마의 매트리스 밑에는 엄마가 놓친 바늘과 실밥이 가득한데

엄마는 자꾸만 바늘을 더 사 오라 한다.

급기야 엄마의 바느질은 여기를 꿰매면 저기가 터진다.

그러다 엄마가 가방 속으로 숨어버리는 순간이 온다.

엄마를 여행 가방처럼 취급하는 순간이 온다.

엄마가 떠난 다음
장미꽃 장식 달린 가방들을 열어보니
가방에서 양수 냄새가 난다.
양수 냄새는 유령 냄새와 같다.
나도 엄마처럼 노트북 가방에게 엄마 엄마 부르며 인간 취급 해본다.
엄마는 알았을까. 결국 이렇게 된다는 것.
태어난 다음 결국 가방이 된다는 것.
어떤 가방의 우물은 깊이를 가늠할 수 없을 정도로 무서웠다.
가방에 얼굴을 넣고 아 아 아 아 하자 한참 있다가
아 아 아 아 메아리가 돌아왔다.
엄마 집에 가서 유품 정리를 하다가
아직 손잡이를 달지 못한 가방을 뒤집어보았다.
아기의 씨눈들이 쌀알처럼 한 땀 한 땀 박혀 있었다.
홍시 한 개를 다 먹고 난 다음 내 허기가 씨마저 가르면
그 안에 들어 있던 작은이의 눈물 한 방울.
입김으로 주조한 숟가락같이 볼록한 얼굴.
나는 그것에 한없이 눈 코 입을 그리려 했다.
내가 그 바느질 땀 하나를 고이 안아 눈먼 새처럼 품어
잠잘 때도 쉬지 않고 흥얼거렸더니
몇 달 만에 흐릿한 알 같은 것으로 자라났다.
살아 있으면서도 내내 숨을 참고 기다리고 있는 것.
숨어서 차례를 기다리는

엄마 없는 세상의 내일, 내일.
부화를 기다리는 날씨들 같은.

햇빛 속에 얼굴을 들면 바늘을 든 피투성이 따뜻한 손이 내 얼굴을 더듬었다.

나는 아직 내가 키운 알을 헝겊 속에서 꺼내지 않고 숨겨두고 있다.
아기를 낳지 않는 나라에서 태어난
첫 신생아가 될까 봐.

엄마가 내 귓속에서 기침을 하는 엄마

온 세상이 온 힘으로 상상해온 엄마라는 온 세상

나는 막상 엄마가 되니 엄마가 되기 싫은데 엄마에겐 엄마가 되지 않았다고 질책한다

우리가 돌아갈 구멍을 얼굴 양쪽에 달고 다니는 우리

물에서 죽은 사람은 왜 물 밖으로 떠오르는가

죽은 사람은 왜 이 세상에 고막을 남기고 가는가

왼쪽 귓속 사막을 가로질러 앰뷸런스 백 대가 달려가는 왼쪽 귓속 사막

오른쪽 귓속의 나선을 엄마를 실은 들것이 내려가는 오른쪽 귓속 나선

나의 상상에 어긋나는 엄마를 자꾸만 처단하는 나의 상상

엄마와 내가 잘린 심장 양쪽 심방에 살 때
엄마가 나에게 했던 말
나는 네 엄마가 아닌 네 엄마의 딸이다

엄마가 죽어도 죽지 않던 엄마의 고막

아지랑이보다 얇아서 꿰맬 수도 찢을 수도 없는 고막

엄마, 울고 싶어서 울지 않아

엄마, 잠들고 싶어서 잠들지 않아

내 아잇적 나보다 나를 더 많이 알고 있는 엄마의 아잇적

숨을 참은 엄마가 내 귓속에 숨어 있는 엄마의 숨

나는 지금 인공호흡을 해주러 양쪽 귀로 가야 합니다

백설 할머니 특공대

어떻게 오셨나요?
머리카락을 잘라 베개에 붙인 다음
이불 속에 넣어두고 왔어요

헬리콥터에 매달려 가는 두 할머니가 대화를 나눈다
여기까지 어떻게 올라오셨나요?

평생 읽은 책을 다 선물하고 왔어요
평생 쓴 글자도 다 선물하고 왔어요

더 까마득한 공중에는 흰 침대들의 숲이 떠 있다
연습장에 그린 그림처럼 침대에는 한 사람씩 매달려 있다

흰 눈이 온다 세상의 모든 오토바이들이여
하늘로 떠올라라
흰 눈이 온다 세상의 모든 오토바이를 탄 할머니들이여
하늘로 떠올라라

이 수수께끼가 영원하게

꿈을 톱으로 썰어대는 직업군
할머니 시인들이 폭설 휘날리는 베개를 흔들며 날아간다

나는 내가 아니면 다 좋아
나는 내가 여럿인 게 좋아

나는 내가 천만 개인 게 좋아
나는 팔이 여섯 개인 게 좋아

흰 눈이 온다
흰 바다를 내가 데리고 온다

어느 포에트리 페스티벌에서 오셨는지?
나는 희디희게 바빠지는 겨울이 좋아
첫눈이 치르는 장례식이 좋아

더 내려갈 수 있다면
홀로 누운 저 할머니를 어루만져줄 거야
내 파자마 속에는 흰 피가 아직도 남아 있으니까

어떻게 오셨나요?
구름 위에 휘갈기는 저속한 노동을 뿌리치고
여름부터 지금까지 쓴 것

다 찢어놓고 왔어요

우리 엄마 병원 휴게실에서
필자가 여기까지 쓰기를 마쳤을 때 누군가 나에게 외쳤다

어머니, 지금 내려오십니다!
가냘픈 흰 새가 휠체어를 타고 지금 막 낙태 시술을 받은 여자처럼 경사로를 내려온다

여기까지 어떻게 오셨나요?

담요에 흰 구름을 둘둘 말아 침대에 눕힌 다음
장화를 신겨놓고 왔어요

쏴아아아

천만 개의 부저 울리는 소리

흰 뼛가루 저마다 팔각형으로 쏟아지는 소리

여기까지 어떻게 오셨나요?

저 흰 새를 걸스카우트 단원처럼
통통하게 키워놓으려고 왔어요

잊힌 비행기

병실은 다 무대다
뒤돌아 앉아 관람하는 무대다

빗줄기들이 투명한 링거 줄을 입고 오는 저녁

배우는 환자복을 입고 침대에 오른다

이런 배우 역할은 처음이라서 부끄러워요
(스포트라이트 아래는 언제나 참을성이 요구된답니다)

흰 가운을 입은 연출이 말한다
(여기가 이제부터 현실입니다
현실 밖으로 나갈 순 없어요)

시한부 현실

여객기 내부 같은 무대
승선하기 전의 삶은 이제부터 전설의 고향이다
(그러나 일설에 의하면 저 여자는 몸 안쪽 기관들 오케스트라 연주

를 듣는

단 한 명의 관람객이라고 한다)

물방울이 하나둘 정맥에 안착하면 수면이 일그러지고

이 병실은 골든트라이앵글에서 자라는 양귀비의 환각인가

펄펄 끓는 희디흰 고통 속에
빨간 앵두가 하나둘 떠 있다

배우가 내 머리를 다시 빗겨서 땋아주겠다 하면
물속에 머릴 처박을까
개처럼 몸을 흔들어 물을 털까

오케스트라가 착석하면
승선 중인 단 한 명의 승객이 운다

언어는 항상 왜 뒤에 올까?

시는 왜 그림자를 찍어서 쓸까?

공포는 저 혼자 제 몸을 만들 수 있다
후회도 저 혼자 제 몸을 만들 수 있다

죽음을 잉태할 땐 누구나 고아다

지구를 가득 뒤덮은 사람들이 각자의 엄마를 부르는 소리는
언어일까? 새 울음소리 같은 걸까?

아기 고래가 엄마를 부르는 소리

나는 갑자기 어두운 하늘을 나는 비행기의 기장들이
각자의 엄마를 부르는 소리를 들은 것 같다

나는 밤하늘을 목쉬게 울며 날아가는 저 새의 딸이다
젖이 너무 커서 자꾸만 하강하는 저 새의 딸이다

통증의 대륙이 시야에서 물러났다
통증의 대륙이 다시 다가오는
이 무대의 착륙과 이륙

내가 타는 비행기들을 언제나 증오했던 저 배우가
이제 비행기를 혼자 타고

잠자고 밥 먹고
그르릉거리고 설사

헐떡거리고 기침
부들부들 떨다 구토

엄마
엄마

저 배우가 두 손을 휘저으며
얘 좀 치우라고
이 새 새끼같이 시끄러운 애 좀 치우라고

모르핀에 취한 하얀 털들이 침대 가득 우거진다
그 위에 빨간 앵두알이 떨어진다

병원은 다 춥다

이 침대는 불행의 동력으로 삐걱삐걱 나아간다

둥근 알들을 떨어뜨리며
홀로 밤하늘 떠가는 큰 새

이 무대의 리듬은 내가 채록한다
다행이다! 리듬은 아직 몸 안에 담겨 있다

동공 체크
혈압 체크
맥박 체크

거대한 기선이 유리창 아래 정박해
이제 이 연극을 끝내라고 얼른 끝내라고 기적을 울리고 있는데

배우가 보름달을 쳐다보더니

밖에 눈 온다 내다봐라
한다

인생의 마지막 필수 항목 세 가지

엄마가 자꾸만 아빠가 곁에 있다고 한다. 시계를 쳐다보면서 10시 20분이라고 한다. 12시 10분인데. 엄마는 시계를 볼 줄 모르게 되었다. 엄마는 매시간 아빠가 떠나신 그 시각, 10시 20분에 멈춘 시계다. 아빠랑 둘이 목욕하려 했더니 우리 형제들이 다 목욕탕 안으로 들어왔다고 했다. 다 씻기고 나니 더 피곤하게 되었다고 태연히 말한다. 내가 엄마를 씻겨줬는데 이런 말을 하다니. 정신줄 놓지 마. 정신에 무슨 줄이 달려 있다는 말인가. 엄마가 정신을 구부러진 **빨대**로 빨아 마신다.

창밖을 내다보던 엄마가 나에게 말한다. 내가 거울을 보면 내 모습이 흐릿해져가는 것 같애. 얼굴이 제일 흐릿해. 죽은 사람이 곁에 있어서 그런가. 그러더니 창밖에 택시를 보고선 택시가 사람을 태우고 가려고 기다리네, 내가 탈까? 한다. 그러더니 택시 타고 우리 밖에 놀러 나갈까? **기저귀** 찬 사람도 태워줄까? 내가 아프지도 않은데 왜 여기 있니? 그렇게 묻는다. 불쌍하다. 암만 봐도 엄마는 성숙하지 않았다. 왜냐하면 늘 하나님아빠의 어린 자녀로 살아왔기 때문이다.

아주 어린 의사로부터 임종실이라는 단어를 들었다. 엄마 옆 침대엔 엄마보다 30세 어린 여자가 작은 새처럼 동그마니 앉아 있다. 항상 웃다가 눈물을 쓱 훔친다. 죽기 직전까지 사회생활을 하느라 저렇게 겸손하다. 정신 줄보다 끈질긴 사회생활. 그는 너무 빨리 마른다. 휴대폰 보기와 텔레비전 보기. 건강한 사람 방문 받기. 이제 뼈만 남았다. 새만큼 먹는다. 의사가 혈관을 못 찾는다.

자원봉사자가 와서 엄마의 머리를 깎았다. 엄마는 일평생 헤어스타일에 신경 써왔다. 호스피스 침대에서도 머리를 감으면 헤어롤을 손수 만다. 엄마의 자존심은 염색한 까만 머리의 부드러운 컬에서 나온다. 엄마가 전하는 소식에 의하면 엄마의 머리를 자원봉사자가 가위도 아닌 바리깡으로 쓱 둘러 깎아버렸단다. 그것도 3초 만에. 엄마는 내가 밥 잘 먹었어? 하면 대답한다. 응, 요새는 밥 많이 먹어. 머리 좀 빨리 자라라고. 옆 환자가 웃다가 기절한다. 이들에게 폭소는 치명적 노동이다. 가슴뼈가 부러진다. 그 환자의 불쌍한 아들과 임신한 며느리마저 울다가 웃는다.

호스피스에서도 아침이면 밥 주고 점심이면 밥 주고 저녁이면 밥 준다. 찻잔에는 얼룩이 남고, 수건에는 물기가 남는다. 다른 것이 있다면 모두 지나치게 친절하달까. 엄마는 마치 새집에 이사 온 듯 나에게 나는 이런 곳에 살아. 여기서 눈 뜨고, 여기서 눈 감아, 하고 소개한다. 내 집에 들어와볼래? 하듯이 내 손을 끌어당긴다. 하늘에서 내려온 벽돌들로 지은 집이라고 말하기도 한다. 내가 엄마를 쓰다듬는다. 한없이 쓰다듬는다. 엄마는 여기선 나를 설거지하듯 씻겨준다, 냄비처럼 씻어줘! 한다. 나는 엄마의 구멍들을 계속 **물휴지**로 닦아준다. 한 번 닦을 때마다 지문이 지워지는 물휴지가 있다. 남동생들이 슬픔에 절인 배추 시래기처럼 꺼칠해졌다. 엄마를 꾸벅꾸벅 보러 오는 키가 큰 동생들의 방문을 엄마는 좋아한다.

이제 아빠가 촌스러운 잠바를 벗고, 양복을 입고 넥타이를 매고 번듯하게 찾아온다고 좋아한다. 아직도 아빠의 양복들이 호텔의 테일러 숍처럼 늘어서 있는 엄마의 집에서 옷을 찾아 입고 온다고 좋아한다. 엄마는 우리에게 아직도 그 양복들에 손도 못 대게 한다. 아빠는 손톱이 한 손에 5천 개씩 달려 있는 천수관음처럼. 매일 손톱을 다듬었다. 아빠는 손톱깎이를 좋아했다. 엄마의 집을 정리하다 보니 손톱깎이 케이스가 백 개도 더 나왔다. 여러 용도로 사용되는 족집게들도. 내가 요새 아빠 안 찾아와? 물으면 엄마는 대답한다. 나는 이제 내 아빠와 네 아빠를 구별하지 못해. 둘이 똑같아, 한다.

미지근한 입안에서

아빠가 죽자 엄마는 새한다. 엄마는 오늘 높다. 아침부터 나를 뿌리치는 새. 아침부터 나무 꼭대기에서 울었다. 새는 눈이 짓무르고, 여위어서 내 옆구리에 깃들었다. 나는 베갯잇을 뒤집어쓰고 울었다.

엄마는 다리가 부러진 길고양이한다. 엄마는 나를 경계한다. 런던에 다녀왔더니, 나에게 환자용 침대에 올라와 같이 자자고 한다. 평생 좋아하는 것을 감추고 살아왔는데, 이제 바라는 것이 얼굴에 나타난다. 내가 대영제국 공중전화박스 모양의 초콜릿 통 속에 들어가 누웠더니, 비닐을 까서 나를 빨아 먹는다.

엄마는 한 조각 얼음에 갇힌 흰곰한다. 가까이서 본 흰곰은 크다. 밤바다를 혼자 떠내려갔다. 환자복을 벗고 바다로 걸어 들어갔다. 문병 오는 사람들의 이름을 수첩에 적었다. 이름과 그 글자는 달랐다. 이를테면 작은고모라고 써야 할 것을 진달래라고 썼다. 일기를 썼다. 흰곰들이 읽는 글자인가? 모르는 나라의 문자였다. 갈매기라고 한 단어로만 일기를 쓴 날도 있었다.

엄마는 두부한다. 두부에 철심을 박고 나사를 박았다.

엄마는 고요한 물한다. 고요히 앉아 있으나 흐르고 있었다. 이번엔 내가 그 물속에서 던져놓은 돌멩이처럼 살려달라고 외쳤다. 돌을 던져도 물은 쉽게 아물었다.

한 번도 본 적 없는 동물한다. 동물은 욕조로 들어갈 줄 몰랐다. 욕조 높이만큼 발을 들 수 없었다, 뒤돌아서도 안 되고, 옆으로도 안 되었다. 발을 들 수가 없었다. 커다란 심연처럼 욕조를 마주한, 내가 생전 처음 본 동물. 발가벗고 심연을 들여다보는 멸종동물.

엄마가 갈매기를 불러달라고 애원했다.

최후에 가까워서는 여왕벌한다. 엄마는 작아져서 손가락으로 벌집을 헤쳐야 볼 수 있다. 시집 출간 기념 리딩을 하러 미국을 다녀와 엄마를 보러 갔더니 멀리 갔다 온다고 하더니 금방 왔네 했다. 여러 호스가 꽂힌 여왕벌이 침대만 맴돌고 있었다. 꿀처럼 끈적끈적한 고통에 볼모로 잡혀 있었다. 엄마는 겹눈이 되어서, 그 눈알마다 내 얼굴을 넣고서. 곤충이 몸에서 알을 꺼내듯 얘기를 지어냈다. 이번엔 자신이 배우였다는 얘기. 곤충의 전생 얘기. 옛날 일은 왜 다 거짓말처럼 들릴까. 벌들이 붕붕거리는 것처럼 들릴까. 전쟁이 발발했건만 여왕벌은 침대를 떠날 수 없었다.

엄마는 우주인한다. 엄마의 우주복에 물이 찼다. 엄마는 우주복 속에서 잠겼다. 우주복을 벗으면 끝이다. 이번 달엔 달에 착륙하겠다고 한다. 달에서 소생하겠다고 한다. 엄마는 다른 사람의 폐로 숨을 쉬는 것처럼 나에게 말한다. 이 소식을 들은 돈미가 말했다. 불쌍해서 어떡해요. 달나라 음식을 먹자 항문이 열리고 눈동자가 풀어졌다. 달나라 음식은 시원한 무(無)로 만들어졌다.

엄마는 드라이기한다. 숨소리가 큰 사물. 저 간호사는 엄마가 아무것도 안 하길 간절히 바라왔다. 저 간호사는 엄마가 냄새나는 동물도 하지 말고, 기억력이 좋은 인간도 하지 말기를 바라왔다. 조용히 살아 있는 식물하거나, 숨 쉬는 사물하기를 원했다. 엄마는 간호사가 바라는 대로 숨 쉬는 사물한다. 조금 시끄럽지만, 원하는 것이 없는 것이 미덕인 사물. 숨을 참아서 더 절박한 숨, 두 팔을 잃은 피아니스트. 두 발을 잃은 피겨스케이터. 목구멍도 잃었으면 더 좋았을걸. 저 간호사가 만족할 텐데. 저 앞에 앉은 네 아빠를 치워라. 드라이기가 말했다. 내 괴로움이 극에 달한 날, 집에 와서 누웠더니 초인종 소리가 들렸다. 현관 앞에 드라이기가 서 있었다.

이번엔 의사가 와서 나에게 구름을 데려가라고 했다. 나는 구름을 모른다 해도 데려가라고 했다. 집에 들일 수 없이 크다 해도 데려가라 했다. 이미 구름에 줄을 매놨으니 데려가라고 했다.

마지막으로 엄마는 얇은 '얇'한다. 시선처럼 얇은. 엄마는 내 울음 신음 불평 반박 부탁 자백 증언 중얼거림 주문 농담 고함 비명, 마지막 변명을 듣고도 가만히 있었다. 혀로 핥으면 얇은 막이 느껴졌지만 손으로 비비면 감촉이 느껴졌지만 냄새도 목소리도 없었다. 나는 주머니 속에 손을 넣고 엄지손가락으로 나머지 네 손가락을 자꾸 비비는 사람이 되었다.

먼동이 튼다

엄마의 얼굴 속에서
엄마의 엄마의 눈썹이 파르르 떨고 있습니다
엄마가 두 손으로 얼굴을 감쌀 때
손바닥에 달라붙는 찐득찐득한 엄마의 엄마의 태반

죽음을 임신한 엄마가 복대를 풀면
쥐구멍보다 따뜻한 구멍에서 내가 얼굴을 내밀었다
(태반은 아기의 것일까 엄마의 것일까)

(나는 기억해 엄마가 나에게 생리대를 빌리던 때를)
(나는 기억해 엄마가 나보다 인형 놀이 좋아하던 때를)
(나는 기억해 엄마가 나를 낳고도 키가 자라던 때를)
(나는 기억해 나보다 어린 엄마가 백발이 된 날을)

내가 내 얼굴을 두 손으로 감싸면
손가락을 비집고 삐져나오는
또 하나의 얼굴
내 손가락엔 그 얼굴의 숨을 끊은 오싹한 촉감

백 년 전의 모녀와 천 년 전의 모녀를 생각해
이 모든 거짓말! 거짓말! 거짓말!을 생각해

늙은 엄마들이 자기보다 더 젊은 엄마를
엄마 엄마 부르며 죽어가는 이 세계

눈썹을 파르르 파르르 매미의 날개처럼 떨다가
불길처럼 솟구쳐 오른 젊은 엄마가
늙은 딸의 얼굴을 불태우고 가는 이 세계

검은 피아노의 사공

엄마는 오지 말라고 한다. 이런 곳에 오면 안 된다고 한다. 그러나 내가 떠나려고 하면 언제 올 거냐 한다. 장의사에게 얘는 내일 올 거라고 한다. 1시가 아니라 2시쯤 올 거라고 한다. 나는 내가 알아서 올 거라고 한다. 그러면 다시 얘는 1시에 올 거라고 한다. 조금 있다가는 내일 안 오고 모레 안 오고 글피 안 온다고 했다고 서럽게 운다. 엄마 스스로 오지 말라 해놓고 서러운 거다. 그렇지만 다시 내일도 모레도 글피도 오지 말라고 한다. 하지만 나는 안다. 글피 오지 말라는 말은 내일 오라는 말이라는 것.

엄마는 관에서 나가고 싶다고 한다. 관이 엄마를 놓아주지 않는다고 한다. 나오면 빨리 관으로 돌아가고 싶다고 한다. 관에 있으면 다시 나가고 싶다고 한다. 관에선 기도를 할 수 없다고 한다. 관이 이상한 얘기들을 시작한다고 한다. 나흘째 잠들지 못했다고 한다. 잠들지 못하고 계속 휴대폰만 본다고 한다. 유령들 잔소리 때문에 잘 수 없다고 한다.

자신이 망가졌다고 한다. 우울증에 점령당했다고 한다. 가슴이 찢어지게 아프다고 한다. 협심증인가 병원에 데리고 가달라고 한다. 가늘어진 팔을 보라고 한다. 밥은 먹지 않는다고 한다. 발버

둥을 친다고 한다. 내가 왜 이렇게 되었냐고 한다. 참을성이라고는 하나도 없다고 한다. 죽은 사람들은 첨엔 다 똑같아 보인다고 한다. 그러나 자세히 보면 다 다르다고 한다. 죽은 사람들에게 말을 시켜보라 한다. 다른 인생이라 한다.

엄마는 여왕처럼 관에 누워 있고 우리는 조문 사절단처럼 조아린다. 우리는 엄마의 우울증을 경배한다. 엄마는 누가 오고 누가 오지 않았는지 계산한다. 체류 시간을 조정한다. 엄마는 점잖게 대할 사람과 점잖지 않게 대할 사람을 알고 있다. 엄마의 관은 엄마의 오르간처럼 엄마의 말을 섬세하게 반주한다.

엄마가 세 가지를 못 견디겠다고 한다.
한 년이 미운 것.
두 년이 미운 것.
세 년이 미운 것.
엄마는 왜 여자들만 미울까.
그것은 엄마가 이제까지 남자와는 교류가 없었기 때문이다.

엄마가 자다가 일어나 소리를 지른다. 팔을 내젓는다. 나를 못 자게 한다. 무언가 제지를 당한 듯 운다. 엄마는 자신이 불만에 가득 찼다고 한다. 화가 난다고 한다. 문상 오지 않는 사람들이 야속하다고 한다. 엄마는 변했다고 한다. 자다가 맹수로 변한다고 한다. 하늘엔 새, 물에는 물고기, 땅에는 맹수. 예전에 자신이었던 것들이 자기를 바라보고 있어서 잠을 잘 수가 없다고 한다.

아들이 보는 엄마와 딸이 보는 엄마는 다르다고 한다. 아들이 오면 우아하고 편안하다고 한다. 너그럽고 단정하다고 한다. 딸이 오면 표독스러워진다고 한다. 신경질 난다고도 한다. 위선을 버리고 본능적으로 행동한다고 한다. 이 본능과 저 본능을 내놓고 다툰다고 한다. 실망하고 싸우고, 할퀴고 들춘다고 한다. 엄마는 관 속에 누워서도 모르는 게 없다고 한다.

안 오면 보고 싶다고 한다. 그래서 가면 얼른 가라고 한다. 얼른 가면 서운해한다. 더 있으면 가라고 한다. 다시 헤어지면 보고 싶다고 한다. 나는 매일 계단을 내려간다. 내려가서 엄마를 보고 또 내려간다. 그리고 또 내려간다. 엄마는 누구는 아직 한 번밖에 안 왔고 누구는 아직 안 왔다고 한다. 자주 가면 다시 돌아가라고 한다. 돌아가면 보고 싶다고 한 번만 다녀가라고 한다.

저 봄 잡아라

봄이 엄마를 데려간다

나는 여기 있는데
봄이 엄마를 데리고 간다

봄이 오면 가만히 서 있던 나무들에게도 이름이 생긴다

꽃이 피면 그 나무의 이름을 불러준다

훔쳐 온 아기처럼 엄마를 감싸 업은
저 봄이
엄마를 데려간다

엄마가 남편 없이 처음 느껴보는
봄인데
나무란 나무 이름 다 불러보고 싶은
봄인데

엄마의 소녀 적 소녀들은 쌍쌍으로 찻집에 들어가고

애도는 죽음보다 먼저 태어나
꽃 피는 대궐의 문을 여는데
봄은 죽음의 계절
흰 눈 위의 흰곰을 병 속에 밀봉하는 계절

이래도 안 되고 저래도 안 되는 게 있다
봄이 꽃들로 만든 포대기처럼 엄마를 데려간다

저 봄 잡아라
나는 눈을 가린 사람처럼 두 손을 휘젓는다

엄마가 숨을 들이쉬면
세상의 꽃나무란 꽃나무 다 들어갔다가
엄마가 더 이상 못 참고 숨을 내쉬면
세상의 꽃나무란 꽃나무 다 몰려나온다

햇빛에서도 냄새가 난다
엄마를 데려가는 냄새

나는 봄을 붙잡아두려고
침대에서 일어나지 않는다

발가락에 꽃이 피어
물구나무를 뭉갤 수 없는 사람처럼

꽃 피면 안 돼
그 누구도 안 돼

주문을 외운다

냉장고 호텔

냉장고가 잘 안고 있겠지. 냉장고의 어깨는 크니까. 그러다 냉장고가 아프다는 소식을 들었다. 나는 냉장고를 방문했다. 냉장고를 열자 냉장고가 1년간 참은 숨을 내쉬었다. 몸을 버려두고 홀로 떠난 엄마가 거기 있었다. 엄마의 얼어붙은 숨. 벌어진 턱뼈. 엄마는 먹기 좋게 나누어져 들어 있었다. 이를테면 깨끗이 결빙한 두 발. 웅크린 핏물. 수은처럼 맺힌 눈물. 엄마는 정말 많았다. 처음 것을 꺼내면서 유리창이 덜덜 떨기 시작했는데, 유리창이 다 깨지도록 엄마가 계속 나왔다. 엄마의 결심처럼 굳은 것. 불안을 냉동한 다음 기절한 것들이 말했다.

자 얼른 옷 벗고 들어오세요.
같이 누워요.

걸칠 옷도 없는 몸뚱이만 있는 것들의 저 마음먹음.

나는 냉동된 엄마를 꺼내어 대패로 갈았다.

(절벽에 매달린 호텔의 방문을 열어젖히듯 문을 열자 1인분씩 나누어진 고기들이 방마다 쌓여 있었다. 어느 봉지엔 내 이름이 적혀 있었다.

내가 오면 먹이려고 한 것 같았다. 어깨를 구부리고 고기를 써는 엄마의 등에서 피가 배어 나왔다. 생을 끝낸 고기들은 그동안 아무것도 먹지 않아서 그런지 위엄이 있었다. 몸뚱이만 있는 것들은 눈꺼풀이 없었다.)

나에게서 플러그를 빼자
생고기로 만든 호텔이 무너지기 시작했다.

흰머리 새타니†

자정 너머 치맛자락 희디흰 외할머니 한 명
내 머리 꼭대기에서 그네를 타네
머리에 달을 왕관처럼 쓰고 밤하늘 구름을 걷어차며
올림픽 그네 선수처럼 엿 먹어 엿 먹어 그네를 타네

자정 너머 머리카락 희디흰 외할머니 한 명
창틀에 매달려 그네를 타네
밤바다에 성게들은 가시 문을 열고
밤나무에 밤송이들도 가시 문을 열고
저마다 보여줄 게 있다고
엉덩이 속살을 내보이는 밤

새 아기들의 잇몸 속 이빨들이
일제히 돋아 나오는 밤
화분의 꽃들이 아파트의 신생아가 눈 뜨고
제 엄마를 뜯어 먹는 밤

저녁에 뜨는 달과 새벽에 뜨는 달이 하늘 한가운데 만나서
바지를 내리고 구멍을 보여주는 밤

입속엔 혀도 없으면서 왼발잡이 백조 한 명 그네를 타네
검고 너른 하늘에게 두 발을 한없이 뻗는가
뻗으면 뻗을수록 오늘 죽은 이의 숫자가 올라가는 전광판
살아생전 무당의 운명을 뿌리친 외할머니 한 명 그네를 타네

새벽이 오도록 두 다리 깡마른 외할머니 한 명
아파트 옥상에서 그네를 타네
내 손을 이끌고 하늘 모퉁이로 가서 긴히 할 얘기가 있다고
그곳은 어두우니 네 두 눈이 필요하다고
이제 말을 해도 백조처럼 울게 된다고
내 몸의 새가 못 나오게 몸을 묶으라면서
산소호흡기를 벗어젖히고 그네를 타네

이 세상에 유방이 커다란 왼손잡이 딸 하나 남겨놓은 외할머니 한 명
마지막 무렵엔 창밖만 내다보더니
이제는 내 창문으로 들고 싶으신가
시간을 길게 늘여 촛불 같은 눈빛으로 그네를 타네

하늘로 오르고 또 오를 때마다
그네는 엄청나게 길어지고
미끄럼틀도 시소도 하늘만큼 땅만큼 엄청나게 커지고

시소에 올라앉은 여자아이도 남자아이도 엄청나게 커지는 밤

베란다에 놓인 화분이 저절로 떨어지는 밤

밤하늘 높이 무식하게 커다란 백조 한 명 떠가는 밤

엄마에게 맞아 죽은 아기가
백조처럼 왼쪽 눈을 뜨고 옆으로 누워 자는 밤

† 새타니는 태자귀의 일종으로 어머니로부터 버림을 받고 굶어 죽어서 생성된 아기 귀신을 말한다. 새타니는 순우리말로 '새를 받은 이' 또는 '새를 탄 이'로 풀이된다. 출처: 네이버 지식백과 · 문화콘텐츠닷컴(문화원형백과 한국설화 인물유형), 한국콘텐츠진흥원 제공.

꼬꼬닭아 우지 마라
우리 아기 잠을 깰라
멍멍개야 우지 마라
우리 아기 잠을 깰라[†]

냄비에서는 피가 끓고
석쇠에서는 손바닥이 구워진다

작은 소녀야 너는 이다음에
우울증 아줌마가 되고
큰 소녀야 너는 이다음에
욕창 할머니가 된단다

세상이 반으로 쪼개지고
죽은 자들이 빗줄기처럼
쏟아지는 밤

닭아 닭아 우지 마라 네가 울면 날이 샌다

날이 새면 죽은 사람 귀신 되고
귀신 죽어 영신(靈神)된다

유리병 마개를 열면
들끓는 바다오리 떼 소리
유리병 밖 밤하늘엔
죽음의 평화

바다오리 새끼 수백 마리를 잡아서 다리에 가락지를 달아주는 작업

새끼 잃은 엄마 바다오리가 큰 소리로 울면
엄마 잃은 새끼 바다오리가 더 큰 소리로 운다
하도 시끄러워서 전화가 오면 고래고래 소리를 질러야 한다
고리를 다 달면 귀가 먹먹할 정도다
새끼 바다오리는 자기 엄마를 기막히게 구별하고
엄마 바다오리도 자기 새끼를 기막히게 구별한다

심지어 알에서 나오기 전부터 서로의 이름을 불러댄다

알에 구멍이 생기고
또 얼마 만에 서로 만났을까
어떻게 저렇게 태어나자마자 저 엄마와 저 새끼는 서로 알아보고
죽고 못 살까

그러나 곧 저 새끼 오리는 엄마가 죽어서
절대 고독이 된다
그러나 곧 저 새끼 오리는 엄마가 죽어서
깃털이 다 빠진다

내 거죽에다 석공이 비문을 새기고
내 몸속에다 빗줄기가 장례를 지내는 밤

새끼 바다오리가 손가락보다 얇은 허리로 비 오는 밤하늘로 도약한다
(에코: 홀로 떠난 새는 죽기 마련)

큰 바다오리 엄마는 손가락보다 얇은 허리로 가라앉는다
(에코: 죽어버린 자는 경멸하기 마련)

자장자장 우리 엄마
자장자장 우리 엄마
새야 새야 우지 마라
우리 엄마 잠을 깰라††

† 「전래자장가」.
†† 같은 노래 변형(아기 → 엄마).

빈집의 아보카도

유품 정리사들이 오기 전에 한 번 더 가봐야겠다. 1년간 한 번도 열리지 않던 네 집이 긴장한다. 너의 집은 이제 밖에서만 열리는 집이 되었다. 너는 네 수의를 만져본다. 바자회 사람들이 오기 전에 너는 네 그릇들을 쓰다듬는다. '화분만 가져갈 거야. 꽃은 안 가져가' 꽃집 사람들이 말하기 전에, '화분의 꽃은 다 뽑아서 쓰레기봉투에 넣어' 그들이 말하기 전에. 너는 네 이불을 쓰다듬는다. 너는 네 옷장 속을 훑는다. 유품 정리사들의 봉투가 벌어지기 전에. 너는 네 속옷, 브래지어, 코르셋, 스타킹, 팬티스타킹, 거들, 잠옷을 만진다. 재활용 센터가 오기 전에, '사진은 찢고, 액자는 재활용'이라고 말하기 전에. 너는 사진 액자를 더듬는다. 너는 난간에 손을 얹고 계단을 내려간다. 계단을 내려가자 계단이 사라진다. 네가 기르던 것인데. 네가 좋아하던 것인데. 네가 아끼던 것인데. 네가 만든 것인데. 테이프를 카세트에 꽂자 네 목소리가 나온다. 네 마지막 수업이다. 너는 날씨부터 시작한다. 오늘 구름 높고 하늘 밝다고 한다. 너는 창밖을 내다본다. 구름 높고 하늘 밝다. 네가 말한 그날이다. 그다음 네 목소리가 냄비 뚜껑처럼 뒤집힌다. 너는 처음 듣는 요괴어로 말한다. 목소리가 소용돌이처럼 나선을 그린다. 네가 네 말을 알아듣지 못한다. 조금 있다가 방문을 열고 환자복을 입은 할머니 한 분이 나온다. 사람이 아니라는 생각이 든다. 그 할머니의 손목 밴드에 네 이름이 적혀 있다. 세탁기 문을 열자 갑자기 큰 해일이 닥친다. 구슬이 달린 검은 옷들이 쏟아진다. 거대한 장례식이 시작된다. 벽에서 물이 새고 문상객들의 구두들이 다 떠오른다. 유품 정리사가 그 구두들을 자루에 넣는다. 네가 50년 묵은 간장이라고 하자 그들이 간장을 병에 따른다. 값이 나가겠어, 버리지 않는다. 하지만 화분의 흙을 버리듯 네 동작들을 버린다. 네 웃음들을 버린다. 눈물 젖은 강을 들어낸다. 눈물 젖은 바다를 들어낸다. 네가 버리지 못한 너를 마저 버린다. 버린다. 버린다. 버린다. 버린다. 베개를 버린다. 베개에 든 황금열쇠를 버린다. 냄비를 버린다. 솥을 버린다. 숟가락을 버린다. 칼을 버린다. 다리미를 버린다. 너는 네 손수건을 찾아 눈물을 닦는다. 싱크대 밸브를 돌리면 네 손가락이 쏟아진다. 세슘이 굴러다니는 것도 아닌데, 단지 죽었을 뿐인데 이렇게 하다니. 화분에서 너를 쑥 뽑아서 쓰레기통에 넣는다. '오르간은 어떻게 할까요? 재봉틀은?' 네 교직 생활은 박물관에 가게 된다. 오르간이 멱살 잡혀 나가다가 너를 돌아본다. 그들이 갑자기 너에게 명령한다. '어서 녹음기 꺼요.' 네 여름 치마가 네 얼굴에 휙 달라붙는다. 그들이 너를 분류한다. 생활사 박물관에 갈 너와 재활용 센터에 갈 너. 바자회에 나갈 너, 쓰레기가 될 너. 개수대에 쏟아버릴 너. 태울 너. 찢을 너. 빼앗을 너. 파묻을 너. 줄 너. 지울 너. 버릴 너. 의자들처럼 포개진 너. 침실 네 개 거실 하나 부엌 하나 화장실 두 개 쉰여섯 개의 모서리. 걸레를 쥔 네 손이 다 닿은 쉰여섯 개의 모서리. 침묵하는 모서리. 궁금해하는 모서리. 입을 삐죽

하는 모서리. 부끄러워하는 모서리. 너에게 어디가? 하고 묻던 모서리. 너는 이제 네 집의 쉰여섯 개의 모서리를 눈 감고 다 짚어야 잠을 잘 수 있다. 너는 네 침대를 짚는다. 냉장고를 짚는다. 식탁을 짚는다. 너는 이 집을 다 짚어야 잠을 잘 수 있다. 너는 이 집의 가구 중독자다. 큰 네모 안에 작은 네모 일곱 개. 작은 네모 안에 몇 회의 울음소리. 필라멘트처럼 가녀리게 떠는 속눈썹, 평화를! 평화를! 기도 소리. 죽을 때에도 꽁꽁 싸매놓고 간 비밀 편지인데, 그들에게 밝히는 몇 장의 종이. 어서 여기서 떠나! 종이배를 타고 북극으로 떠나! 그들이 네 혀를 보따리에 싼다. 길고 긴 소매를 네 몸에서 뜯어내 둘둘 감아 버린다. 그들은 이제 너의 분리수거를 마쳤다. 그들이 네 녹음기를 들고 간다. 너는 이제 책가방처럼 네 집을 어깨에 메고 다니는 사람이 되었다. 뛰어가면 책가방이 아래위로 춤을 춘다. 집에 가, 매일매일 가. 다른 덴 절대 안 가. 너는 가방에서 꺼낸 쉰여섯 개의 모서리를 차례로 손가락으로 짚는다.

엄마란 무엇인가

엄마는 나를 두 번 배신했다
첫번째는 세상에 나를 낳아서
두번째는 세상에 나를 두고 가버려서

엄마가 죽기 전 나는 이미
배신자의 배신자가 되어 있었다

배신자의 기저귀를 갈아드린다
두 팔에 안고 진정제처럼 안아드린다

팬티를 치켜올린다
엄마! 왜 이래? 이건 아니야! 소리친다

눈물을 닦아드린다
떼쓰지 마! 꾸짖어드린다

이제 무게밖에 남지 않은 배신자에게
쓰라린 내 가슴을 한 술 두 술 먹여드린다

이제 이 배신자를 키워서 시집도 보내야지 마음먹는다
아빠에게는 두 번 다시 안 보내 단호하게 생각한다

마주 앉아 서로에게 뿌리를 내린 채
나뭇가지를 얽었으니 한정 없이 매년 이파리를 쏟았으니

(새는 알을 낳을 때 통증을 느낄까?)
(새는 날개를 펄럭일 때 통증을 느낄까?)

배신자의 배신자가 되어서 엄마엄마 불러보니
엄마라는 단어에는 돌고 돈다는 뜻이 있다

(시계 안에서 째깍째깍 엄마가 시계 반대 방향으로 돈다)
(엄마는 축지법을 쓴다 엄마가 초침처럼 나를 찌른다)

그렇게 엄마는 내 앞에 괘종시계처럼 늘 있었다
시간은 나를 늘 엿봤다

나를 낳지 말란 말이야
내가 시간의 손깍지를 푼다

노을의 붉은 입술 사이에서 신음이 새어 나온다
내가 내 따귀를 갈긴다

결국 엄마는 나를 두 번 배신했다
첫번째는 세상에 죽음을 낳아서
두번째는 세상에 죽음을 두고 가버려서

(왜 신생아는 태어나서 새끼를 빼앗기고 온 어미 새처럼 울까?)

이윽고 나도 엄마를 두 번 배신하게 되었다
첫번째는 엄마 조심히 가 하고 죽은 엄마를 낳아서
두번째는 나만 남아서

죽음의 베이비파우더

엄마가 나를 부른다. 언니 책상 닦아줘, 물 좀 줘. 엄마는 작아진다. 작아질수록 얼굴이 빛난다. 엄마는 아빠에 대한 기억을 제일 먼저 잃었다. 그다음 남자 인물과 여자 인물순. 기억을 잃을수록 작아지는 엄마. 엄마 결혼했었잖아. 제가요? 저는 그런 적 없는데요. 머리가 하얀 소녀.

하얀 실링팬이 돌면서 기억을 털어버리면 엄마는 더 작아져서. 굶주린 새처럼 작아져서. 그 새와 이야기를 나눌 만큼 작아져서. 모이보다 작아져서, 바람에 실려 갈 만큼, 책꽂이에 올라앉을 만큼 작아져서.

내가 집에 가는 이야기를 해줄게. 엄마는 돌아누워서 죽은 언니에게 말하는가 보다. 오늘은 모든 문장이 갈래로 끝난다. 나 먼저 갈래, 언니. 배고프면 갈래, 언니. 잠자면 갈래, 언니. 화나면 갈래 언니. 엄마는 가방을 싼다. 연분홍 팬티, 화장품. 수십 년째 가지고만 다니는 향수병. 헤어롤. 머리 감으면, 갈래. 엄마는 이제 간호사들과 의사에게 우리 집에는 화초가 많아요. 지금 한창 꽃이 필 계절이에요. 어머, 그럼 할머니! 꽃에 누가 지금 물 주나요? 아, 우리 집에는 하인들이 많아요. 어머나, 정말 할머니는 대단한

성에 사시나 봐요. 그럼요. 한번 오세요. 손님방에도 파우더 룸이 있답니다. 저는 지금 떠나요. 엄마, 거긴 내가 가지고 놀던 인형의 집이잖아. 어머 언니, 우리 잇몸을 사탕처럼 까먹는 놀이할까요?

모든 사람이 다 지워져도 작별만은 지울 수 없는 법. 울어요, 울어요. 왜 울어요? 언니가 떠나고 내가 무남독녀가 되었거든요. 어머, 나는 할머니가 되는 쪽을 향해서 걷는데, 할머니는 왜 태어난 쪽을 향해 걸어요? 다 걸어가시면 엄마 뱃속으로 들어가셔서 둥근 알이 되시겠네요. 그러자 엄마가 대답한다. 그럼요, 저는 거진 다 걸어가서 이제 기저귀를 차게 되었어요, 간호사와 내가 웃는다. 의사도 웃는다. 병실에 웃음 가루 터진다.

엄마의 몸과 마음이 쪼개질 때 눈부시게 솟아오르는 것. 반짝거리는 것, 햇빛에 비친 황금 먼지 같은 것, 엄마의 어깨를 뚫고 쏟아지는 것, 신기루 같은 것, 아빠가 준 것, 내가 준 것, 동생이 준 것, 엄마, 그따위 것. 가루처럼 날아가버리는 것. 그토록 아빠가, 내가, 동생이 교통사고에, 감옥에, 응급실에 눕는 악몽을 꾸던 침대에서 벗어나 이제 엄마는 엄마만 있는 사람. 작은 새의 병아리. 멀리 날아가보실까? 집에 가실까?

블라인드 틈새에서 내려앉는 빛에게, 어머 언니, 요새는 황금 닭이 자주 와요. 저것 보세요! 벌써 왔네요. 엄마! 환한 빛이 보이면 그리로 가는 거래. 다리를 건너는 거래. 먼지로 흩어지는 황금

닭의 꼬리, 죽음의 베이비파우더. 엄마! 빛이 다 흩어지기 전에 빨리 건너가는 거래. 공중에 흩어지는 황금색 먼지 속으로 가는 거래, 블라인드 틈새를 쪼는 황금 부리, 황금 펜촉, 금빛 글씨. 오 가엾은 미친 딸이여, 먼지 자욱한 그 속에 앉아 퍼덕거리는 날개로, 휘갈기는 작별. 황금닭의 파닥거리는 관자놀이. 황금색 평화.

어머 언니, 그런 수심에 찬 표정 짓지 말고, 나는 집에 갈 테니, 이 아기 장례식엔 잊지 말고 놀러 오세요. 나는 이제 모르핀에 취해서 어떻게 장례식에 갈 수 있을진 모르겠지만.

취한 물고기

아빠는 쓰레기통을 방 안에 부었다. 그것도 모자라 요강의 오줌을 방 안에 부었다. 우리는 외할머니 댁에 살고 있었다. 외할아버지가 죽자 외할머니는 주정뱅이가 되었다. 항상 나에게 술심부름을 시켰다. 그때는 누구에게나 술을 팔았다. 심지어 아이에게도. 외할머니는 술을 마시고 끝없이 지저귀었다. 나는 외할머니가 술을 먹는 게 싫었다. 나는 술심부름을 가면 항상 반쯤 마시고 갖다드렸다. 외할머니는 곳간에 술 항아리를 비치하기도 했는데, 그 술 항아리의 술도 내가 반 이상 마셨다. 학교에서 돌아오면 일단 술 항아리에서 술부터 한 잔 마셨다. 나는 초등학교 내내 오후엔 취해 있었다. 아빠가 외할머니의 지저귀는 소리에 맞춰 쓰레기 같은 집구석이라고 했다. 외할머니와 나는 알콜릭이 되었다. 아빠가 외할머니와 나, 두 알콜릭을 팽개치고 동생들과 함께 떠났다. 학교에서 돌아오니 큰 마루에 외할머니 혼자 앉아 있었다. 외할머니는 그날 이후 술을 끊었다. 나도 자연히 끊었다. 외할머니와 나는 내가 대학에 갈 때까지 함께 살았다. 할머니는 어버이날 죽었다. 내가 약간 미쳐 있을 때였다.

술을 마시면 외할머니가 나타난다. 술을 마시면 외할머니의 육신이 강물 속에서 나를 기다린다. 우리는 강물 속에 탯줄을 늘어놓고 식구들 몰래 잔을 든다. 나는 강물 속에서 헤엄치고 외할머니 몸은 물결에 닮아진다. 술에 잠겨 유영하다 보면 바다와 하늘과 땅이 구별되지 않는다. 나는 잔을 들어 외할머니를 천천히 마신다.

(별이 운행하는 소리는 얼마만큼일까.

내 몸이 내 귀 안에 꼭 들어맞는 날이 있다.)

민들레의 흰 머리칼

월요일에도 죽지 않고 화요일에도 죽지 않고 수요일에도 죽지 않고 목요일에도 죽지 않고 금요일에도 죽지 않고 토요일에도 죽지 않고 일요일에도 죽지 않는다고 말해줘요.

환자들은 대부분 주말이나 밤에 죽습니다라고 말하는 이 거짓말쟁이 의사야.

문병객들은 둘러앉아 피자를 먹고 튀긴 닭을 먹고 축구 결승전 얘기를 하고 손자는 제 엄마 젖을 먹고 젖밖에 다른 것은 안 먹고.

시간이 빨리 흐르는 육인실.
시간이 흐르지 않는 일인실.

나는 이 세상에서 환자의 나체가 제일 무서워.
엄마의 양쪽 젖은 너무 길어서 침대 난간에 턱 걸려요.
링거대는 길어서 밤하늘 별을 헤집고
엄마의 경대는 검은 땅속에서 별이 올라온 듯 자개†가 아름답죠.

경대 서랍에는 오른쪽으로 돌리면 쑥 올라오는 핏빛 립스틱.
너무 오래되어서 돼지 살냄새가 나는 립스틱.

두 겹 옷을 홱 벗기면, 걸을 수 없는 아랫도리.
살 속으로 푹 들어가는 바늘.
흰 바탕에 푸른 무늬 환자복.

고통은 아기처럼 모르핀만 생각하고.
그 고통에 실려 급류에 떠내려가는 배 한 척.
배의 바닥에는 자루에 묶인 채 내던져진 우리 엄마.
고통은 아무 나라나 데려가고.

그동안 다리가 세 개인 의사가 들어왔다 나가고.

숨과 숨 사이, 총구로 입술을 강제로 벌려.
숨구멍으로 굵은 호스를 집어넣고 석션!

발사된 총알이 다시 그 총으로 돌아오고.

팔이 다섯 개인 간호사가 들어왔다 나가고.
우리 엄마의 숨도 세 개가 되었다가 네 개가 되고.
나는 다리가 세 개인 침대 한쪽을 들고 하루 종일 서 있다.

도대체 하나님,

이 병실을 보세요. 우리가 무엇을 그리 잘못했습니까? 머리맡 탁자에는 뚜껑을 열면 튀어나오는 빨대가 달린 컵 하나. 이 환자는 물을 마실 수 없습니다. 문병객의 손자는 또 젖을 먹고, 손자의 엄마는 젖을 위해 우유를 먹고. 세상에 물을 마시지 않는 생물이 있습니까?

하루 스물여섯 시간씩 노를 저어야 하는 배 한 척, 사실 이 급류는 저급한 영상으로 만든 것입니다만 그랜드피아노만 한 영사기 한 대가 엄마를 내리누르는 고통! 엄마! 그 영상들을 물리쳐! 그 영상들을 떨치고 이 병원선에서 하선하자! 하지만 또 다른 병원선이 다가옵니다. 이런 데서 어떻게 살아! 다신 살지 말자! 그 와중에도 민들레는 빠져 달아나려는 흰 머리카락들을 필사적으로 붙들고 있지만.

흰 머리카락 한 올 한 올 징그러운 씨들이 매달려 울고 있지만.

속절없이 바람이 불고, 민들레는 떠오르고.

밤하늘에 폭죽이 터지듯이 흰 머리카락들이 땅에서 솟는 빛줄기처럼.

나는 마치 자궁 속에 밀폐된 아기가 제 엄마의 목소리를 듣고 있는 것처럼 영사기 속에서,

엄마 삼켜! 엄마 삼켜!

† mother-of-pearl.

목젖과 클리토리스

엄마와 망할 딸이 무궁화꽃이피었습니다 놀이를 했어요
무궁화꽃이피었습니다
엄마가 망할 딸을 깊은 바닷속에 버리고 왔어요
무궁화꽃이피었습니다

돌아보면 아무도 없기를, 엄마는 바랐어요
그러나 매번 망할 딸은 돌아왔어요 방긋방긋 돌아왔어요
무궁화꽃이피었습니다
베이비 나는 너를 사랑하기 위해 돌아왔어
푸른 스커트 아래 푹신한 넓적다리처럼 엄마의 거짓말이 빙빙 돌았어요

이제는 엄마가 나가려고 하는 문마다 딸이 서 있었어요
엄마, 바다에 갈 시간이야 딸은 말했어요

그러다 망할 딸은 엄마가 돌아오는 것보다 더 일찍 돌아와 있었어요
무궁화꽃이피었습니다
물속에서 몸을 일으키면 너무 추워요

눈을 가린 손을 떼면 언제나 깊은 물속

눈물 속에는 물고기
물고기 속에는 아가미

목젖은 하늘에서 미치고
클리토리스는 땅속에서 미쳐요

망할 딸의 눈이 환장하여 뒤집혀 있었어요

그러던 어느 날 수평선이 죽은 새처럼 물 위에 엎드려 있고
태양의 생리통이 잦아드는 시간
엄마는 바다에 가서 돌아오지 않았어요
무궁화꽃이피었습니다
엄마는 엄마를 망할 딸에게 물려주었어요

그리고 계속해서 무궁화 꽃이 피고 계속해서 딸은 돌아왔어요
어떻게 죽은 엄마 말고 다른 것을 사랑할 수 있겠어요 딸은 말했답니다

죽음의 고아

엄마는 초등학교 선생님이었는데, 언젠가 수업 시간에 의식을 잃었다. 입원해선 의식을 잃은 채 학생들의 출석을 불렀다. 같은 병실의 환자와 보호자들이 학생들 이름을 다 외우도록. 치료가 진행되자 이번엔 시험을 채점했다. 병실의 환자와 보호자들이 열등한 학생이 누군지 다 알아보도록.

엄마가 가신 곳에서 출석을 부르면
나는 메아리를 목에 두른 짐승처럼

대답 대신 칼로 식탁을 콕콕 찍었다

응급실에서 바늘이 다시 내 살 속으로 푹 들어간다
몸속에서 크게 파문이 인다
몸 전체가 심장이 된다
목울대를 뚫고 투명한 짐승의 네발이 올라온다

울음을 그친다는 것은 몸을 나왔다가 다시 들어가는 것인가?

흑흑, 나는 시를 쓰는 짐승
흑흑, 내 문장과 문장 사이에 짐승이 있어

식탁에 앉으면 하인처럼 뒤에 서 있고, 식사가 끝나면 내 옆에 앉아. 내 옆에서 옷을 갈아입어. 나에겐 한마디도 하지 않아. 내 목소리를 받아주고, 어두운 밤, 나무에 매달린 포도처럼 두 손 모아 기도도 대신 해주는 짐승. 어느 땐 내가 그 짐승에게 의자를 양보해.

임종실에서 형제들이 크게 비명을 질렀다. 감정의 극한에 서면 몸에서 짐승이 올라온다. 짐승들이 울부짖는다. 짐승들이 떤다. 짐승으로 죽는다.

레이스같이 살랑거리다가도 성난 파도같이 멍든 짐승. 나는 오늘 파도 대신 시퍼런 삼각형을 허벅지 가득 그렸다. 저 사진 속의 엄마는 내 엄마가 아니다. 엄마는 이미 자기가 결혼하기 전으로 갔다. 거기서 초등학교 선생 노릇을 하고 있다.

머리카락보다 가느다란 시선(視線)으로 짠 레이스를 두르고
오늘 밤 묵을 나를 찾아서.

거울이 없으면 감옥이 아니지

아주 가서는 다시는 돌아오지 않을 것 같다가도
엄마는 내 한복판으로 온다.
엄마가 말했다.
완전히 떠난 것은 아니라고. 그러나 다시 떠나야 한다고.
이제 이름을 바꾸고 다르게 살아가고 있다고.
어디에 살고 있는지 말해주었지만 그곳이 어딘지
가본 곳 같기도 하고 우리나라가 아닌 것 같기도 했다.
거울로 비춰지지 않는 곳에서 살아간다는 것.
엄마는 어딘가 변한 모습,
조용해진 건가 했더니 무정한 모습.
잠적에서는 이런 냄새가 나는가.
나는 거울에 혀를 대본다.
엄마는 다른 가정에서 살다 보면 이렇게 비밀이 많아진다고.
귀찮은 새들도 귀찮은 빗방울도 다 상대하다가 와야 한다고.
엄마는 내 목구멍으로 말하면서도 어딘가 나를 사랑하지 않는 모습,
이제 다른 집으로 시집간 것 같은 모습.
나는 이제 끈 떨어진 연,

나는 생기를 잃은 생선 대가리.

나는 꿈꾸어지듯 움직인다.

거울이 없으면 여기가 감옥은 아니지.

거울엔 퇴짜당한 내 얼굴.

나는 기다려도 엄마가 오지 않는 날은

거울에 대고 비명을 비춰본다.

그러다 엄마가 오면 거울의 스위치가 탈칵 내려가고 불이 꺼지는 기분.

나는 종알거린다. 얼른 가세요. 그 집에서 알면 어떡해요.

천사가 이럴까, 천사는 다른 데 시집가면서

아이를 제 손으로 입양 보낸 엄마 같은 마음을 가졌을까.

천사는 몸에 슬픔과 후회 같은 나쁜 균이 하나도 없어서

거울에 비춰지지 않는 얼굴을 가졌을까.

지금 나에게 오로라 가루를 물속에 휘저어놓은 것 같은 저 얼굴이

같이 떠나자 하지 않으니 다행일까.

돌아온 엄마는 내 앞에 있어도 삼인칭이 되어버린 자태.

풍랑도 치지 않는 현관에서 조난당한 것처럼

망원경을 쓰고 말하는 것 같은 얼굴.

빗속에 물감이 번지듯 번져버린 두 다리.

백치로 태어난 새의 꿈에서 뛰쳐나온 듯.

이 세상에 나를 매일 태어나게 하더니 이제는 본인이 매일 태어납니다.

죽음의 유모

유모의 손이 나뭇잎 사이를 어루만지고 있다. 손아래 이파리들이 지들이 붉은 나비인 줄 알고 제멋대로 팔랑거리고 있다. 유모의 손이 예배당 종소리 속을 휘젓고 있다. 종 속에서 종아리가 새파란 여자아이가 지가 종의 알인 줄 알고 크게 울고 있다. 유모의 손이 벌레마다 터뜨리고 있다. 강물을 휘젓고 있다. 쉬지 않고 강물에 노래를 풀어 넣고 있다. 이 세상 모든 뱀의 혓바닥을 쓰다듬은 듯 나무마다 독이 번지고 있다. 유모의 손이 닿는 곳마다 독사하고 있다. 유모가 죽고 있다.

유모가 두 손을 제 선지피 속에 담그고 있다. 유모가 두 손을 제 흰 젖 속에 담그고 있다. 유모의 젖도 모유라 하는가. 유모가 약을 짓이기고 있다. 끓이고 있다. 섞고 있다. 찌고 있다. 굽고 있다. 바삭하고 있다. 유모가 젖에 녹인 약을 나에게 떠먹이고 있다. 너는 내 아이야. 공기 중에 상앗빛 어지러움이 맴돌고 있다. 나는 우리 엄마가 유모였으면 좋겠다고 생각한 적이 있다. 그러면 죽은 엄마는 다른 아이에게 젖을 먹이러 갔다고 생각하면 될 텐데. 안개같이 몸이 퍼지는 부지런한 유모가 울 듯 말 듯 미소를 공중에서 따고 있다. 유모가 노을 속에서 홍시를 움켜쥐고 있다. 내 아기를 버려두고 남의 아기에게 젖을 먹이는 것, 얘야 네 혀는 마치 개미핥기 같구나. 너는 내 젖을 먹고 일평생 허기지겠구나. 햇빛에서 유모의 젖냄새가 나고 있다.

유모의 몸이 나무를 통과하자 나무가 황금색으로 빛이 나더니 거대한 이별을 품은 듯 이파리를 떨구기 시작한다. 갓 태어난 아기처럼 박탈당한 얼굴을 한 유모가, 얘야 너는 네 죽음이 처음인 것처럼 우는구나. 온 세상이 죽은 것들로 가득 찬 노아의 방주 같구나. 유모가 그 방주를 끌고 가고 있다. 흑설탕 같은 밤이 오자 유모의 거대한 알몸이 빗물에 질질 끌려가고 있다. 나에게서 죽음의 젖을 뗀 유모가.

피카딜리 서커스

환자복을 입고 링거대를 미는 엄마가 나를 데리고 피카딜리 서커스의 인파를 헤치고 걸어간다. 런던 사람들이 우리를 쳐다보지만 엄마는 괘념치 않는다. 엄마는 링거줄에 매달려 울면서 걸어간다. 엄마, 울지 마 그래도 땀을 뻘뻘 흘리면서 걸어간다. 엄마의 신경망이 여기까지 닿을 줄이야. 나도 울면서 걸어간다.

내 낭독회엔 게이 남자 한 사람 빼고 전부 여자가 온다. 신청한 사람순으로 정원을 모집하다 보니 이렇게 되었어요. 페데리카가 말한다. 나는 여자 관객들 앞에서 무장해제된다. 여자들이 나에게 벗으라 한다. 더 더 더 벗으라고 한다. 나는 팬티하고 브래지어는 벗지 않을게요, 한다. 나는 속옷 차림으로 시 읽는 기분이다. 그중에 우리나라의 여류 시인이라는 단어에 대해 묻는 아시안이 있다. 그래요, 우리는 그렇게도 불렸어요. 여자에게 따로 이름을 붙이는 자들이 있었어요, 내가 대답한다.

나는 샤도네에 이끌려 산다. 호스피스 병원 방문할 때도 샤도네 마시고 간다. 런던 가는 비행기에서도 샤도네 마신다. 샤도네 내 친구. 비행기 옆자리의 여자가 나에게 묻는다. 와인 공짜예요? 네 공짜. 어디서나 샤도네가 공짜면 얼마나 좋을까요? 샤도네, 이

시스루 드레스 전신에 걸쳐 입고 살 텐데. 엄마는 나에게 말했다. 이 세상은 잠시 머무는 호텔이야. 다 돈 내라고 하잖아. 물을 마셔도 돈, 똥오줌 싸도 돈. 엄마는 래퍼처럼 계속한다. 이불 홑청 빨아도 돈. 불도 돈. 공기도 돈. 귀신 보여주는 것도 돈. 그래서 내가 엄마! 깊고 푸른 하늘과 바다 했더니 그것도 임자가 있어 한다. 그래서 마지막으로 죽음은 공짜야, 했더니 그것도 돈 들어! 한다.

엄마와 병실을 함께 쓰는, 유방암으로 폐암, 뇌암을 만든 여자가 운다. 아프다고 운다. 왜 이래? 왜 이래? 남자도 운다. 남자가 나 불러놓고 왜 잠만 자? 묻다가 방을 나가버리면, 나가서 울면, 머리카락 하나 없는 여자가 여보! 여보! 운다. 새처럼 운다. 여자가 울부짖는 게 아니라 여자도 모르게 암 덩어리들이 울부짖는 것 같다. 남자가 한 숟갈만, 한 숟갈만 죽을 먹이려 하지만 입술을 철문 셔터처럼 내렸다가 여자는 아 아 아 아 외친다. 이 세상에 '아' 라는 단어만 있는 것처럼. 너무 슬퍼서 죽을 수도 있다. 엄마와 나는 고통이 퍼지는 몸과 슬픔이 퍼지는 몸을 맞대고 그 소리를 듣는다.

내가 옛날에 쓴 새의 시는 돌아오는 것에 대한 시이다. 돌아와서 저 여자처럼 우는 것에 대한 시이다. 이 세상의 모든 여자는 이 세상 모든 새처럼 날아갔다가 여기로 온다. 왜 오는지, 왜 우는지 여자들은 안다. 그냥 안다. 무거운 새, 길다란 새, 짧은 새, 웃는 새, 우는 새, 화난 새. 히스테리 새. 노래하는 새, 춤추는 새,

미친 새, 죽은 새 그리고 아기를 품은 새. 아기를 쪼아 먹는 새. 다시 온 새.

환자복을 입고 링거대를 미는 엄마가 나를 데리고 기어이 트라팔가까지 걸어왔다. 우리 엄마 대단하다. 엄마! 초상화 박물관 갈까? 내가 묻는다. 엄마는 그만 집에 가자 한다. 오늘 엄마는 나와 함께 걸으면서도 멀리 걷는다. 나와 함께 걸으면서도 적요 속에 있다. 나와 함께 걸으면서도 아득하다. 그러다가도 엄마는 내 귀 안에서 속삭인다. 이제 그만 집에 가자. 너무 오래 집에 못 가봤다. 런던 사람들의 시선을 받으며 우리는 초상화 박물관 들어간다. 박물관 액자마다 엄마의 얼굴, 그 눈동자들마다 내다보는 엄마의 시선. 엄마의 시신경이 이렇게 멀리 올 줄이야. 그 측은한 눈길들이 나에게, 이제 그만 집에 가자, 집에 가자 속삭인다. 내가 집을 너무 오래 떠나 병원에만 있었다, 애절하게 그런다.

천 마리의 학이 날아올라

잠 깨지 마.
잠 깨면 펼쳐진다.
흰 벽인가 했는데 흰 날개.

두 사람이 넘기는 책인가 했는데 두 손에 새 한 마리.

슬퍼하면 못 떠나, 하는 사람들. 시간이 약이야, 하는 사람들. 다 참고 살아, 하는 사람들. 나는 백색광 하나에 초점을 맞추고 눈을 깜빡이지 않아. 그러면 내 앞에 다시 냉정하게 펼쳐지는 날개. 백 사람이 함께 읽는 흰 편지지인가 했는데 흰 날개.

내 눈동자가 흰 벽을 너무 사랑해서 흰 날개.

한 발만 떼면 넌 아무도 아니야. 한 발만 떼면 달이 뜨지 않는 곳. 22세기야. 술 깨고 유리 깨면 무엇이 있나. 눈 이불 확 벗겨버린 풍경처럼 추운 곳, 흰 날개 접히면 벌거숭이 바위, 벌거숭이 서까래, 세상의 피부가 확 벗겨지면 뭐가 남나. 폐허의 전당. 난파선마저 이미 출항하고, 유리처럼 산산조각 난 우리.

한없이 가벼운 새를 소파에 누이면. 차가운 눈발. 싸늘하게 희미한 미소의 맨발. 반찬 냄새나는 원피스는 죽음의 피에스.† 거실엔 얼굴이 일그러지는 장식장 유리가 있어요. 아무도 거둬 가지 않는 무정란이 가득 쌓여가듯 내 얼굴이 쌓인 장식장. 내 얼굴의 유령 같은 감촉.

엄마 하고 부르면 장롱이 부르르 떨고, 괜히 책이 뚝 떨어지지만 나는 학생들에게 너희의 엄마에 대한 시는 왜 다 비슷하냐고. 엄마에 대한 시를 쓰는 건 어렵다고. 엄마는 너무 가까워서 오히려 문장 밖에 있다고. 그렇게 말해놓고도 나는 지금 엄마를 쓰려고 하고. 엄마는 그립고. 엄마는 서운하고. 내가 잠 깨면 탁자 위 물컵인가 했는데 물에 젖은 흰 날개. 내 눈동자가 물컵을 너무 사랑해서 흰 날개. 촉각의 현재성. 아무리 칠해도 립스틱이 묻지 않는 입술처럼. 흰 소매인가 했는데 흰 날개. 그렇지만 엄마가 거리에 나서면 사람들이 다 무시하고. 눈에 안 보이는 사람 취급하고. 늙은 여자는 어디에서나 천대받고. 게다가 죽은 여자는.

깨지 마. 이렇게 흰 눈 쌓인 새벽.
이 전신 마비를 깨지 마.

나는 오래전 죽은 시인의 시 속에 들어온 것처럼 저 멀리까지 눈을 감고.

저 날개는 내가 표현하려 하면 할수록 더 커져서 다 접을 수 없다.

접어서 배 한 척 만들 수 없다.

텅 빈 하늘을 깨끗한 수건으로 닦으면 접히다 만 배 한 척.

텅 빈 하늘을 너무 사랑해서 배 한 척.

하늘에 떠 있는지, 바다에 떠 있는지.

점점 높이 올라가며 배 안에 한 사람,

그 몸을 다 뒤져봐도 아무것도 없어요.

날개가 있다는 건 내 가슴을 껴안을 두 손이 없다는 것.

나는 나의 산산조각인 나.

그러나 나는 저 얇음에 내 얇음을 맞대고 싶어서.

저 차가운 날개. 저 윤곽을. 저 마맛자국을

나 원근법 그런 거 안 믿어.

그러다 눈 뜨면 천 마리 학이 날개를 펄치며 지르는 천 개의 비명.

흰 지붕들인가 했는데 흰 날개들. 아침의 흰 따귀들.

† P. S.

엄마는 나의 프랑켄슈타인

밀크를 벌주려고
거리에 나갔다
밀크를 벌주려고 술을 마시고 담배를 피운 건 애교에 불과하다
나는 나의 밀크가 싫어하는 남자와 결혼했다
밀크는 함부로 대하고 그 남자는 조심스럽게 대했다

어째서 밀크는 매번 내 심장을 망가지게 했을까
그건 밀크가 나를 만들면서
밀크의 심장을 사용했기 때문

어째서 밀크는 나를 화나게 했을까
그건 밀크가 나를 만들어놓고 나서
밀크인 나를 남겨놓고 떠났기 때문

밀크가 나를 사랑한다는 것은 곧
밀크가 밀크를 사랑한다는 것
밀크가 나를 사랑하는 것을 내가 싫어한다면
그것은 밀크의 밀크 사랑을 내가 싫어하는 것

밀크는 나에게 살짝 고백한 적이 있다
나는 내 밀크가 싫었어 술을 마시고 나를 만들었거든
나는 그때 나는 엄마는 없어도 밀크만 있으면 돼, 라고 말했다
그러자 밀크는 말했다, 나는 네 밀크야

오늘은 밀크가 좀더 멀리 갔다
그렇다고 자기가 아기였을 적까지 갈 줄이야
이제 내가 그 아기의 밀크가 되었다면 오해다
밀크가 토하는 것을 두 손으로 받았다

불타버린 절간의 불상보다 불쌍한 밀크
밀크는 이제 양쪽에서 다 부패하고 있다

아침에 일어나는 동작부터 이를 닦으면서까지
나는 거울을 보지 않아도
밀크가 내 눈 속에서 나를 내다보고 있다
는 것을 알 수 있다

밀크를 벌주려다
그만 밀크가 되고 말았다
땅속의 태양처럼
내가 돌아갈 고향이 여기 내 안에 있다

나는 이제 밀크라는 균의 보균자가 된 것일까

자신의 밀크가 된다는 건 어떻게 하는 걸까

밀크가 밀크의 장례 행렬을 따라갔다

나는 이제 벌을 줄 사람이 없어졌다

불면의 망원경

엄마는 이제 테두리가 없고
내 그리움도 테두리가 없다

자, 우리 테두리 없이 만나는 연습!

엄마의 눈빛이
내 왼 팔목에 머물자
내 왼 팔목에서
젖은 눈동자가 하나 돋아 나온다

그 눈동자가 깊은 호수보다 깊다

우리는 망원렌즈를 대고
마주 보는 것 같아

울지 마라
울면 땅으로 떨어진다

천 배 만 배 거인 여자가

호수에 입술 갖다 붙이고
물 먹는 소리

투명한 덩어리가
테두리 없는 목구멍 속을 꿀꺽꿀꺽
넘어간다

나는 왼 팔목에
호수가 박힌
새

내 왼손과 내 어깨 사이가 천리만리인 새

나는 몸이 떨리도록
시원한 음료를 평생토록 마시고 싶다

밤하늘 높이 뜬 새가
산맥 위에 올려진
지구에서 노선이 제일 긴 버스를 마주 보고 있다

나는 산맥처럼 펼쳐진 옷소매를
하염없이 잡아당긴다

나는 엄마의 개명 소식을 들었다

첫 따귀가 어렵지 그다음엔 뭐가 어렵겠는가. 호적부에 빨간 줄 칙 긋기도 첫 긋기가 어렵지 뭐가 어렵겠는가. 둘째 줄도, 셋째 줄도. 한 페이지 가득 칙 칙 긋기가 뭐가 어렵겠는가. 한 번 그을 때마다 이름이 떨어져 나간다 한들. 몸이 떨어져 나간다 한들, 뭐가 어렵겠는가. 이제 기한이 다 찼다고 우리 집을 찢는구나. 첫 찢기가 어렵지 뭐가 어렵겠는가? 발아래부터 무너지는구나. 지금은 가늘고 길게 커튼을 찢고 있구나. 렘수면의 커튼도 찢어지는구나. 우리 집은 책이 많아 수북하게 찢을 수 있구나. 증오도 없이, 신념도 없이 갈기갈기 찢는구나. 뭐가 어렵겠는가. 두려움도 없이, 슬픔도 없이 찢어버리면 그뿐. 내가 시간을 찢으며 앞으로 나아가는 줄 알았더니 시간이 나를 찢었구나. 미지근한 물속에서 280일 동안 울기만 했지만 나에게 손만 대봐라 비명을 지르겠다. 내 목소리를 아직 들은 바 없지만 소리를 크게 지르겠다. 검은 물결로 만든 커튼이 오르간처럼 울부짖는다. 엄마, 두고 봐 엄마, 똑같이 해줄게. 더 심하게 해줄게. 첫 따귀가 어렵지 뭐가 어렵겠는가. 이마가 물 묻은 압류 딱지처럼 바닥에 달라붙어 떨어지질 않는구나. 질퍽질퍽 피가 새고, 불마저 꺼진 집에서 왜 안 나가 왜 안 나가 척척 맞으며, 머리가 집게에 끌려 나오며 의사 선생님, 간호사 선생님, 두고 봐, 똑같이 해줄게. 시계의 초침과 초침 사이를 비집고 알몸이 하나 끌려 나오자 시계가 닫히는구나. 금속으로 만든 펜촉이 필기체를 남기며 쓱쓱 나아가며 아기 이름은 아직 못 지었어요, 그럼 엄마의 이름이라도. 엄마의 이름이 종이에 닿는 소리, 형광등이 윙 하고 우는 소리, 수고했어요 하는 소리.

옷 없이도 추위를 이길 수 있는 곳, 엄마, 입 없이도 먹을 수 있는 곳, 엄마, 내가 그리로 보내줄게.

내가 태어날 때처럼 똑같이 해줄게.

2부
봉쇄

셧다운

세탁방 드럼세탁기 문이 일제히 열리고
백조들이 쏟아져 나온다
백조의 털을 흰 시트처럼 벗기면
그 속에 알몸의 얼굴이 있다

세탁방 드럼세탁기 문이 일제히 열리고
세탁된 물고기들이 쏟아져 나온다면 좋겠지만
드럼세탁기 화면 속에는 스물세 개의 얼굴이 있다
그들의 발은 보이지 않는다
세탁기 안에서 발에 붙은
물고기알들을 씻고 있는지도 모르겠다

외출을 할 땐 얼굴의 구멍을 다 막아라
새 칙령이 공표된 지 2년이 지났다
얼굴도 이제 벌거벗을 수 없다

통조림 안에 갇힌 것 같은 나날
세탁기 안에는 세탁되고 있는 눈알이 들어 있다
슬픈 영화의 가장 슬픈 장면에서

울고 있는 관객들을 촬영한 것 같은 스물세 개의 화면
나는 이 수업 화면이 코인 세탁방 같다

여자가 엄마에게 전해줄 세탁물 보따리를 들고
죽은 엄마를 싣고 가는 흰색 자동차를 따라서 뛴다
자동차가 멀어져도 엄마 빨래! 엄마 빨래! 부르며 뛴다

세탁방 드럼세탁기 문이 일제히 닫히기 전
죽은 새들이 뒤엉킨 채 마지막으로 쏟아진다
하수구로 핏물이 흘러들고 있다

나는 어깨에 내려앉은 네 작은 손바닥
그 날개들을 아직도 기억하는데
벌거벗은 내 알몸을 가릴 수 있는 건
겨우 너의 그것뿐이었는데
그것마저 뒤엉켜 쏟아진다

나는 수요일이면 스물세 개의 세탁방 모니터 앞에서
그 얼굴들이 다시 입장하길 기다린다

죽은 사람들이 제일 싫어하는 꽃

꽃을 들지 않으면 이 버스에 탈 수 없습니다
꽃을 들지 않으면 이 우주선에서 내릴 수 없습니다

꽃을 들지 않으면 이 길을 걸어갈 수 없습니다
꽃을 들지 않으면 길 아닌 길도 걸어갈 수 없습니다

꽃을 들지 않으면 대통령을 만날 수 없습니다.
꽃을 들지 않으면 당신은 나에게 보이지조차 않습니다

우리한테 무슨 일이 생겼나?
사람들이 우리를 멀리하는데
결국 우리가 지금 바다를 건너가는데
배는 가득 찼는데
풍랑은 거세어지는데
해안경비정은 쫓아오는데
며칠을 굶었는데
아기는 아픈데
우리가 누운 채 오줌을 싸는데
힘든 일이 생긴 게 분명한데

맞았거나 아니면 아픈 것인데
우리에게 무슨 일이 생겼다는 걸 알면서도
우리는 검은 어둠 속에서 찬 빗물을 마시고
모르는 남자의 손이 내 무릎 위를 더듬고
우리는 출렁거리는데 풍랑이 얼굴을 치는데
아기는 우는데
우리가 안쓰러워 나는 우리에게 편지라도 보내야 하는데
위태로운 곳
경각인 곳

밤의 우체국처럼
깜깜무소식인 곳

꽃을 들지 않으면 우리를 만날 수 없습니다

흰 국화 한 송이를

erotic zerotic

— Bagan, Myanmar

너는 죽었는데
죽지를 않아

한 걸음에 하나씩 절을 짓고
절 하나에 누운 부처 앉은 부처 선 부처

내딛는 걸음마다 절이 수만 채
죽었는데 죽지를 않아 수백 년

나는 이 땡볕 같아
이빨 악물어 피 머금은 벽돌들 같아
절 마당마다 걸어놓은 종 머리 같아

사랑하는 아이야 이 묘혈에 누워요
내가 전신에 황금빛 칠해드릴게요

나는 말라비틀어진 걸레 같아
이제 나는 내가 처녀인지 사내인지 황금인지 똥인지

내가 어디 가는지 너는 내 몸 걷어차는 당나귀 뒤꿈치인지
내가 돌고 돈 것이 내 배꼽을 돈 것인지

첫 절 허물어져
품에 안고
네 얼굴 떨어져
생전 처음 고개 들어 천지간 둘러보니
붉은 벌판에 무너진 절이 수만 채
네 머리통이 수만 개
수박 따러 온 붉은 맨발이 수만 개

배꼽 앞에 두 손을 모으고 조아려
도대체 나는 누구신지요?

고니

고향으로 돌아가는 대열에서 낙오한 흰 고니가
부산 야생동물 치료 센터에 왔다
얼굴에 흰 천을 씌우고
상한 날개를 잘라야 했다
날개를 자르자 흰 고니는 더 이상 먹지 않았다
하는 수 없이 눈을 가리고 주둥이를 묶고
그 사이로 미음을 집어넣었다

나는 새 속에 깃들어 살고 있었는데
깃털의 회랑을 지나
눈동자의 동굴 속으로 기차를 몰았었는데

여름에 깃털은 부채처럼 시원하고
겨울에 깃털은 구름처럼 포근하고

그런 일들이 있다
이제 다시는 걸을 수 없습니다
선고를 받은 엄마가 침대 위에 올려졌다
엄마는 그 침대를 벗어나 집으로 영영 돌아가지 못했다

어느 밤 엄마의 침대를 들추자
주둥이가 묶인 흰 고니가 누워 있었다
말도 못 하면서 눈길로 애원했다
집으로 데려다달라고

내가 엄마를 안아줄 때
마치 백 년 뒤에서 안는 느낌
날개를 자른 뭉툭한 곳이 내 늑골과 부딪혔다

내가 새의 깃털에서 멀리 쫓겨났다
기차가 애타게 부르며 눈동자의 동굴 속을 달렸다

더 이상 날 수 없습니다
더 이상 만날 수 없습니다
그런 말을 듣는 순간이 온다면
어떻게 해야 할 수도 없는 순간이 온다면

흰 고니는 4년 동안 병원에 있었다
그리고 지금은 저수지에 있다

깃털의 방에 깃든 나를 태우고 북극에서 남극으로
만 미터 까만 상공을 하룻밤 만에 오가던

흰 고니가 저 물가에 있다

고니의 날개는 바람에 흩어지는
저 물결처럼 접을 수 없다

치료 센터의 CCTV 화면을 통해
우리는 하루 종일 마주 보는 것도 모른 채 마주 보았다

종(鐘) 속에서

잡히기 전에 이슬 맺힌 옷을 말려보겠다

잡히기 전에 에스컬레이터를 한정 없이 오르내리고
잡히기 전에 나는 바다 바라보기 전문가

내 파도를 소란스러운 팔처럼 뻗어보겠다

아는 사람을 미행해보고

(들키지 않을 거라고 생각했을까, 나는
머리도 한 올 없는데
나는 민머리, 무모증, 복어대가리, 학교종이 땡땡땡인데)

내 대가리는 뇌 속의 추적자인가
내 대가리는 철공소 시절의 이명인가

나는 이제 주름을 닫은 허파인가

종 속에서 울려 퍼지는

내가 나를 치는 소리

(그래, 가발이 휙 벗겨지고 두개골이 내던져진다
내 두개골이 최루탄을 피해 달아나는 신발들과 같이 흩어진다)

잡히기 전에 흘러가다 돌부리를 잠시 붙잡아보는 강물

잡히기 전에 가구점의 침대에 눕고 싶어 머뭇거리는 발길

잡히기 전에 옥상에서 뛰어내리다 7층에 켜놓은 촛불을 응시하는 눈동자

그래, 네가 종을 치기 전에

3부

달은 누굴 돌지?

상담자 F가 모래상자를 가져온다. 일단 모래상자 위에 집을 한 채 놓아보라고 한다. 집은 진열장에 많다고 한다. 나는 모래 위에 지은 집은 금방 무너진다고 하면서, '에잇! 이런 거 하지 마!' 모래를 바닥에 쏟아버린다. 나는 '모래의 시간은 늘 이별이야'라고 말한다. 상담자 F는 '그렇지, 두꺼운 사전에서 나온 단어 하나가 백지 위에 올려지고 한 편의 시가 시작되는 것처럼 모래의 시간 위에 한 사물이 올려지고 이야기가 시작되는 거지'라고 대답한다. 나는 중력의 법칙에서 이탈하여 모래가 지구 밖으로 다 날아가버린 후의 사하라를 상상한다. 번쩍! 버섯구름 다음 껍질이 벗겨진 지구의 모습. 바위 사막 위에 달이 비친다. 모든 파라오의 무덤들이 한꺼번에 발굴되겠지. 모래 아래 숨었던 주검들이 달빛을 받는 모습. 사막이 걷히자 드러나는 달 하나만큼 거대한 돌덩어리 하나. 먼 옛날 지구에 떨어진 거대한 달이 쌍둥이 달을 마주 보는 모습. 달과 달 사이에서 들리는 엄청나게 큰 숨소리. 거기 내 주검도 올려놓으리. 상담자 F가 빗자루로 모래를 쓸어 상자에 다시 넣은 다음, '사하라의 모래를 다 없앨 수는 없어', 한다. 다시 나는 사하라만큼 큰 고막이 공중에 뜬 모습을 상상하다가 '이 진열장엔 왜 귀가 없냐'고 묻는다. 나는 사막에 떨어진 거대한 귀 아래 피로 젖는 붉은 모래를 상상한다. 나는 모래상자에 진열장의 가위를 꽂는다. 나는 '여자들은 늘 피를 흘리고, 사람들은 모래에 눕는 걸 좋아하지'라고 말한다. 상담자 F가 말한다. '이 모래상자는 비유와 상징이라고, 문학 선생이며 시인인 분이 그런 걸 모르다니 실망'이라고 한다. 자신이 어렸을 때 국어 작문 문제집을 가져와서 오지선다형 문제를 나에게 풀어달라고 했더니, 내가 1, 2, 3, 4, 5 모두 정답이라고 했다고 한다. 내가 답을 써준 주관식 답안지를 국어 시간에 제출하고는 빵점을 받았다고 한다. 도대체 '내담자 당신은 문학을 모른다'고 나에게 일갈한다. '빵점 빵점 빵점, 빗금이 새빨개. 빗금이 새빨개. 빗금이 새빨개', 그렇게 소리친다. 나는 '외할머니는 엄마를 망치고, 엄마는 딸을 망치고, 딸은 스스로를 망친다'고, '망치 가계, 망치 가계!'라고 소리친다. 내가 다시 '니가 정신과 의사야?' 하고 주먹을 쳐들고 묻자, 상담자 F는 '정신과 의사는 아니지만 당신 편'이라고 한다. 더구나 '이 모래상자는 인형의 세계이므로 몸을 사용하는 건 반칙'이라고 한다. '인형이나 모형 같은 것을 통해서 보이지 않는 것을 보는 것'이라고 한다. '기억과 상상을 물질화시켜보는 것'이라고 한다. '당신이 도대체 정신과 의사들을 우습게 알고, 상담하는 의사를 깔보길 좋아하는 것은 익히 알고 있다'면서 이번만큼은 자신의 사막놀이에 진지하게 참여하라고 한다. 그래서 내가 '모래는 호수를 말리고, 낙타마저 죽이지, 몸은 결국 모래야. 지구 최후의 모습은 사막일 거야'라고 했더니, '모래만 보면 타클라마칸사막에 가서 감기 걸려 고생하던 일이 생각나는 거냐'고 되묻는다. 내가 우선 '다꼬녀와 찍벌남을 올리고 아싸라비아 콜롬비아 닭다리 잡고 삐약삐약' 하고 싶은데, '여긴 그런 인형이 없다'고 하자, '진열장의 여자와 진열장의 남자를 올리고 그다음 그렇게 이름을 붙이면 된다'고 한다. '시를 쓸 때도 그렇게 기억의 진열장에서 먼저 이미지를 불러오지 않느냐'고 한다. 그러면서 '그런 슬랭을 어디서 배웠느냐'고 묻는다. 나는 '창백한 형광등 아래, 망자처럼 누워 있던 엄마가 한 말'이었다고 대답한다.

슬픈 사람은 썩고
아픈 사람은 모래

운다.
운다.
운다.

형용사의 영지

작고 하얀 수족관에 담긴 엄마가
가쁜 숨으로 안타까를 움켜잡고
안타까를 갈기갈기 찢으며
안타까 안타까

내가 수족관 속으로 몸을 던지며 내 안타까를 움켜잡고
내 모든 감각이 안타까에 휘감겨
안타까에 마비되고 질식할 듯
안타까에 속수무책이 되어

나는 안타까 나는 안타까
어떡해 나는 안타까

물속에서는 눈물샘이 몸속으로 터져
피부와 내장들이 서로 헤어지는 듯 숨이 막혀
안타까에 질려서 졸려서 깔려서
발밑에선 안타까가 휘날리는 구름처럼
문밖에선 아우성치는 수증기들이 사냥개에 쫓기는 양 떼들
처럼

안타까가 안타까워

마지막 들숨의 안타까가 시시각각
엄마를 자석처럼 끌어당기고
안 돼 안 돼 지금은 안 돼
하얀 천으로 서로 얼굴을 덮고
모래 속에서 피는 두 송이 흰 꽃을 저속으로 촬영한
필름 속에 있는 듯
모래시계 속에서 서로 더듬으며
그러나 시계도 없고 흰 꽃도 없고

안타까로 서로 얼굴을 감싸안으며 안타까 안타까

나는 이 안타까를 물리치고 싶은가 아니면 이것만이라도 품고 싶은가
이제 두 사람은 이 안타까에서만 만날 수 있는가?
나는 나보다 더 안타까운 안타까에 잠긴 채 소리소리 지르며
안 돼 안 돼 지금은 안 돼

왜 말이 없어? 왜 말이 없어?
이 안타까를 물리칠 단 하나의 단어가 왜 없어?

그러다가 공중에서 수족관이 열리고

안타까가 나를 수족관 밖으로
안타까의 불규칙하고 투명한 폭주
구름이 내 안팎에서 목 놓아 울고
공중에서 목이 쉰 내가 탄산수처럼 쏟아지며
인간이 아닌 목소리로
애처롭고 음울하고 멍청하게 뻐끔거리는
물고기의 숨찬 목소리로

안타까 안타까

하늘에서 빗줄기를 타고 물고기들이 쏟아지는 밤

시인의 장소

떠날 수가 없어, 여기를. 네가 왔다가 그냥 갈까 봐. 내 기다림 위에다가는 글씨를 쓸 수 있어. 한국어 기다림은 하얀 기린 같아. 하지만 영어 기다림도, 중국어 기다림도, 일본어 기다림도 기린 같지는 않아. 흰색은 태어나게 하시고, 품 안으로 데리고 가셨다는 신의 거짓말을 가려주는 색. 시인은 그 거짓말 위에 쓴다. 흰 기린을 꿈에 보았다.

전깃불을 끄면 공기도 끊긴다. 깜깜해서 숨이 막힌다. 잠자리에서 눈을 뜨면 앞이 보이지 않아. 한국제지 제작 A4 묶음을 뜯으면 하얀 이들이 한 사람, 한 사람 걸어 나온다. 어둠의 문을 밀며, 몰려나오는 흐린 실루엣. 무슨 말을 몸에 적어달라는 것인가. 독재의 검열관들은 내 약혼자의 연극 대본에서 글자들을 앗아갔다. 하는 수 없이 배우들은 판토마임으로 공연을 채웠다. 나는 공연 내내 오열했다. 흑. 흑. 흑흑. 나만 아는 대사를 그 몸짓에 올리면서. 배우들의 손짓이 말해달라고, 말해달라고 나에게 소리치는 것 같았다. 흰 종이 위의 글자들이 풀려 가느다란 줄이 되더니 내 몸을 칭칭 감았다.

이제는 오열이란 게 안 나온다. 내 안이 달라져서 그럴까. 내 생고기가 달라져서 그럴까. 시력이 좋아지는 꿈을 꿨다. 붕대를 풀고 해일처럼 밀어닥치는 세상의 색깔들을 마주하는, 시력을 회복한 이의 심정에 대해 생각했다. 나는 꿈에서만 환하게 본다. 나는 잠들었지만 나의 뇌가 보기를 원하기 때문일까? 안녕, 바다야. 산아. 하늘아. 하지만 지금은 흰색 정면. 흰색 어둠. 흰 원반이 눈앞에서 돌아간다. 까마귀 깃털이 모두 하얘졌다. 잡초들이 하얀 줄기를 흔들었다. 하얀 풀밭에서 하얀 사람이 일어섰다. 눈앞에서 돌아가는 흰 프로펠러를 치울 수만 있다면. 종이를 넘기다 손을 벤다. 페이지와 페이지 사이에 네가 있다. 사라짐과 사라지지 않음 사이. 의식과 일상 사이. 페이지를 보지 않고 페이지의 날을 본다. 내 손가락에 피를 낸 칼을 쓸어본다. 144개의 칼. 이름도 없는 칼. 호리지차(毫釐之差). 털끝 같은 영혼의 무게를 달아볼 수 있는 저울이 있겠지. 너와 나의 운명이 앞뒤 페이지로 갈라지는 이 작은 벼랑.

꿈의 안쪽으로 눈물이 떨어진다. 불꽃처럼 뜨거워 연기가 나는 눈물이다. 바리공주가 망자를 서천으로 인도할 때, 머리에 꽂는 꽃은 자신의 키보다 높다. 무릇 공주라 함은 키보다 높은 꽃을 머리에 꽂아야 한다. 바리공주는 만신의 꿈이다. 떠나고 다시 떠나는, 정처 없는 나라. 그 나라 공주의 뒤를 따라 머리에 배부른 꽃을 꽂은 여자들이 행진한다. 현란한 암탉들처럼 몰려간다.

공주와 눈 맞추면 다시는 세상을 못 봐. 죽은 것만 봐. 삶으로 돌아가는 입구를 못 찾아. 침묵으로 살아. 이 침묵은 죽음에서 온 것. 두 개의 세상 사이에 있는 것. 그곳은 흰 상복을 입은 기린의 서식지. 네가 살아 있던 순간과 네가 살아 있지 않은 순간, 그사이. 호리지차. 페이지의 낭떠러지. 날 선 흰 침묵. 이름조차 없는 그사이. 그 사이를 운항하는 제 키보다 높은 꽃을 머리에 올린 여자의 배 한 척. 흰 장갑을 끼고 너와 나, 열 손가락으로 깍지 끼면, 그 사이를 비집고 운행하는 장의차를 실은 배.

배 한 척이 하얀 연꽃 호수 속으로 깊이 더 깊이 들어온다. 나여! 이 나는 나를 배에 태우기를 원하는가, 나여! 이 나는 희게 눈먼 채 너를 만나려고 이리 기다리는가. 내 생고기에 꽂힌 펜이 녹슨다. 나는 눈멀어도 싸다. 견디다 못해 열꽃이 살에 박힌 모래처럼 핀다. 도래할 꽃과 이미 도래한 꽃. 열꽃의 꽃말은 뭘까. 열꽃이 내 키보다 높다. 나는 저기서는 이름이 있는데, 여기서는 이름이 없는 사람. 한국어밖에 할 줄 모르는 흰 기린이 앞장과 뒷장 사이에서 운다.

내세의 마이크

돌아가신 엄마가 내 혀 위에서 루블랑 루블랑 이상한 소리를 냈다
내 몸에서 엄마의 플러그를 빼고 누워도 내 혀가 제멋대로 움직였다
모래 깊이 혀를 파묻어도 루블랑 루블랑
엄마가 내 혀 위에서 내려가지 않았다

공룡의 시대에 있게 될 것이다
잠이 들려고 하면 꾸불텅꾸불텅 공룡의 긴 혀가 몸에 닿는 게 느껴졌다
큰 똥들이 산처럼 쌓여 있고
오줌이 강물처럼 흐르는
공룡의 시대는 숨 막히는 악취의 시대였다

ㅎ이 붙은 단어들은 다 이마에 귀 달린 생쥐의 얼굴처럼 보였다
해변 희망 희미 회전목마 한 번 흥분 환각 한국 혜순 혀
나는 ㅎ 자 때문에 미칠 지경이 되었다
모든 문장에서 ㅎ 자를 일단 먼저 까맣게 칠하고 책을 읽었다

지우면서 자연히 이빨을 갈았다
쥐가 갉아 먹은 창백한 페이지들
생쥐들과 눈이 마주칠까 봐 눈을 뜰 수 없게 되었다
혀가 짧은 생쥐
고개를 덜컥덜컥 돌리다가
속으로 흐 흐 흐 하는 생쥐

ㅎ을 피하자 알파벳이 가득한 대륙에 도착했다
처음엔 차라리 한글을 피해 와서 잘되었다고 생각했다
하지만 a는 임신한 여자가 바닥에 앉아 있는 것처럼 보였고
b는 임신한 여자가 산달이 가까워 몸이 무거운 것처럼 보였고
c는 임신한 여자가 우는 것처럼 보였다.
d는 임신한 여자가 차마 거울 앞에 서서 자신을 바라보지 못하는 것처럼 보였고
e는 임신한 여자가 고개를 숙이고 흐느끼는 것처럼 보였다
나는 원치 않는 아기를 임신한 여자처럼 모래베개에 모래머리를 올렸다
하지만 나는 밤새 모래를 임신한 p가 되었다가 모래를 임신한 q가 되었다가 하면서
알파벳을 브리태니커 사전처럼 무한수열 오가다가

'엄마, 잉크도 종이도 주소도 없는 곳에서
바람으로 날씨로 새소리로 편지 쓰느라 얼마나 고생이야

a는 한 번 두드리고
z는 스물여섯 번 두드려'
나는 엄마에게 대화를 신청했다

그다음 모음들만 가지고 말을 하는 사막에 도착했다
과거도 아니고 현재도 아닌 그 둘 사이에 그 사막이 있어서
엄마, 엄마 소리쳤지만
제멋대로 구불텅거리는 혀 때문에
루블랑 루블랑 계속 사막의 흰 늑대를 부를 수밖에 없었다
말을 한다는 건 몸에서 바람을 끌어 올려
그 바람을 다시 내보내는 것일까

한국어 모음들 앞에 붙는 초성 ㅇ은 무엇일까
모음들은 이미 내세의 마이크를 장착한 것일까

나는 몸에서 바람을 내보내려고 해보았지만
모래로 일어선 내 몸은 점들로 그려진 몸처럼
어느 것이 엄마 몸인지 어느 것이 내 몸인지
누가 누구를 임신한 것인지 가를 수 없었다

다음에는 책의 페이지마다 빼곡한 ㅇ의 개수를 빠짐없이 헤아렸다
페이지들은 다 유리 어항 같았다

그 안에서 투명한 알들이 디룩거리며
몸부림치는 내 혀를 보고 있는 것 같았다

유리구슬을 통해 내 영혼을 보는 것
글자마다 눈을 뜨고 쳐다보는 ㅇ
나는 페이지에서 ㅇ을 모두 까맣게 지우고 책을 읽었다

젖은 모래가 진주가 되는 소리가 이럴까
땅바닥에 패대기쳐진 물고기의 비명이 이럴까

혀 밑에 모래가 너무 많아 이럴까
저 혼자 놀아나는 혀에 붕대를 감고 손으로 잡고 있었다
공룡의 혀가 내 몸을 핥는 것 같은 기분이 들었다

'엄마 대답해!
엄마 여기 왔어?
Yes는 한 번, No는 두 번 두드려'
나는 다시 대화를 신청했다

나는 목구멍에 손가락을 깊숙이 넣고 엄마를 토하고 싶었다

결코후회하지않고사과하지않는육체를가진여자와 너무조용해서위로조차할수없는육체를가진여자와 주파수가다른곳으로떠난여자의 기원막대나선공명

— 사막상담실

결코후회하지않고사과하지않는육체를가진여자는 울고 싶은데 울어지지 않아서 화가 나.

화 다음 수가 나.

수 다음 목이 나.

목 다음 금이 나.

금 다음 토가 나.

나는 화수목금토 육체에재갈물린여자야, 그런다.

결코후회하지않고사과하지않는육체를가진여자는 상담실에 오자마자 모래상자 중앙에 모래언덕을 만들고 뱀 세 마리를 상자에 넣고

죽어라 죽어라 죽어라, 소리친다.

아빠가 뜨거운 물속에 나를 넣는 꿈을 꾸었어,

뜨거운 물속에서 새빨간 너를 낳아야 했어,

나는 융 학파들의 분석을 싫어해,
내 기억은 내가 모르는 짐승이 되어버렸어, 그런다.

내가 모래상자에 두꺼비를 놓으면 너는 이렇게 생각하지?
이다음엔 물을 놓겠지!
아즈텍에선 두꺼비가 자궁 상징이야, 그런다.

내가 뱀을 놓았으니 벌써 분석을 끝냈겠지?
우로보로스, 설마 생각하는 거야?
나는 뱀이야, 양말 속에 눈알이 달렸어 하하, 그런다.

개구리 입에 뱀을 밀어 넣으려 하다 말고
관람 불가, 관람 불가
쩍벌남과 다꼬녀, 그런다.

너무조용해서위로조차할수없는육체를가진여자가 결코후회하지않고사과하지않는육체를가진여자에게 당신은 지금 욕설이 하고 싶은가? 왜 그렇게 위악적인가? 하고 묻자
잠시 후 얘네들도 그림자가 있네
죽은 부모의 사진 같은 내 그림자, 그런다.

너무조용해서위로조차할수없는육체를가진여자가 심리 테스트를 제안한다,

이 세상에서 가장 정의로운 것, **죽음**, 네와 아니오

이 세상에서 가장 불의한 것, **죽음**, 네와 아니오

결코후회하지않고사과하지않는육체를가진여자는 대답도 하지 않고, 사람을 땅에 묻고 이렇게 우리가 앉아 있는 것, 공의인가, 그런다.

나는 결국 죽음을 순산할까, 난산할까, 제왕절개할까, 그런다.

이 세상에 제일 냄새가 나는 색이 뭔지 알아?

흰색, 흰 새의 겨드랑이 냄새, 기저귀 냄새. 우주 냄새.

나는 옐로에메랄드블루브라운그레이그린색이 좋아.

울려고 하면 뇌압이 상승하고, 정전. 그다음 응급실. 흰색 정면. 반복. 반복. 반복.

죽은 사람은 왜 죽어 있는 것을 멈추지 않지?

죽음이라는 부모님의 딸로 살아갈 수는 없어,

오늘은 수의 날.

눈물의 날이야.

오늘 내 밑바닥을 흐르는 지하의 강이 오도 가도 못 하네.

호스피스에서 엄마가 자다가 눈을 뜨고 나한테 그러더라
이것아, 왜 그렇게 다리를 꼬고 밤새도록 앉아 있니?

그러다가 네가 내 주민등록번호를 외우고 있으니
언제든지 날 찾으러 올 수 있겠지? 하더라.
그날은 금의 날. 마음이 철창살이었어.

주파수가 다른 곳으로 떠난 엄마가 외치고 있어.
뻔히 보이는데 죽은 자가 되어 계속 딸의 이름을 부르는 그 심정, 우린 모를 거야, 그 한을, 그런다.

결코후회하지않고사과하지않는육체를가진여자는 모래 위에 뱀 세 마리를
세 사람의 손목처럼 꼬아놓는다.
왜 우리 셋이 껴안았는데 느낌이 안 나! 그런다.
내 맘이 사막이라서 그런가? 적막의 막막한 사막.
사막은 후회하지도 사과하지도 않아, 그런다.
토성의 고리처럼 모래로 꼰 훌라후프가 아무것도 없는 구멍을 맴돈다.

너무조용해서위로조차할수없는육체를가진여자와 결코후회하지않고사과하지않는육체를가진여자가 서로 다른 이름으로 주파수가다른곳으로떠난여자를 부른다.
엉 엉

포츠다머 플라츠

태양이 아시아와 유럽 두 개로 하늘을 쪼개더니
비 온다

두 팔로 얼굴을 가리고
젖은 모래처럼 걷는다

젖은 모래 한 자루는 걷습니다 젖은 모래 한 자루는 물이 줄줄 샙니다 젖은 모래 한 자루를 보신 분은 신고 바랍니다 안절부절 거동 수상자를 신고하십시오

걷지 못하도록 바닥에 꿰매진 발바닥
입지 못하도록 적셔진 치마
닦지 못하도록 바늘쌈 손수건

타지 못하도록 문 없는 전동차가 도착합니다
나는 젖은 치마를 입고 있습니다
어떤 놈이 다가와 도와줄까? 하고 속삭이더니
지갑을 채갑니다
고개 돌려보면, 내리치는 주먹

비바람 천둥 번개
내 머리 위에 강이 떠 있는 듯
내가 입을 벌려 외국어를 하려 할 때마다 울컥울컥 강이 쏟아지는 듯

젖은 모래 한 자루가 걷습니다 젖은 모래 한 자루는 5년 이하의 징역, 1만 유로 이하의 벌금에 처해지는 범죄 행위이니, 신고 바랍니다

치마가 무거워
이 바보 천치 같은 치마야
치마가 젖은 산이 된 것 같아

젖은 산을 입은 여자를 보신 분은
포상금 만 유로, 신고하세요
하든지 말든지 맘대로 하세요

어떤 놈이 다가와 가슴팍을 꼬집고 가네요
네 나라로 돌아가 이 바이러스야

앞니가 벌어진 치아
외래종 식용 개구리같이 웅크린 손
제발 그 입 좀 다물어요

날지 못하도록 양쪽이 막혀버린 옷소매
숨 쉬지 못하도록 양쪽에서 퍼붓는 비

먼 곳의 조국이 먹구름 속에서 119 119사이렌을 흔들고
심장박동기를 착장한 것처럼 이 모래주머니가 쿵 쿵 쿵

내 얼굴은 모래가 가득 들어찬 토마토처럼
이를 갈며 기침과 울음을 참고 있다

머리에서 발끝까지 참지 않으면
이 모래자루는 터지고 말 겁니다

외국어를 듣지 않으려고 귀에 장착한
사운드트랙을 따라 도는 노래 뭉텅이
내 울고 있는 무릎을
구름 속에 숨은
거친 달 표면에 비비며

한국어 모래의 어원은 물애
물을 거절하다는 의미

모래는 평생 몸을 비비지만 한 덩어리가 되지는 못합니다

젖은 모래 한 자루는 걷습니다.
포츠다머 플라츠에서 두들겨 맞고
모래를 비비며 걷습니다
물을 거절합니다만
물에 빠진 사람처럼

자루 속에서 모래 한 알, 한 알이
사이렌을 울리며 달려가는 자동차 떼같이 시끄러워요

서울식 우주

날마다 태양은 몇 사람을 삼키고 서쪽으로 돌아가나?

태양마저 입속의 혀처럼 삼켜지면
엄마의 그림자만 한없이 부려진다

따끔따끔 검은 눈물 억만 개
그 아래 나무들이 가던 길 잃고 서 있다

엄마와 너, 그 사이 매질[†]의 매질[††]이 없어
이제 못 만나게 되는가

오늘 밤 서울은 고독한 항구의 선창처럼
공중에 떠 있고

이 귀앓이는 비행기 귀앓이가 아니고
이 귀앓이는 잠수함 귀앓이잖아

운하로 들어가려고 먼바다에서 돌아와 비바람 속에 기다리는 선박들처럼

모래비를 묵묵히 맞고 있는 수성 금성 화성 지구 내 형제자매들

아직 말을 배우기 전으로 돌아간 듯
혀를 삼킨 채 흐느끼고

자기 자신의 밤을 두 팔로 꽉 끌어안은 행성들

발아래가 무너져
공중에 떠 있는 검은 발자국들

달은 각자의 자동차 속에 잠들어 있고
표정이 깨끗이 사라진
저 머리통들의 주술을 풀어라!

너는 왜 애도의 비유로 행성을 골랐니, 이 망할 년아

사실 이 행성들은
엄마가 나열해놓은 모듈이야
뱃속 깊은 곳을 뒤집어
꺼낸 주머니들이야

주머니 속에서

한 줄기 두 줄기
내일 내릴 빗줄기가 운다

서울의 집들은 지붕마다 거대한 눈물 탱크를 올려놓고 공중에 떠 있고

나는 내 속에 있는 이 행성을 꺼내고 싶다

나 태어나기 전에 살던 곳

† medium.
†† whipping.

다쉬테+ 도서관

책날개 양쪽으로 펼쳐진 사막

이 사막을 걷다 보면
나는 마치 야심만만한 소설책을 타고 가는 듯
그러다 내 몸이 걷는다는 걸 잊는다

힘 없는 내가 닫을 수 없는 소설

목숨을 잃은 이에게서 또 한 번 목숨을 빼앗는구나

지옥의 지붕들처럼 계속 이 소설이 펼쳐진다

지옥이란 나를 실종시킬 수 없는 곳

읽어라
읽어라
읽어라

모래산처럼 부풀어 올라 활자마다 떠드는 소설

뜨거운 입김이 넘겨주는 소설
핏물에 절인 머플러를 감추고
너를 만진 다음 냄새를 맡던 네 손가락 냄새
손톱 까만 남자들이 엎드려 칭송하는 소설
다 외웠는데 또 읽으라 하는구나

이 소설의 목소리는

흩
흩
흩

종아리가 푹푹 빠지는 소설
목구멍이 따가운 소설
나는 정말 이 소설과 키스하기 싫은데
남자들의 혀 맛 나는 소설

네 알리바이로 가득한 네 프로젝트 소설

네가 읽으면 네 침냄새 가득 번지는 소설

지옥이란 돌이킬 수 없는 곳

모래는 모래의 방식으로 싹을 틔우고

나는 이 소설의
모래 한 알마다 그러나
모래 한 알마다 그러나
모래 한 알마다 그러나
모두 다 덧붙여놓아야 하는데

도서관에서 책 읽는 나를 총구멍이 빤히 내려다본다

내 안경알이 희번득 날아간다
내 셔츠의 단추들이 몽땅 떨어진다

더러운 소설은 너무 더워
나는 알몸에 모래폭풍을 맞는 기분

날개 아래 우두둑우두둑 뼈가 부러지는 모래의 소설

내가 뼈만 남는 소설

하늘을 마주 보고 펼쳐진 가랑이같이 적나라한 소설

눈감고도 읽지 마

이 더러운 소설

† 아프가니스탄의 사막, Dasht-e Margo. 죽음의 사막이란 뜻.

지구가 죽으면 달은 누굴 돌지?
— 사막상담실

달에 이주한 우리에게는
출산이 금지된다. 양육도 물론.
모두가 마지막 종(種)인 생물들이 사는 달에
초인종이 울린다.
지구인의 비보가 계속 전해진다.

몸에 비해 불쌍하게도 너무 작은 발바닥을 가진 네발 달린 짐승이 지구를 향해 울부짖는다.
저 짐승의 이름은 에베레스트의 달빛 아래 제비꽃
하지만 달에서는 누구도 이름을 부르지 않는다.

달에서는 누구나 죽은 인형을 갖고 노는 것을 좋아한다.
나는 죽은 인형들의 몸을 구부려 전부 기어가는 자세로 만든다.
죽은 인형들의 몸을 차곡차곡 제단처럼 쌓는다.
여자를 낳고, 여자를 낳던, 여자들의 족보다.
그 위에 우리 엄마 인형을 올려 오줌 똥 싸게 한다.
죽은 이들이 이륙을 준비하는 우주선들처럼 운다.

끌어안아주던 사람 사라짐,
돌아갈 곳 없음,
후회와 죄의식(무한 추락).
유령처럼 모두 신발을 벗었음.
매일 매 순간 위장이 아픈 사람처럼 엎드려 있음.

토성처럼 바이러스를 허리에 두른 지구
지구의 저 여자는 혀가 돌이다.
새처럼 위장은 모래다.
모래 위에 작은 집도 한 채 갖다 놓자.
집이 인형들보다 작다.
이 집에서는 차가운 그늘 속에서 영상이 돌아간다.
엄마 나 왔어, 어서 와, 우리 밥 먹자로 시작하는 영상.
조그만 집을 모래 속에 파묻는다.

지구여, 인류의 멸종을 가동한 상영관이여!
살다 간 이들의 원한으로 가득한 행성이여!
사막에 엎어진 그 집엔 영원히 따뜻한 음식을 차려놓은 엄마의 영상이 켜져 있구나.

달 사막 모래들이 노래한다.

모-래-할-머-니-보-다-먼-저-태-어-난-모-래-엄-마

모-래-엄-마-보-다-먼-저-태-어-난-모-래-딸

우-리-는-당-신-들-이-다-죽-어-서-이-렇-게-죽-는-다

달 사막의 폭풍우는 유리병에 든 유리구슬이 쏟아지는 것처럼 내려온다.

달 사막에 오목렌즈들이 휘날린다.

렌즈들은 지구의 마지막 인간이 점점 작아져서 털썩

몸 없이 내려앉는 모습을 비춘다.

달에서는 누구나 지구와의 추억에 잠기는 법.

바람이 휘몰아치는 모래사장에선 누구도 발자국을 남기지 못하는 법.

모래사장은 영사막처럼 쉽게 아문다.

너무 밝은 곳에선 아무도 그림자를 남길 수 없듯이.

달에서도 보이는 오징어잡이 배의 밝은 빛을 바라보며

지구가 죽으면 달은 누구를 돌지? 상담자 F와 내담자 H가 전율을 참고 있다.

오징어는 공포에 가득 차서 먹물을 내뿜고
나는 내가 내뿜은 먹물로 나를 그리는 사람, 상담자 F가 운다.

눈물은 전염성이 강해서 달 사막의 오목렌즈들 아래
저마다 하나씩 조그만 호수가 나타난다.

여전히 우주 미아 둘이 조그만 얼음덩이 같은 집을 가슴에 품고

모래 위에 엎드린
지구의 마지막 여자에게서 시선을 떼지 않고
이 생의 깊은 곳에서 쳐다보고 있다.

계세요?
계세요?
문상하러 왔어요.
연속해서 울리는 초인종 소리에도 우리는 문을 열지 않고 있다.
죽은 이들과 소꿉놀이에 빠져서.

(나는 갑자기 내 딸에게 딸처럼 굴고 싶은 걸 참고 있다.)

우주엄마와 우리엄마

우주는 무한하나 그 속엔 낙이 없구나(누군가의 명언)
이 알 속에는 나만 있구나(어느 달걀노른자의 명언)

엄마는 물 마시고 싶고
우주엄마는 물 만져보고 싶고

엄마는 창밖의 푸른 하늘로 다이빙하고 싶고
우주엄마는 검은 채널 돌려 우리엄마 시청하고 싶고

엄마는 마지막 예금으로 아프리카에 우물을 파고 싶고
우주엄마는 검은 우물 속에서 벗어나고 싶고

엄마는 병원에서 집에 가는 게 소원
우주엄마는 엄마를 우주로 데려가는 게 소원

엄마는 아무것도 없는 허공을 향해 손을 허우적거리고
우주엄마는 점점 다가오고

우주엄마가 다가올수록 우리엄마는 아프고

엄마는 이제 그만 아프지 않은 곳으로 가고 싶고

머나먼 우주, 바다의 모래처럼 많은 별 중에 어디서
내가 너를 다시 만날 수 있을까

엄마는 나한테 그런 소리나 하고
우주엄마는 우리엄마의 몸을 깨뜨려 별들이 무한하게

엄마의 알을 깨고 거기 우리엄마 대신 노른자처럼 눕고 싶은
머나먼 우주의 검은 엄마는 딸아 딸아 내 이쁜 딸아 나를 부르고

Yellowsand
Blackletter
Whitebooks

＊모래인†

상담자 F: 모래인은 너와 나의 구분이 없다

너는 내 모든 구멍으로 들어와서 내가 된다
나는 네 모든 구멍으로 들어가서 네가 된다

내담자 H: 모래인은 엄마아빠와 자식의 구분이 없다

상담자 F: 모래인은 미래와 과거가 섞인 채 탄생한다
모래인은 탄생하고 거듭 탄생한다

내담자 H: 모래인은 엄마를 부르며 자기 몸을 끌어안는다

상담자 F: 모래인에겐 먼 나와 가까운 내가 있다
모래인을 불러보라 사방에서 동시에 응 응 응 응
응 무한히 대답한다

내담자 H: 모래인은 한 알로서도 한 사람이고 억만 알로서도
한 사람이다
엄마 하고 부르자 병실의 모든 모래인 여섯이 응
합창한다

상담자 F: 모래인은 크기로 그 사람을 가늠하지 않는다
모래인은 색깔로 그 사람을 가늠하지 않는다

내담자 H: 아빠가 죽으면 아빠가 오고, 영원히 아빠가 오고
엄마가 죽으면 엄마가 오고, 영원히 엄마가 온다

† 최승호, "모래가 된 인간은 많지만 모래로 된 인간은 없다", 「모래인간」, 『모래인간』, 세계사, 2000.

* 시작

모래부족의 시작은 지구의 탄생과 함께한다지만

모래인의 국가
모래인의 가정

모래밥상 위의 모래그릇들
우우우 일어섰다 내려앉고

모래밥상이 모래 위를 날아가는 장면

나는 날아가는 침대 위에서 탄생했다

(우리 아빠도 어리고
우리 엄마도 어린 그 시절
나는 가정의 집기들
특히 그중에 매[鞭]와 칼
다 모래였으면 했는데)

엄마가 팔을 벌리고 나를 안았던 것
내가 달려가 엄마를 안아주었던 것
그러나 서로 결국 통과했던 것

(서로 손대면 안 돼요
우린 이미 모래유령이에요)

잠자기 전 찬찬히 머리를 빗으면 얼굴이 흩어져 내린다

한 바구니 식구들의 얼굴이 저 멀리 흩어져간다

*국가

평평한 모래달력은 넘길 수 없다
모래인의 집엔 벽이 없으니까

모래인의 사랑은 부풀어 오르다 떨고, 다만 흐느끼고

하지만 모래를 날리며 달려오는 지프
모래 앞에 도열한 모래들의 거수경례
내 부모를 싣고 가는 자욱한 모래

그러나 지금은
우리 집 터가 어디인지[†]
우리 엄마아빠 어디 갔는지

우리엄마 손은 운동장만 하고
우리아빠 발은 콧구멍만 하고

ARS는 돌아간다
엄지발가락을 찾고 싶다면 1번
나는 1번을 누른다
1번이 나에게 말한다
첫번째 손가락으로 누르세요

손가락이 없어서 못 눌러요
발가락이 없어서 못 눌러요
입술이 없어서 못 말해요
이 개새끼들아

계속해서 ARS는 말한다

너를 위해 파묻어줄게
저 하늘의 오로라
너를 위해 파묻어줄게
저 산 위의 포탈라

평평한 모래달력은 넘길 수 없다
모래인의 화요일과 수요일 사이엔 벽이 없으니까

† 「큰터왓Keunteowat」展, 문화공간 양(Culture Space Yang), 제주시 거로남6길 13, 2020. 1. 16.~3. 15.
"제주 4·3으로 마을 전체가 불타버린 추운 겨울의 그날, 벌겋게 변해버린 하늘의 풍경과 함께 모든 것이 사라졌다. 검은 재만 남아 있는 그곳에서 자신의 집터가 어디인지 찾지 못한 사람들의 말할 수 없는 슬픔이 여전히 그들의 눈가에 맺혀 있다. 지금은 편의점이 된 옛 공회당 터에서 길쭉한 대나무를 깎아 만든 창으로 사람들을 때릴 때 무서워 차마 눈뜨지 못하고 들었던 매서운 소리가 지금도 그들의 귓가에 생생하게 남아 있다. 현재 주차장으로 사용되는 옛 늙은이터에서 같은 동네 사람이 죽는 장면을 두 눈 뜨고 보지 않으면 자

신이 빨갱이로 몰려 죽임을 당하기에 그들은 차마 눈을 감지 못했다. 마을의 한 어르신은 "그때 일이 잊히지 않는다. 몸으로 겪었기 때문이다"라고 말한다"(김범진, 도록 「기록 너머의 기억」에서).

* 피플

목이 없는 모래기린이 문 앞에 와서 하는 말

선생님 선생님 그동안 안녕하셨어요?
엄마! 왜 나를 선생님이라 불러?

엄마가 아닌 거야?
나 지금 수탉이야

잡종의 잡종의 잡종의 생물들이
몸을 섞고 몸을 섞고
와르르
와르르

수탉이 왼발 다음에 왼발
달아날 때

5층 창문이 열리고 탐스러운 유방이
모래를 분출할 때

피플은 영원히 서로 알아보지 맙시다

*무한한 포옹

결국 회오리처럼 엄마가
나를 통과했을 때

기침

기침은 모래처럼
뭉쳐지지 않는다

기침은 떠나면서
존재하는 것

지금 나의 기침은 유한한 것의 무한한 분열

결핵 환자의 뺨처럼 새하얀 모래밭

당신을 내 혀 위에 눕히고 싶어요

이 사막이 전 세계로 죽음을 공급해드립니다

* 언어

모래인의 영혼은
어느 우주의 돌팔매에서 왔다는 소문이 있지만
사랑하는 이의 재로 만들어진 성좌에서 왔다는 소문이 있지만

모래인의 명사는 오직 하나, 모래

형용사 부사 동사 접속사는 차고 넘치지만

이미 우는 것은 새가 아니고
아직 노래하는 것은 목구멍이 아니고
영원히 사라지는 것은 영혼이 아니고

오직 모래

그러므로 모래인은 눈을 뜨고 미래를 볼 수 없지만

오직 원점에서

아직 그 누구도 아직 말을 시작하지 않은

수억 조 경

그 원점에서

아니 왜 이렇게 원점이 무수히 많아?

* 눈동자

모래태아의 눈길
모래망자의 눈길

그러므로 조현병 직전의 사막의 눈길

태어나서부터 평생을 전쟁의 파도에 휩쓸린 국민의 눈길
땡볕 아래 감옥에서 눈을 감아보지 못한 포로들의 눈길

허공에 액자가 걸리고 거기서
피난민들의 시선이 빗줄기 대신 쏟아진다

아직 이 지구에는 눈동자 뒤의 스위치를 켜고
죽음 뒤쪽을 본 사람이 없습니다
이렇게 말하는 건
거기를 본 사람은 다 미치광이기 때문입니다

죽은 엄마의 미친 딸처럼

나의 왼쪽 눈은 미쳤고
오른쪽 눈은 안구건조증입니다

* 몸과 몸

모래 속에 반쯤 파묻힌

코밑까지 파묻힌

그 불쌍한 기척들

오늘은 오래전에 사라진 나라의 언어로
말하는 방문객이 있구나

모래바람 날리며 집터를 가리키는구나

참새이다가 독수리이다가 모래
절규하다가 미소 짓다가 모래
화내다가 돌(미치)다가 모래
떠들다가 침묵하다가 모래
살랑거리다가 태풍이다가 모래

* 경전

모래인의 팔이지만 이 팔을 들어
만져보고 싶다
말랑말랑한 엄마 귓불을

목 없는 모래기린은 밤하늘을 쳐다보며
모래바람 부르고
입 없는 악어는 밤하늘을 쳐다보며
모래바람 부르고

모래사막은 하늘에 떠 있고
그것을 쳐다보고 첨성대는
전염병이 창궐하리라
별점을 치고

모래사막은 바다 밑에 가라앉아 있고
언젠가 융기하리라
해일처럼 몰려와
젖은 머리카락으로 창문을 치리라

모래언덕이 갓 죽은 사람을 품고
처리하고 있다

처리하고 있다

모래예배당엔 모래찬송부대가 있다
모래예배당엔 모래박수갈채가 있다

＊모래증후군

그렇지만 이 모래인에게도 슬픔이 있다
모래군중 속의 고독이 있다

네가 하는 말끝에 언제나
그럼에도 불구하고를 붙이고 싶은 마음이 있다

다 잘라버렸는데 아직도 잘라버릴 것이 있다

내 새벽의 이불 속에는 정신과의 카우치처럼 늘 모래가 있다

내 새벽의 수정체 속에는 물속에서 잠을 깬 여자의 눈동자처럼 늘 모래가 있다

영원히 재생되는 장면이 있다
한번 누운 다음 영원히 일어나지 못한 사람의 침대가 있다

* 신기루

숨을 쉴 때마다 흐느낌을 참으면서
매일매일 5분만 버티면 돼 5분만 하면서

두껍아 두껍아
헌 집 줄게 새집 다오 하면서
모래여 모래여
시신 줄게 무덤 다오 하면서

지휘자의 팔이 신기루 오케스트라 앞에 솟아오른다
끝없이 이어지는 스테인드글라스 창문들이 공중에 뜬다

엄마와 나, 우린 어쩜 음악일까?

그럼 우리 저 거대한 축음기 속으로 가서
저 축음기를 망가뜨릴까?

순간순간 허물어지는 어깨를 내버리면서
순간순간 부식되는 혀에 진저리 치면서

모래문아
모래문아

나 좀 내보내줘
나 좀 내보내줘

이 냄비 같은 음악에서 내보내줘

머리 위로 거대한 엄마가 솟구쳐 오른다

*별의 것

내가 쳐다보는 저 별은 이미 죽은 것
이미 부서진 다음 우리는 이렇게 살아가는 것

어느새 모래기린엄마는 모래사슴엄마가 되었다가
뿔을 잃고 쓰러지는데

사실 나는 몸이었던 적이 없어요
사실 나는 섬이었던 적도 없어요

내가 내 안의 뿔을 만지면서
오직 나만의

긴장성두통

맥박이 결박을 만든다
맥박이 내 몸을 내 몸으로 결박해둔다

나는 목소리 안에 있었던 적도 없어요
나는 이야기 안에 있었던 적도 없어요

하지만 내가 너에게 맞을 때 이마에 깜빡이던

작은 빛은 별에서 온 것

하지만 내가 절벽에서 뛰어내릴 때
내 눈앞에 깜빡이던 작은 빛은 별에서 온 것

* 결국

모래부족의 시작은 지구의 탄생과 함께한다지만

모래인의 국가
모래인의 가정

밤이 오면 냉동 서랍 속의 몸처럼 차가운 돌이
배를 가르고 새 아기들을 꺼내요

작은 돌 옆에 길게 누운 내 몸의 산맥이 흐르고
구름이 그 작은 돌을 감싸 안아요

그러나 해가 떠오르면
모래인은
모래인과
작별한 다음
다시 작별합니다

모래인의 강령은
큰 작별 안에 작은 작별
수많은 작별의 별

이 밤, 그대여
시트를 들추자
모래회오리가 올라옵니다

자, 매 순간 떠나는 자유
삶 없이 살아갈 자유

드립니다

암탉의 소화기관
— 사막상담실

(모래 위에 암탉을 올려놓을게)

암탉 안엔 모래주머니
너무 작은 모래주머니

오아시스도 낙타도 없고
단지 몇 알의 모래
나만의 해변

갈비뼈를 헤치면
그 아래 벼랑

우리는 이 벼랑에서
목을 길게 뺀어 꼬끼오
한 번 소리친 다음
깊고 깊은 심장의 해변으로
떨어져갈 테지만

모래 위에 암탉 한 마리

그 암탉 안에 해변
해변엔 자그마한 모래의 신전

배도 없고 자동차도 없고
부모도 없고 애인도 없고
죽은 것들이 파도처럼
떠밀려 오는 해변

그 해변에 내가
현기증 속을 헤엄치는 내가
암탉의 목구멍 밖으로
이번엔 새벽의 꼬끼오

하지만 너무 작은 모래주머니
이 작은 신전에
날마다 시신들을 진설해서 올리면
일 년 열두 달
사소해서 죽어버리고 싶은
신탁들이 쏟아져

하지만 이 주머니가 결국 암탉을 소화시킬 때까지

다시 암탉이 운다

암탉이 제 몸 밖으로 한 번 나갔다
들어온다

제발 새벽에는 울지 마
허리가 배겨서 잠을 못 자고 있잖아

사막의 숙주
—사막상담실

상담자 F와 내담자 H는 사막을 건너온 사람들처럼 허옇게 갈라진 입술. 혀에는 설태가 끼어 있고. 얼굴은 망자의 숨결이 닿은 듯 푸른빛. 눈꺼풀은 움푹 패고, 우리는 지금 외상 후 스트레스 장애다.

상담실의 나는 모래치료 상자에 두 손을 집어넣는다. 모래를 움켜쥔다.

이 모래의 침묵에 칼을 꽂으라.
나는 분노에 찬 사막처럼 중얼거린다.

나는 지금 고양이 영혼이 들어온 앙큼한 여자가 되고 싶다.
모래발광을 하고 싶다. 혀가 까끌까끌하다.
나를 태우고 남은 재가 담긴 상자를 송두리째 들어
들이붓고 싶다.
어디에?
어디든!

모래파도가 서울을 삼킨다.
수도꼭지에서 펌프에서 우물에서 다 모래가 나온다.
깊은 모래의 안개 속으로 떠나가는 난파선처럼
집들이 모래에 일렁인다.
물을 아껴 먹어라!
시민들에게 명령을 하달한다.
누가 이 모래를 가져왔나?
그야 바로 나지.

어디에서?
*슬픔으로발작중인 사막*에서.
*아무것도기억하지않는 사막*에서

모르는 게 약인 그 약들의 사막에서.
그 약들이 암약하는 사막에서.
망각의 거대한 정미소, 저 우주.
우주의 동반자.
부재를 추수하기 바빠
지평선이 사막 너머로 숨어버린 사막에서.

나는 *혓바늘돋은 사막.*
이 사막의 모래는 뿔뿔이 쓸쓸해, 뿔뿔이 쓸쓸해.
모든 한 알 한 알이 A4 용지 위의 모래 한 알처럼 막막해, 막막해.

이 입속에 돋아난 사막은 나에게 아무것도 묻질 않는구나.

나는 이 사막에 침을 뱉는다.

모래를 깊이 파자.

잠자자. 잠자자. 잠자자.

나는 내 눈꺼풀 속에

사막을감춘 사막.

나혼자사는 사막.

아무도 찾아오지 않는 납골당처럼 사막이 요동친다.

모래 한 알 한 알이 다 색이 다른 화소(話素)다.

저마다 웅얼거린다. 중얼거린다.

시끄러워. 제발 잠 좀 자자.

물컵에 모래가 가득하다.

우리는 서로의 목구멍에 모래를 흘려 넣어주는 사이.

기침으로 가슴이 타는 듯 아프고

목구멍에선 목쉰 바람.

나는 가슴이타는 사막.

상담자 F가 내담자 H에게 말한다.

네 숨소리에서 짐승 소리가 나.

나는 오싹한전율 사막.

나는 억 조 경 해 곤충의영혼을가진 사막.

눈을 뜨면 불타오르는 모래바람.
모래알몸 두 구(具)가 속절없이 엉킨 몸을 푼다.
언제 다시 만날까,
손가락이흩어지는 사막. 몸의털들이흩어지는 사막.
소스라치는 영혼들의 회오리.
모래 한 알과 한 알이 살을 비비는 사막.

모래알만큼 졸아든 누구의 큰뇌 작은뇌들인가?
따갑다. 따갑다. 따갑다.
공기가, 하늘이, 빛과 어둠이
그 누구의 태양인가, 압정처럼 따갑다.

나는 메트로놈이박동하는 사막.
한 모래가 눈을 뜨면 모든 모래가 눈을 뜬다.

(모든 사람의 입속에는 도마뱀이 한 마리씩 들어 있다.
장례미사를 집전하는 추기경님의 도마뱀.)

보따리를 인 피난 행렬이 아직도 모래교량을 건너는 서울에서
슬픔이 나를 찌른다. 따갑다. 슬픔이 나를 깨문다. 아프다.
눈먼 아이의 일기에 씌어진 글자들처럼 슬픔이 까끌까끌하다.
나는 모래가볼안쪽을깨무는 사막.

강물을할짝할짝핥고픈 사막

내가 나를 내리누르는 가위 여자를 입속에서 꺼낼 때
이를딱딱부딪는올가미 사막.
옷을다벗은오들오들 사막.
지구를삼킨듯뱀처럼배가불룩한 사막.

그렇지만 엄마와 나 우리는 각자 다른 사막에 있다.
네메아리가내메아리를만나영원히떠드는 그 사막
그쪽의네가이쪽의나를따라다니는 사막
엄마의 사막에 내 미라가 있다.

나는 가끔 여기 상담실에 와서 낙타의 음성으로 울부짖는다.

빨간 망토. 무지개색 귀노리개. 뜨거운 구리 방울.
구름 한 점 없는 사막에서 온 엄마의 눈빛이 여기에 잠깐 현상하면
우리 피난도 잠시 쉬자.
나는 눈뜨고도눈감은백일몽의 사막.
나는 세반고리관의모래가소리치는이명의 사막.

네 허벅지를 핥으면 모래냄새가 난다.
나는 두팔에닭살이돋은 사막.

이 몸에서 나는 열은 어디서 온 것인가?
이 몸에서 쏟아지는 독은 어디서 온 것인가?
나는 두드러기열꽃피는 사막.
사막이 오기 전 사막이오리라는걸느끼는 사막
죽지않은심장에모래를뿌리는 사막

내 얼굴을 그린 만장(輓章)들이 휘날리는 엄마의 사막에서

내일은 거기서 걷는 내 낙타가
엄마를 업을까.

상담자 F와 내담자 H가 모래상자 위에 낙타 인형을 올려놓고 마주 본다.

모래능

내가 모래(구멍)만 말하자, 제일 먼저 친구들이 내 곁을 떠났다. 그들은 말했다. 모래(구멍) 얘긴 듣고 싶지 않아. 존경하지 않는 선생님은 이메일을 보냈다. 다시는 모래(구멍) 얘기하지 마. 모래(구멍)는 혼자야, 모두 혼자야. 웅얼거리던 나는 답장을 보냈다. 모래(구멍) 얘기하지 않고는, 미치고 말 거예요. 내 모래(구멍)를 피해 왕(아빠)과 왕비(엄마)가 나를 떠났다. 그들이 우뚝 솟은 바위를 파 내려가 궁전을 짓고 요새를 깎아 나라를 세웠다. 그러나 모래바람 불어 그 나라가 깎이고, 모래바람 불어 그 나라가 줄어들고, 모래바람 너무 불어 그 나라가 사라지고, 모래나라를 울리는 모래(구멍)의 비명. 벌거벗은 모래궁전. 벌거벗은 모래요새. 다시 달아나는 모래나라의 왕과 비. 악순환의 악무한. 모래(구멍) 하나가 내 얼굴에 닿으면 바늘에 찔린 새가 울듯 나는 울고. 나 말할 줄 아는 새지? 나 아직 안 죽었지? 모래(구멍) 두 개가 얼굴에 닿으면 뜨거운 레일이 얼굴에 그어지는 비명. 나 인간 돌멩이지? 나 아직 안 죽었지? 모래폭풍 불면 뜨거운 돌베개가 얼굴을 세게 후려치는 천둥. 나 비 내릴 줄 모르는 천둥이지? 나 아직 안 죽었지? 나는 열이 펄펄 끓는 천둥을 업고 모래바람 속을 걸었다. 모래(구멍)는 한 맺힌 복수, 모래(구멍)는 맨발을 삼키는 맨홀. 모래(구멍)는 끝없는 도굴. 저 새에게는 이빨이 없는 대신 위장에 모래(구멍)

가 있어요. 복수에 대한 복수가 영속하는 나라에서, 모래위장으로 복수를 씹으며. 모래공장의 하청의 하청의 하청의 노동자처럼 나는 모래능 속에 새로 지은 궁전을 상상한다. 모래를 실은 수송선들처럼 모래능들이 움직이고 있다.

경주역에 가서 내가 말하길 여보세요! 서울 가는 표 주세요! 했지만 역무원은 다음 사람! 하고 내가 보이지 않는 척했다. 내가 안 보이나? 나는 나를 만져보았다. 내가 경주역 역사 바닥에 흩뿌려졌나? 이 모래(구멍)를 다 어떻게 하나. 이 모래(구멍)를 다 주워 담아야 저 역무원이 나에게 서울 가는 표를 줄 텐데.

멀리서 딸랑이는 딸랑딸랑 하고.
나는 까끌까끌 모래(구멍)와 모래(구멍)가 구멍(모래).

발

죽음보다 먼저 죽은 맨발

병상에 모인 자들 앞에서 헐벗고 있지만

몸보다 이미 저 먼 곳으로 배달되었다

다시는 바닥을 딛지 않겠다는
단호한 표정

하긴 늘 내려다보면
양서류 파충류 조류와 어류로 구분되는 네 몸의 여러 기관들
저마다 나를 떠나고 싶어 하던 나의 반려동물들

눈을 감으면
흐릿한 몸 아래 맨발이 두 개 있었던가?
소포처럼 가느다란 줄에 묶여
쌍둥이 이구아나처럼 나를 끌었던가?

어쩌면 내 손들의 조상이었을지도

발아 발아
이제 너를 목에 걸고 다녀줄게
그러니 네 실어증 좀 풀어봐

그러나 이미 백사장이 된 맨발

귀신에게는 발이 없다잖아요

발아, 세계의 모든 고통에서 나와!
발아, 세계의 모든 전화번호부에서 나와!

모든 생물의 일생으로 들끓는 저 바다가
몸보다 발을 먼저 불렀다

그러고 보니 나에게서 나의 맨발은 늘 초연했었다
나와 살기 싫은 것 같던 얼굴이었다
이제 나보다 먼저 떠나버렸다

마지막 침상에 심드렁한 자세로
두 개

발가락은 열 개
다 표정이 다른 얼굴

오아시스

내가 너를 안다고
심지어 내가 너를 껴안았다고
그다음 네가 나를 쳤다고

그러나 지금 너는 나를 모른다

나를 느끼지 않는다

내가 그 나라에 살았었다고

걸레로 만든 커튼 아래
네가 그 나라의 화폐로
나에게 찬술을 사 줬다고

그러나 아무도 그 나라를 모른다
그 나라가 있었던 것조차 모른다

헐벗은 나뭇가지 꼭대기에 꽃무늬 속옷을 걸던 유령처럼
내가 어느 문명의 꼬리에 매달려 있었는데

내 친구들 끌려가 매 맞고 있었는데

내 모국어 문장을 닫았던 마침표들
도시 한복판의 강물 속으로 표류하는데

내가 잠들면 살아 나오는 여자가
네 목구멍으로 모국어로 빚은 비명을 지르는데

모래는 제가 모래가 된 걸 아는가

오아시스에선
모래노래 부르자!
땅에 떨어지는 노래 부르자

미안하지만
나도
그 나라를 모릅니다

너는 나를 제발 모릅니다

사하라 오로라

태양에 사는 물고기에게 물 한 잔 드려요
성냥갑 속의 가느다란 빨간 머리 성냥들에게 물 한 방울씩 진설해요

태양은 의외로 색맹이에요
머리빗같이 생긴 내 갈비뼈를 흑백으로 내려다볼 뿐

나는 혼자 놔두면 점점 외롭고 무력해지고 위험해지는
곧 죽을 성냥 한 개비 같아요

서로 인사한 적 없는 내 가슴과 내 등의 세계
돌아봐도 영원히 모르는 내 등의 세계

이 지구의 앞은 어디고 뒤는 어디예요?
지구를 맴도는 한 아름 소나기 떼를 따라다니며 울고 싶어요

지붕에 던져놓은 아빠의 흰옷이 너울너울 날아갔지만
지구는 여전히 아래로 아래로 떨어지면서도 계속되는 북극은 북극이라는데

내가 매일 생각하는 이 지구에서 가장 친애했지만
그렇게 작별한 뒤에도 오래도록 안고 있는 불이 있어요

나는 태양에 사는 물고기에게 질문해요
우리 엄마아빠, 이거 다 거짓말이었지? 나 속였지?

아지랑이의 털
— 사막상담실

(물 한 그릇을 모래 위에 올린다.)

이 물은 열대 지방에서나 한대 지방에서도 몸에 해롭다.
극지에 두어도 이 물은 식을 줄 모른다.
마실 수 없는 물이 찬 모래 위에 앉아 있다.
내 몸에 가득 찬 물에 흰 털들이 솟아 있다.
그 물이 몸속에서 이를 간다.

(나는 흰모래 한 줌을 학교의 지붕 위에 붓는다.)

엄마가 가르치던 학교에 흰 불이 붙는다.

엄마가 하늘색 가방 들고 브라운색 투피스를 입고 교문으로 들어가서
검은 하이힐을 벗고 하늘색 슬리퍼를 갈아 신던 학교 전체를 희게 만든다.
나는 학교 지붕을 열고 엄마를 엄지와 검지로 들어 올린다.

(엄마의 집에도 흰 불을 붙인다.)

엄마의 침실 안으로 흰 곤충들이 쏟아져 들어간다.

재봉틀이 흰 불길에 휩싸인다.

재봉틀에서 들들들 박아져 나오는 내 여름 원피스는 흰색이다.

여섯 살짜리한테 흰색 원피스를 입히다니.

혀를 끌끌 차는 외할머니.

자개장, 경대, 거울 위로 희게 그을린 천장이 내려앉는다.

흰 사발들이 찬장에서 쏟아진다.

외할머니 외증조할머니 때부터 조용히 입 벌리고 있다가

이제 마지막으로 내장을 뱉은 골반뼈처럼

죽으면서 처음으로 제 목소리를 들어본 사발들이 한 번 더 비명을 지른다.

엄마의 침대가 흰 불길에 휩싸인다(눈구름)

침대의 흰 다리가 사슴의 흰 다리처럼 겅중겅중 뛴다(함박눈)

결국 이렇게 사물은 희어진다(눈사람)

가장 비인간적인 색으로(눈보라)

눈보다 희게 해주겠다는 신의 색으로(눈사태)

(엄마의 교회로 흰 불길을 쏟아붓는다.)

하얀 가운을 입은 성가대원들이 가슴에 달린 지퍼를 연다.

엄마를 위한 장송곡이 쏟아진다.

교회 문이 벌컥 열리고 흰 불이 붙은 백곰이

새끼를 다섯 마리나 거느리고 들어온다.

엄마가 부르는 가냘픈 찬송가 소리가
모유를 굳혀 만든 초에 핀 불꽃처럼 일렁인다.
흰 커튼이 흰 불길 속에 파묻히자
흰나비들의 흰 솜털들이 유리창에 짓이겨진다,

(흰모래 한 줌 더)

엄마가 수돗가에서 잡을 흰 새들이 하늘로 튀어 오른다.
온 세상이 흰 정육점 같다.
흰 머리카락 엄마가 천천히 내가 사 드린 카트를 끌며
생선 골목으로 들어가자 흰 불길이 시장 한복판으로 쏟아져 들어간다.
좌판의 생선들이 흰 불길에 파묻힌다.
나는 엄마를 나의 눈물샘으로 추출한다.

(엄마와 해수욕을 하던 바다마저 희게 파묻는다.)

하늘이 흰자위를 뒤집자
모래해변이 마치 얼음 평원에 흰 풀들 같다.
나는 희게 파묻히는 바닷속으로 엄마가 입원해 있던 호스피스를 밀어 넣는다.
엄마 돌아가신 후 잠을 깰 때마다 달려 올라가던 호스피스 계단들을 밀어 넣는다,
그 눈부신 시트들을 밀어 넣는다.
거기 누워 있던 각종 암에 걸린 소녀들이 흰 불길 속에 휩쓸

려 들어간다.

소녀들의 흰 고함 소리.

소녀들의 흰 팔.

천천히 밀려들어가면서 천천히 질식한다.

의사님, 간호사님, 요양보호사님, 목사님, 님, 님, 님.

임종실에 걸려 있던 십자가들이 흰 불길 속으로 휩쓸려 들어간다.

活潑潑 活潑潑 活潑潑 活潑潑 活潑潑

호스피스 건물이 몽땅 흰 물감 밑에 잠기자 내 머리통 속에서 하얀 풀밭이 일렁인다.

(급기야 흰 불길이 바다를 넘어간다.)

흰 태양이 흰 우유 파도 속에서 흰 머리통을 내놓고 허우적거린다.

흰 불길이 내가 가보지 못한 다른 나라까지 흰 두루미 떼처럼 날아간다.

지나간 시간에 흰 털들이 돋아난다.

닭이나 돼지가 부활하면 또 죽인다. 또 먹는다.

엄마가 부활하면 다시 나를 잉태시킨다.

몸에 담긴 물이 아직까지 찬 모래 속에 앉아 있다.

(흰모래 한 줌 더)

이걸 차례로 다 태우고 나야 나는 잠에 들 수 있다.
날마다 태울 것이 해일처럼 몰려온다.

종속과목강문계역

모래야 왜 가지 않니?

내 얼굴을 파묻은 나의 재야

모래야 돌을 쪼개며 흐르던 내 눈물
모래야 눈물방울들의 침식과 침식

태양은 지구의 껍데기를 벗기고, 다시 벗기고
태양은 너의 계속을 담당하고 있구나

달은 지구의 지층을 벗겨낸 사막의 악몽
달은 나의 악몽을 담당하고 있구나

모래야 너에게서 절반을 떼어내고
다시 절반을 떼어내고
계속해서 절반을 떼어내도

이 이별만은 절대로 지워지지 않는구나

모래야 이 자해의 모래야 내 파묻힌 얼굴 좀 치켜들어다오

모래야 내가 이 세상 90억 신들의 이름을 다 외우고 나서
세계의 모든 비행기 시간표를 다 외우고
셈하기 받아쓰기 모래구구단

달력과 시계가 나를 도마에 올리고
나를 쪼갠 다음 다시 쪼개고

모래야 동냥 바구니를 든 불모야 상처의 딱지야
내 바짓단에 내 콧구멍에 내 소매 끝에 모래야
내 옷의 솔기를 풀면 풀썩 흩어지는 모래야
내 목구멍을 먹고 싶은 모래야

모래야 하늘도 무심하지 불쌍한 모래야
죽었는데 죽지 못하는구나 모래야

목말라 바다를 다 핥아 먹고 싶은 해변의 모래야
내 밥그릇 바닥까지 와서 할짝이는구나

모래야 내가 까놓은 구멍들아

모래야 네게서 내 얼굴 좀 치켜들어다오

새는 왜 죽은 사람을 떠올리게 할까?

보아라, 새들(그러나 모래)이 날고 있다, 사실 새의 얘기를 엿들었는데 새들(그러나 모래)은 물속을 날아간다고 생각한다고 한다. 이승엔 어디나 바닥이 있고 천장이 있다. 새는 누군가의 몸속에서 나는 것만큼 힘들게 난다.

11월 다음에 11월이 오는 새들(그러나 모래)의 물 아래서.

나는 저 새들(그러나 모래)의 시녀.
새들(그러나 모래)의 그림자 아래서 표정을 바꾼다.

새의 엄마는 조그마한 알일까? 알을 향해 엄마 엄마 부를까. 새는 미끈거리는 노른자와 흰자에서 왔다. 수새의 송곳 같은 부리가 암새의 노른자를 터뜨린다.

가늘게 떠는 열쇠들을 물고 새들(그러나 모래)이 물속처럼 무거운 대기권을 날아간다.
몸 안에서 퍼덕거리며 날아간다.

이미 기억하고 싶지 않은 것들로 가득 찬 시각청각촉각미각

후각의 문을 어떻게 여나?

(겨우 물속 침대 위에서 너와 나, 새와 새를 맞대고 있던 주제에)

너와 나의 두 눈 사이에 빨랫줄을 걸고 새 두 마리(그러나 모래)가 앉아 있다.

이 복도의 천장과 바닥은 거대한 생물분쇄접시처럼 돌고.

(물속에 가라앉은 모래두개골에서 새는 계속 흘러나오고)

하늘엔 부엉새
땅 아랜 노닥새
영락엔 호박새
밥 주리 은새
송덱이 아롱새
물 주며 다리자
주어라 훨쭉 훨쭉
안당에 노념새
밧당에 시념새
총돌기 알롱새[†]

모래는 모래인데 아직 모래인 그러나 곧 모래인 독수리 두 마리가 물속에서 퍼덕거리고 있다

† 새다림은 제주도 굿 초감제의 하위 의례 절차 가운데 하나다.
새는 새[鳥]와 사(邪)로, 새다림은 새를 좇음이라는 의미다.
새는 사이이기도 하다.

모래세안
모래화장

옹주는 아침에 일어나서 세안
그 후에는 미안수를 발라 피부를 곱고 촉촉하게
그 위에 면약을 발라 피부를 매끈하게 정리하고
비로소 두 가지 분을 발랐다

납으로는 피부를 희게 하고
수은으로는 피부를 분홍빛으로 만들었다
여드름이 날 때는 개미 천 마리를 식초에 담가 얼굴에 발랐다
미안수는 좁쌀 뜨물이나 수세미즙으로 만들고
면약은 꿀과 봉숭아꽃과 동과(冬瓜)를 섞어 만들었다
무덤에 가더라도 이것들은 잊지 말고 꼭 넣어줘 말해뒀으니
정말 다행이야 옹주는 생각했다

여기 옹주님 돌아가신 날 하늘이
티끌 한 점 없이 지금까지 그대로 잠들어 있고
그 아래 사막의 메마른 입술 속에는 빨간 비단 포대기에 싸인 옹주가 잠들어 있고
옹주의 얼굴은 모래 안에서 하나도 변하지 않았다

옹주는 나이를 한 살도 더 먹지 않았다
마치 세숨을 5백 년간 쬔 사람의 얼굴이라고나 할까
몇백 년 후에 발굴단이 도착했을 때 옹주는 화장을 끝내고
모래거울을 보는 중이었다

유령들도 아침에 일어나선 제일 예쁜 옷을 갈아입는다
얼굴에 분을 바른다 머리를 빗는다
매일 뜨거운 무도회라도 가는 것처럼
불가마에 들어가기 전 제일 깨끗한 옷으로 갈아입는다
매일 다시 시작하는 것인가
모조리 되살아보고 싶은 것인가
제 몸을 가루 낸 그것, 그 가루를 얼굴에 바른다
상자 안에는 많은 뼈들이 있고
아침 화장은 그 맨 위에다 하는 것
나는 엄마가 남긴 립스틱으로 입술을 바른다

호스피스 정문에 과일이 왔어요 과일 소리치는 트럭이 도착하면

호스피스 할머니들 꽃무늬 팬티 벗어 휘날리며 밖으로 달려 나오고

링거대에 호박 수박 참외 매달고, 휠체어에 지팡이 매달아 밖으로 달려 나오고

젖가슴은 딱딱해, 젖꼭지는 아파, 딸기 자두 사과 가슴 앞에서 솟아오르고

사과는 계속, 계속 정오를 알리고

호스피스 할머니들 몸속에서 씨앗이 터지고 그 씨앗들 마음 급해 우선 꽃 같은 미소부터 침대마다 피어

침대에서 솟아오른 과일나무들이 호스피스 가득 일렁이고
나는 뭉그러져 썩은 열대 과일들을 종류대로 뜨거운 쟁반에 담아 들고

온 얼굴에 암이 퍼진 소녀는 매일 아침 양쪽 어깨에 물지게를 지고 물을 나르고, 그 소녀의 물을 마시면 하루 만에 과일나무마다 과일이 탐스럽게 열리고 그 과일을 먹으면 누구나 병이 낫는다는 소문이 퍼지고

갓 죽은 할머니는 처마 밑에서 그 물을 받아먹으며 점 점 점 어려지고

그렇게 그렇게 작아진 난자가 이번 달은 이번 달은 태어나지 않았으니 얼마나 좋아 하고 있고

모래밭에 떨어뜨린 그 난자 하나를 찾아야 한다고 간호사는 우왕좌왕하고

그리고

호스피스는 다시 하얀 암전

모래의 머리카락

내가 없는 내가 나의 주인이라는데,

내가 없는 내가 너를 아프게 하고, 사라지게 할지도 모른다는데,

너에게도 네가 없는 네가 있고,

네가 없는 네가 나조차 없는 나의 온전함을 다치게 할 수도 있다는데,

내가 없는 내가

내가 없는 나를 지켜야 한다는데.

그래서 내가 없는 게 약이라는데, 없는 것의 반대는 있는 것인가.

있는 것은 없는 것이 하나도 없는 것인가.

존재보다 부재가 넓고, 존재의 나보다 부재의 내가 많고, 그 부재 중 하나가 존재자 나를 잠깐만 스쳐도 내가 부재자가 된다는데, 부재자 내가 존재자 나를 밖에서 잠깐만 바라봐도 존재자 내가 부재자 내가 된다는데, 이 세상은 부재가 지배하고 있고, 내가 존재한다는 것은 다만 나의 공상일 뿐이라는데, 정말 나도 그런 것 같을 때가 있는데. 정말 나에게 레모네이드의 레몬처럼 부

재의 촉수가 내장을 흐를 때가 있는데. 그럼에도 부재를 믿어야 진짜 믿는 거고, 존재자 나는 부재자 나를 항상 살피고 있어야, 오래, 존재하는 나로 이 세상에 거주할 수 있다는데

내가 기억하는 너는 네가 아니라는데,
네가 떠나면 나는 몸이 나은 사람처럼 거뜬해진다는데,
다시는 너를 기억하지 않는다는데,
내가 기억하는 것은 네가 아니라 나라는데,
너의 부재로,
침대는 더욱 넓어지고, 깨끗해지고,
침대 위의 달빛은 애처롭구나.

부재자가 되는 것은 후퇴가 아니라 측량할 수 없는 크기로 늘어나는 것이라는데, 존재의 한계에서 벗어나는 것이라는데, 떠나고 죽고 사라지고 이별하는 것은 비로소 부재자로서의 출발선에 서는 것뿐이라는데, 그러므로 부재가 존재를 삼킬 때는 존재가 부재를 삼킬 때와 마찬가지로 믿음이 있어야 한다는데, 믿음은 부재하는 것의 증거라는데

나는 지금 모래 한 알 한 알마다 머리카락이 한 올 한 올 자라는 사막에서

우리는 부재로 가득 차 세상을 살아간다는데, 지구상 생물은

공중에 흩어진 나의 몸짓들처럼 부재의 서식처라는데, 부재가 지구 생태계의 균형을 맞추고, 부재자들이 심해에서 부재를 내뿜고 있다는데, 부재하는 것이 없다면 아무도 살아 있지 않다는데, 마찬가지로 부재자도 존재자 없이는 살 수 없다는데, 존재하는 것이 모두 사라지면 부재자 또한 살지도 죽지도 못한다는데, 그러면 부재자는 존재자가 나타나기를 천년만년 기다려야 한다는데

시인은 왜 부재의 집을 짓고, 부재와의 사랑을 하고 싶은지, 시인은 어째서 존재 속에서 부재를 펼치고 싶은지, 나는 왜 너에게서 존재하는 것보다 부재하는 것을 달라 하는지, 존재하는 것과 부재와의 키스는 존재의 균열이라는데. 그렇다면 존재자를 향해 생육하고 번성하라 꼬드기는 것은 누구인가. 부재자가 아닌가.

내가 없는 내가 내 속에 숨어 있다는데,
내가 없는 내가 내 머리카락보다 그 개수가 더 많다는데,
나는 내가 없는 나를 피해 숨을 수도 달아날 수도 없다는데,
내가 달아나면 달아날수록 내가 없는 나는 나를 잡아먹고 만다는데,
내가 대놓고 비명을 질러도,
비명은 내가 없는 나로 이루어져 공기 속으로 흩어진다는데

(이 지루한 시를 여기까지 읽은 당신, 이제부터 당신 손톱에선 머리카락이 자랄 거예요.)

내 몸은 부재자의 행성에서 왔을까.
내 머릿속에 이미 들어온 부재자가 명령을 내리고,
부재자의 명령을 따라 살라 하고,
드디어 나라는 부재자가 나라는 존재자를 폭파하려 할 때,
그 나라는 부재자와 함께 나라는 부재자가 되는 것.

그렇다면 나는 지금 부재자로서 살아 있는 것인가.

내가 사막에 엎드려
모래마다 붙은 머리카락을 하나하나 떼는 놀이에 빠져 있는데.

진저리 치는 해변
— 사막상담실

끝없이. 시작 없이. *[†]가. 콧구멍. 귓구멍. 똥구멍. 그 밖에 구멍을. 몽땅. 다 막아버리니. 하는 수 없이. 네가. *에 잠긴다. 뇌수까지. *가 차오른다. 너는 *를 느낀다. *는 슬픔인가, 아픔인가, 고픔인가. 픔 제거 전문 관공서. 픔 제거 전문 가정부. 픔 제거 데이케어 센터. 픔 제거 전문 호스피스. 너는 어디든. 메시지를 보낸다. 제거를 부탁드립니다. *가 없다면. 우리 엄마도 안 죽고. 우리 아빠도 안 죽었을 텐데. 이놈의 * 때문에. 내 픔이. 내 픔이. 내 픔이. 너의. 스리 콤보. 마그마들이. 도저히. 상상 불가능한. 어떤 체온에. 도달하자. 어떤 밀도. 어떤 질량이 터진다. *가 창발한다.

한번 시작하면. 멈추지 않는 웃음처럼. 울음처럼. 결국 죽음처럼. *가. 나누고. 가르고. 찢고. 부수고. 떨고. 자지러지고. 기침하고. 씹고. 또 씹고. 두번째의. 세번째의. 억만번째의. *가. 최초의 *가. 떨어져 나왔던. 바로. 그 태초의 우주바위. 를. 를. 를. 찾아.[††] 이번엔 웃음에서 음. 울음에서 음. 죽음에서 음. 음. 음. 복제에 복제를 거듭하더니. 별에서. 별들이. 아무것도 없는. 태초를 향한. 공복으로. 평생을. 타원형으로 도는. 운명처럼. 내가 너에게

*를. 내가 너에게 *를. *를. 그러고도. *가 남아. 아직 남아. 물대신. *가 도는. *방앗간처럼. 몸도 없으면서 몸짓을. 샷. 샷. 샷. 인부는. 자루에. 가득. 가득. *.*.*.*.*.*.*.*.*.*.****
**를 담고. *는 빙글빙글. 돌면서. 소용돌이치면서. 사람은 없는데. 메신저들이. 사람을 잃은. 천사들이. 일어섰다. 앉았다. 내 손가락이 졸. 졸. 졸. 새는. 소리. 인간 짐승의 피부에선. 알껍데기를. 핥을 때처럼. 모두. * 맛이 나고.

*는 혼자서. 절대로 둘이 아니고 혼자서. 그렇게 수억 조 경. 조용히. 저마다 혼자서. 붙잡을 수 있는 것이. 없어서. 바람 불면 바람으로. 떠밀면 떠밀리고. 그렇게 혼자서. 저마다 울면서. 저마다 불면의 눈동자처럼. 그림자의 알처럼. 혹은 뙤약볕 아래. 뜨거운 혼자가. 어느 날. 이 혼자들이. 다 연통을 해서. 서로 언어가 생겨서. 세상의 혼자란 혼자가. 흩어지면서. 붙으려 하면서. 영원히. 사라지지. 않을. *들이. 명사들이 다 죽고. 조사들만 남아. 다 날아올라서. 유린의. 해변에서. 해변아, 누가 너를. 이렇게 유린. 해변아, 네가 이렇게. 너를 유린. 마찰과 진동이. 신음과 기괴한 소리가. 독니와 엄니가 동시에. 이 몸이. 솨. 솨. 솨. 날아오르면. 겨우 이게 자유? 겨우 이게 자유? 지구 최후의. 곤충들처럼. 째깍거리는. 작은 외로움의. 알갱이들이. 바늘로. 얼굴을 찌르면. 나타나는. 정령들처럼. 픔. 픔. 픔픔의 분출. 이게 겨우 자유? 그중에 나이는 모르지만. 죽었다 다시 깨어난. 이 슬픔만이. 이 아픔만이. 이 고픔만이. 한 알. 한 알. *들이 해변으로 누워. 해변의 몸짓으

로. 이미. 흩어져버린. 여자의 나신으로. 누워. 심지어. 아직. 일어나기 전의. 재난을. 그 상(像)을 상영하듯이. 누워. 그 몸 위에. ＊비가 내려. ＊ 비가 내12려. ＊ 비가 내려. 잦아드는. 졸아드는. 이. 척척한. 몸에. 척. 척. 척. 엄마라고. 경면주사로 쓴. 문자가 씌어졌다가. 지워지고.

내 사랑. 내 바다. 내 우주여. 너는 크게 한숨 쉬는 것을 좋아한다.

내 사랑, 내 미래. 내 모래여. 너는 산산이. 스산히. 산산이. 스산히.

† ＊는 모래.

†† 아, 목적격조사가 붙으면 왜 명사들이 다 불쌍해지는지. 명사는 제가 모든 품사를 부리는 줄 알지만, 결국 조사가 명사를 부리는 거지. 동사보다 먼저.

눈물의 해변

죽지 마
죽으면 헤어져
죽음의 한가운데
네 눈 밑의 눈물 점을 모아 만든 사막

네 눈물들이 저마다 등불을 들고
수의를 입은 채 모여드는 고요의 사막

죽음으로 만든 모형 동물들이
모래 위에 내려앉고
먹지 않고 잠들지 않고 죽어버려도
희미하게 밝아오는 세계

(엄마, 저 사람 모형이야?)

아무리 서로 사랑한다지만
아무리 서로 원한다지만
각자의 사막에서
각자의 영화관에서

각자의 박수 소리

죽지 마
죽으면 헤어져
죽음 한가운데
뼈만 남긴 짐승처럼 이를 박은 적막의 사막

아무리 기다려도 아무도 오지 않아
네 발자국들도 따라오지 않아
모형들만 내려올 뿐

모든 낮은 떠나갔지만 여전히 살아 있고
발톱처럼 머리카락처럼
이미 죽었으나 자라는 것들이여
예감의 슬픔이여
끝의 성자여

어린 시절의 너를 네 아이로 키우고 있는 곳
너 태어난 밤이 영원히 외치는 곳

(네 안의 누군가
쉴 새 없이 떠드는 누군가
아이를 어르듯 하루 종일 재우고 입히고 먹이는 누군가

저 혼자 입술의 쾌락에 물든 누군가)

태양에 묶인 지구가 당나귀처럼 하루 종일 돌며 사막을 만들듯이
눈물이 돌멩이처럼 딱딱해지듯이

죽지 마 죽으면 헤어져
하지만 내 입속에 모래가 가득해서 말을 못 해

발이 따끔거리더니 몸 전체가 흔들려
정신은 깨어 있는데
사막을 구르는 행성들처럼 몸이 굳는 가위눌림
문 두드리는 소리 여럿이 울부짖는 소리
누가 아이에게서 엄마를 뜯어가는 소리
뻣뻣한 내 그림자에 불을 붙이는 소리

(불이 비처럼 내리고
물이 불꽃처럼 핀다)

내 입에서 쏟아지는

요정어
요괴어

요리어

피에 담근 해파리가 마르는군
머리를 짓이겨 기름에 튀기고 간장과 식초에 담가

모래성이 무너진다

침착하자
정신 차리자
죽으면 안 돼 죽으면 안 돼

모래성 밖에서 내 이름을 부르면 어떡해
주머니에 손을 넣으면
물 없는 우물 깊이 빠져가는 곳

우리 부모의 벗은 몸이 모래나신으로 무너지는 곳

그래서 결국 각자의 사막으로
떠나갈 일만 남았는가
모래커튼을 내릴 일만 남았는가

죽지 마 죽지 마

목청껏 해가 뜬다

불면증이라는 알몸
— 사막상담실

우리는 바다에 오면 바다를 마주 보고 앉는다
산에 가면 산을 등지고 앉는다

왜 우리는 바다와 눈 맞추기를 좋아하나
왜 우리는 산과 등지고 앉기를 좋아하나

그것은 산에 묻은 사람을 마주 볼 수 없기 때문

바다에 오면 모든 종류의 슬픔도 따라 온다

물속에서 올라올 땐 어떤 기분이야?

가운데가 까만 바다에서
누군가 내 머리를 돌려 깎는다
내 머리가 수평선처럼 긴 줄이 된다
그때까지 달과 나는 불면증이다

우리는 모래에 묻힌 손은 꽉 잡고

모래 밖에서는 서로 멀리 떨어져 모르는 사람처럼

모래 안에 달 뜨게 해
그 달을 굴려보게 해
나 좀 잠자게 해

우리 중에 누가 죽었고 누가 살았나?

어디서 봐야 그것을 알 수 있나?

엄마, 거기서 봐도 여기가 삶이야?

이 머리와 이 발바닥 사이에
내 왼쪽과 내 오른쪽 사이에
죽음이 있었을까?

끝이 있어야 산다는 걸까

내가 내 오른쪽 발톱을
지구의 끝
희망봉을 더듬듯 매만지고 있다

(우리는 사막상담을 그만두기로 했다

상담자 F는 누운 사람 넷을 그리고
그들을 관 속에 담았다
그들을 모래 속에 파묻었다

그리고 그 그림 밑에 내가 세상에서 가장 사랑하는 사람
네 명 중에 두 사람은 이미 죽고
이제 두 사람이 남았다고 썼다
아직 죽지 않은 두 사람의 장례 준비를 매일 한다고 썼다
그중 죽을 사람 하나가 나다

상담자 F와 나는
방류를 시작하는 쌍둥이 댐처럼
쌍둥이 댐의 모래는 하나가 터지면 나머지 하나도 저절로 터진다
우리는 이 사막에서 나가는 방법을 모른다
죽은 사람들의 재로 가득한 이 사막에서)

지하철 쇠 의자에 온기를 남기고 일어설때, 나는 왜 부끄럽지?

— 사막상담실

맨 마지막엔 가장 가까운 사람이 온다고 한다. 내게 온 건 엄마다. 어디 있다 온 걸까, 딱 내 마지막에 맞춰서. 그렇게 생각하는데 내 신발이 벗겨진다. 나는 손을 흔들며 무슨 일이야 하는데, 이번엔 손이 바닥으로 쏟아진다. 자전거를 타고 어서 병원에 가야 하는데. 더 빨리 더 빨리 페달을 밟아 하는데, 이번엔 두 발이 떨어진다. 페달을 밟을 수가 없어 하는데 이번엔 머리칼이 쏟아진다. 지금 낱장으로 흩어져 전단지처럼 날리는 내 얼굴이 가득한 길 위를 달려가는 이 기분을 뭐라 할까? 내 시는 대답할 시간을 주지 않는다. 엄마도 마찬가지. 비밀스럽고 다급한 느낌이다. 왜 이래요? 왜 이래요? 하는데, 지구는 태양을 돌고, 너는 나를 돌고, 엄마의 목소리. 이건 아니야, 이건 아니야 하는데 자전거가 해변으로 내닫는다. 해변이 온통 불바다다. 내가 비켜요! 비켜요! 소리치는데, 나는 그만 다 쏟아진다. 파도다. 불의 파도다. 나는 가루로 만든 사람 같다. 나는 억수같이 쏟아져서 손잡을 곳 없다. 나는 불로 만든 눈보라다. 이 눈발이 바다로 떨어진다. 바다는 원래 물이 아니라 불이었다. 바다는 원래 머리 위에 있었다. 붉은 파도 아래 내 머리가 매달려 있었다. 나는 흩어지는 걸 참는다. 나는 너무 많이 본다. 너무 많이 듣는다. 불의 파도 알맹이 하나하나마다 내 시간이 상영 중이다. 나는 마치 붉은 조명 아래 홀로 춤추던 단골 술집에 있는 것 같다. 불꽃 영화관이다. 바다는 바닥에 닿고 싶은 아우성이다. 이 아우성은 내 안에 있던 것이다. 나는 내 심장 속으로 들어온 것 같다. 내 귀들이 불의 바다에서 튀어 오른다. 불의 바다는 비 오는 날 아스팔트 같다. 그걸 바라보는 그 많은 내 입꼬리가 전부 올라간다. 다행이다. 나는 다 미소 짓는다. 미소는 내 몸의 물, 불, 흙, 바람 가운데 불과 바람의 요소다. 노랑색, 주황색, 빨강색이다. 웬일이지? 웬일이지? 해변에서 아주 큰 미소 하나가 떠오른다. 이번에는 내가 사방으로 붉게 퍼져나간다. 노을 진 바다에서 부화하는 거대한 알 하나 같다. 내 인생의 마지막 부화를 관람하는 사람들이 새벽 잠 자다 말고 히죽 웃는다. 나도 웃는다. 불이 숨을 놓자 오대양 육대주가 털 없는 짐승처럼 환하게 홀딱 벗는다. 내가 사라진 첫 아침이다. 나는 마지막으로 엄마의 뺨을 때린다. 누군가 방문을 여는 소리가 난다. (우리의 상담도 오늘로 끝이다. 나는 카우치에서 일어난다.)

상담자 F: 나는 무한이 무서워요.
영원이 무서워요.
내담자 H: 그 무서움을 나에게 주세요.
내가 간직할게요.
상담자 F: 나는 이 우주에서 붙잡을 데가 없어요.
디딜 데가 없어요.

내담자 H: 나를 붙잡으세요.

나를 디디세요.

산문

죽음의 엄마

딸이 자신의 엄마의 죽음을 쓴다는 것은 '아니'라고 말하기 위함이다. 무엇이 '아니'인가. 엄마의 삶이 삶이 아니고, 엄마의 죽음이 죽음이 아니라는 것이다. 엄마가 엄마가 아니라는 것이고, 딸이 딸이 아니라는 것이다. 엄마의 삶에서 삶이 아니었던 것, 죽음을 끌어내고, 엄마의 죽음에서 죽음이 아니었던 것, 삶을 끌어내기 위함이다. 이제 엄마는 죽어버려서, 내 안의 엄마의 삶과 죽음은 이분법적으로 나눌 수도 없게 되었고, 엄마의 삶과 죽음은 뒤죽박죽이 되었고, 엄마의 삶과 죽음은 얼룩처럼 서로 스며들어 번져버렸다. 그리하여 엄마는 이제 삶 이전과 이후, 죽음 이전과 이후에 두루 편재해서 시를 쓰는 여자(딸)의 딸이 되어버리기도 하고, 엄마의 엄마가 되어버리기도 하고, 시 쓰는 여자 자신이 되어버리기도 한다. 바리공주는 삶 속에 죽음이, 죽음 속에 삶이 있었다. 우리나라 무속 신화에서 삶 이후의 죽음과 죽음 이후의 삶을 전제하는 주인공을 갖추고 있는 것은 모두 여성 신화다. 여성 신화는 모두 되살아남의 신화다. 남성 신화의 주인공들은 되살아나지 않는다. 그들은 시련과 역경을 헤쳐내서 성공한다. 그러나 여성 신화는 꼭 되살아남의 시퀀스를 준비한다. 이 여성 신화를 구성하고, 구송하는 샤먼들은 왜 여자의 삶 속에는 슬픔과 애도를, 여자의 죽음 속에다가는 환희와 새 삶을 주고 싶었을까? 그리고 그것을 듣는 관객들에게 그 신화의 얼개, 죽음과 되살아남에서 울고 웃게 만들었을까. 생산자와 수요자가 다 여성인 여성 신화. 삶의 한가운데 죽음이 있고, 죽음 한가운데 삶이 들어 있는 여성 신화. 여성 신화에서 죽음은 끝이 아니다. 그러기에 삶도 시작이 아니다. 여자는 태어나면서 이미 벌써 죽음에 들려(possessed) 있다. 마치 시인의 운명처럼. 죽음이 선험적이다. 삶과 죽음을 풀어가는 나의 시적 전략이 있다면 삶과 죽음을 다루는 이와 같은 시선이다. 나는 나의 엄마를 나의 텍스트 내부로 데려와 엄마의 죽음을 시 한가운데 둔다. 엄마의 삶은 삶이 아닌 것을 전제로 내 시에서 펼쳐진다. 엄마의 죽음은 죽음이 아닌 것을 전제로 내 시에서 펼쳐진다. 엄마는 내 시에서 살았어도 살지 않았고, 죽었어도 죽지 않았다. 엄마의 죽음은 내 시 안에서 엄마의 죽음 이전의 삶, 죽음 이후의 삶을 이어간다. 나는 나의 엄마가 죽음에 직면하지 않기를 바란다. 나에 의해 씌어지고, 불리어져서 삶에 의해 들리어(lift up) 있어야 한다. 그래서 엄마는 엄마가 살아온 삶보다 더 넓은, 사하라사막보다 더 편재한 삶을, 죽음 이후의 삶에서 갖게 될 것이다. 기쁜 삶이 아니다. 슬픈 삶이 아니다. 딸과 함께 엉긴 삶, 딸과 함께 번진 삶, 딸과 함께 편재한 삶, 그리하여 엄마는 사막처럼 부재하나 존재하게 되었다. 모래처럼 삶/죽음의 '/'에 처한 존재들처럼. 두 입술이 겹쳐지게 되었다. 엄마는 엄마가 '아니'게 되었다. 죽음이 '아니'게 되었다.

나는 잠들어 태중의 물속으로 들어가고자 하는가. 날마다 찾아오는 밤, 그 실재하는 실체의 이상한 검은 살갗. 나는 엄마의 몸 바깥에서 엄마에게 애원하듯 잠에게 애원한다. 이불이 오븐의 식빵처럼 나를 굽는다. 내 몸은 이제 잠을 자지 않고, 먹고 싶어 하지 않는다. 밤이 오면 내 뇌 안의 해마의 문들이 열리고, 거기서 앓는 엄마, 소리치는 엄마, 불쌍한 엄마, 냄새나는 엄마, 똥 싸는 엄마들이 기관차에 실려 가던 승객들처럼, 일제히 부화하는 매미들처럼 쏟아져 나온다. 내 허벅지는 잠들어 있는데, 내 종아리는 잠들어 있는데, 내 엄지발가락, 새끼발가락은 잠들어 있는데, 나의 집은 잠들어 있는데, 계단은 잠들어 있는데, 창밖의 십자가는 잠들어 있는데, 나의 뇌 속에는 잠 못 드는 짐승이 있다. 이 짐승 때문에 나는 부재할 수가 없다. 사막의 모래가 모래 폭풍 속에서 일어나는 것처럼 기침, 가래, 편두통, 우울, 불안, 공황, 추위, 가려움, 심장통이 휘몰아친다. 이제 몸은 모래 알갱이 하나하나가 다 아픈 사막. 의사는 나에게 우울, 공황, 불안 발작이라고 한다. 의사는 나에게 죽은 엄마를 향해 '엄마 이제 가', '이제 떠나'라고 소리치라고 한다. 그는 애도의 불가능이 내게 신체화 증상을 불러왔다고 생각하는 것 같다. 그는 나에게 '죽은 사람은 죽은 사람에게, 산 사람은 산 사람에게'라고 목사처럼 충고한다. 살아 있는 어둠 속에서 나무 이파리들이 흔들린다. 엄마가 환각 속에서 본 그 이파리들이다. 이파리 하나하나가 잠을 찾고 있다. '엄마 우리가 얼마나 깊이 잠들어야 같이 살 수 있어? 편히 잠들 수 있어? 우리 이야기는 잠이 들어야 시작할 텐데.' 평온한 수면 위에 물잠자리들이 가득 올라앉아 있다. 빙글빙글 돌고 있다. 밤새도록 잠을 찾고 있다. 잠들면 내 눈부터 잠수를 시작할 텐데. 내 눈은 번쩍 뜨인 채 천장에 매달려 있다. 결막염에 걸려 내 눈 속이 제라늄 꽃밭이다. 그 꽃들 위에 콩알만큼 작은 새가 희고 딱딱한 알을 품고 매달려 있다. 깨알 같은 새의 눈동자가 어둠 속에 다래끼처럼 뒤룩뒤룩하다. 그러나저러나 내 눈동자 아래는 전부 사막이다. 사막 위에 잠 못 드는 두 형체가 땀에 젖어 엉클어져 뒤척이고 있다. 불면증에 걸린 돼지 두 마리처럼 측은하다. 저들이 잠에 든다면, 그래서 오랜 잠에서 깨어난다면 죽은 사람과 산 사람을 구별하지 못하리라. 나는 새근새근 잠든 엄마를 다독이리라. 낮이 되면 나는 깨어 있으면서도 잠들어 있다. 나는 거리의 인간이 모두 잠든 채 걷고 있다고 느낀다. 강의를 듣는 학생들이 모두 잠든 채 듣고 있다고 느낀다. 우리가 잠들어 있는 동안 전쟁이 발발하고, 학살된 아기들이 하얀 가방 속에서 울고, 태풍이 찾아온다. 잠만 살아 있고, 아무도 깨어 있지 않다. 카페에서 웨이터가 잠든 채 커피잔을 들고 온다. 잠에 빠진 인간들 사이로 잠에 빠진 처음 보는 흰 새 한 마리가 숨은그림찾기 속을 날아가듯 그렇게 날아가고 있다. 흰색 엄마가 내 머리 위에 피어 있다. 나는 깨어나 엄마의 목구멍을 통해 소리 지른다.

이 시집의 주제가 뭐예요? 낭독이 끝난 후 나에게 질문하는 독자는 화가 나 있다. 나이 든 여자의 슬픔은 추하다고까지 덧붙인다. 나는 대답한다. 나는 이 시의 주제를 언어로 지시할 수가 없어요. 주제가 내 시를 끌고 가게 하고 싶지 않아요. 나는 주제가 끌고 가는 시의 중간을 끊고 달아나고 싶어요. 나는 독자에게 되묻는다. 내가 죽은 엄마를 내 시 속에 안치하려고 한 건 아닐까요? 나는 흰 종이를 엄마가 누운 병상의 침대처럼 사용했어요, 그다음 죽어버린 엄마를 넣은 관처럼 사용했어요. 하지만 내가 엄마를 묘사한 건 아니에요. 엄마는 나의 시적 대상이 아니에요. 나는 엄마에 대해서 말하지 않고 엄마와 같이. 같은 것을 말해요. 엄마를 눕히고 나도 그 곁에 누워 있어요. 하지만 어느 순간 나는 환자복을 입고 링거대를 미는 엄마와 내 딸과 최돈미와 함께 트라팔가 광장을 걷고 있어요. 엄마는 한국의 호스피스에 있지만 우리는 런던을 함께 걸어요. 우리는 낭독하러 가는 길에 초상화 박물관에 들를 예정이에요. 하지만 초상화 박물관에서는 모든 얼굴이 엄마 얼굴이지요. 나는 내가 말하려는 바를 몰라요. 하지만 나는 엄마를 통해 말하고 있어요. 죽음에 처해진 엄마를 통해서요. 죽은 엄마에 의해 말해지는 이야기는 내 이야기와 겹쳐져요. 나는 모래 속에 누워버린 엄마를, 모래 한 알 한 알로 흩어져버리는 엄마를, 먼지와 가루가 된 엄마를, 부서져버린 엄마를, 사막이 된 엄마를 일으키려 해요. 순간의 현전으로 일으켜 세우려 해요. 나는 엄마의 사막에서 미세한 세부를 채집하려는 것처럼 '시'해요. 무관심과 망각과 부재의 메마른 늪에서 소외된 조각들을 건져 올리려는 거예요. 엄마는 나의 탄생의 핵이었고, 이제 죽어서 죽음의 핵이 되었어요. 그래서 엄마는 이제 나의 미래가 되었어요. 엄마는 이제 죽음을 잉태한 장소, 죽음을 분배하는 장소, 사막이에요. 흩어져버린 얼굴이에요. 단수가 아니라 복수예요. 엄마는 사막의 모래처럼 이제 묘사할 수도, 은유할 수도 없는, 시적 주제의 시선으로 내려다보면 도무지 보이지 않는 존재가 되었어요. 엄마의 모습은 이제 환유로만, 죽은 엄마와 나 사이의 어떤 존재로만 볼 수 있어요. 나는 환유 엄마를 세상에 나누어 주고 싶어요. 그 사막을. 보이지 않는 존재를. 나는 그 보이지 않는 존재에 입술을 포개어 그 부재의 존재가 말하는 것을 말해요. 주제가 이끌고 가지 못하는 그 부재의 존재의 말. 그래서 나는 그 무엇도 될 수 없고, 그 무엇이라 말할 수도 없는 주제를 나의 언어로 지시할 수 없게 돼요.

여성적 글쓰기의 대표적인 특징은 '관계'다. 그중에서도 여자와 여자의 관계, 엄마와 딸의 관계, 죽은 엄마와 딸의 관계다. 엄마가 딸이 되고, 딸이 엄마가 될 때까지 밀고 나가는 관계다. 시를 쓰는 동안 엄마는 엄마를 잃고, 딸은 딸을 잃는다. 결국 시는 정체성 상실을 문자화한다. 죽음은 어디서나 승리를 거둔다. 엄마에게서도, 딸에게서도. 죽음이 스미면 사회적으로 명명된 관계의 정체성이 무너진다. 전도된다. 후회나 화해나 위로나 치유가 아니다. 그런 것들이 아니다. 그런 것들은 더는 문제가 되지 않는다. 그런 것들은 시 이전이다. 엄마는 죽었지만 새로 마련된 관계는 사라지지 않는다. 정서는 더 뜨거워진다. 딸이 된 엄마는 죽음과 짝이 된다. 엄마가 된 딸은 죽음과 짝이 된다. 딸과 엄마는 백색과 흑색의 젖을 나눈다. 낮과 밤의 정수를 나눈다. 서로가 한없이 부드러워진다. 흩어진다. 둘이 함께 끝없이 닥쳐오는 끝에 실패하고 또 실패한다. 이제 둘만 한정해서 말할 수는 없다. 엄마가 된 딸의 눈앞에 죽음의 엄마가 스민 한 세상이 도래한다. 이제 더 이상 둘에게서 죽음을 벗겨내고 이 세상을 볼 수 없게 되었다. 이미 이 세상은 크나큰 영혼이 점령해버렸다. 크나큰 여자가 점령해버렸다. 저 세상이 아니라, 이 세상에 딸은 엄마를 내어준다. 보세요, 엄마를. 딸은 산 채로 죽음 안에서 죽음 아닌 것이 된 바리공주가 된다. 되살아난 공주가 된다. 신화의 마지막 단계에서 뱃사공이 된 공주처럼 딸은 엄마를 배에 싣는다. 딸은 삶에서 죽음으로, 죽음에서 삶으로 노를 젓는다. 그럴 때 한 편의 시는 한 척의 애도의 배다. 탄생과 죽음의 나루터를 출항하는 배다. 이곳과 저곳에서 엄마를 실은 배가 한없이 출항하고 또 정박한다. 한 번 출항할 때마다 엄마는 이 세상에 분배되고, 재분배된다. 엄마는 여럿이 된다. 삶의 순간마다 빛나던 엄마들이 분배된다. 빛 속에 수억만 겹으로 존재하는 엄마들이 된다. 나는 그 엄마들을 빛 속에서 감각한다. 나는 그 엄마들을 세상에 나누어 준다. 그럼에도 나의 엄마는 온전한 개인이다. 온전히 자신만의 고통을 품었던 한 개인이었다. 개인이기에 번지게 할 수 있었다. 여럿으로 분배될 수 있었다. 특별한 얼굴로 특별한 서사를 혼자 지니고 있었기에, 그렇게 할 수 있었다. 나는 이때 죽음 사건으로 슬픔에 빠진 사람들과 비탄의 연대를 나눌 수 있다고 생각한다. 엄마와 나의 텍스트 안에서 존재론적인 개종이 일어날 수 있다고 생각한다. 부과된 여성적 정체성을 걷어찰 수 있다고 생각한다. 그렇게 나는 나와 엄마의 새로운 관계 맺음이 이 세상으로 번져가기를 원한다. 나의 기원이고 나의 미지이고, 나의 아브젝트인 나의 엄마가 번져간다.

나는 엄마가 되었다. 엄마의 손을 잡고 걸음마를 시킨다. 죽을 떠먹여준다. 팬티를 치켜올려준다. 나는 엄마를 달랜다. 엄마를 요람에 누인다. 엄마 울지 마, 엄마의 눈물을 닦는다. 엄마 떼쓰지 마, 엄마를 꾸짖는다. 이제 엄마를 키워서 학교로 보내야지. 엄마를 키워서 시집도 보내야지. 엄마 옆 침대의 환자가 죽자 엄마가 공포의 강에 떠밀린다. 열이 올랐다가 내린다. 진땀을 흘린다. 집에 가겠다고 한다. 망상을 현실로 믿는다. 밖에 나가자고 한다. 바자회에 가서 옷을 사자고 한다. 호스피스의 카페에서 파는 물건들을 하나하나 찬찬히 살핀다. 나와 자신, 나의 딸과 셋이 꿇어앉아 기도를 하자고 한다. 기도의 내용은 없다. 내 이름을 부르고도 자기 위로의 말만 늘어놓는다. 딸 이름을 부르고도 자기 위로의 말만 늘어놓는다. 얼마나 외롭고, 무섭고, 힘들었냐고 자신에게 말한다. 자신을 몇 년 더 살려달라고 한다. 그러면 이 아이들과 행복하게 지내겠다고 한다. 다섯 살인 자기를 회상한다. 높은 곳에서 떨어져 기형의 몸이 된 아버지와 길을 걸어가는 자신의 모습을 떠올린다. 그 광경이 너무 불쌍하다고 한다. 자신의 생의 장면들을 바라보면서 자신을 매우 측은한 시선으로 바라본다. 가장 슬픈 나날을 떠올리고 더 슬퍼한다. 슬픔과 공포에 떠밀린다. 눈물을 흘린다. 무서워한다. 똥 싼다. 치운다. 또 싼다. 욕창이 번진다. 항문 위로 뼈가 보인다. 호스피스에서는 두 달 동안 죽지 않았다고 나가라는데, 나는 축 늘어진 엄마를 끌고 또 어디로 가야 하나. 죽지 않는 엄마를 끌고 어디로 가야 하나. 일주일, 한 달, 두 달, 보름마다 자꾸 나가라고 하는데 엄마를 끌고 어디로 가야 하나. 사설 앰뷸런스의 승차감은 최악이다. 봉고차에 침대 하나 산소통에서 나온 줄 하나. 그리고 끝. 엄마가 돌 위에 누워 간다. 내

엉덩이가 하늘로 펄쩍하다가 돌 위에 떨어진다. 엄마가 노래한다. 저 산 너머 매일매일 둘씩 짝을 지어(이인실), 강 건너 언젠가, 내가 갈 그곳. 도착하면 불을 환히 켜는 그 작은 섬. 눈 감으면 아무도 없는 곳. 엄마가 지은 노래를 들으며 나는 운다. 이제 나는 엄마의 죽음 때문에 '죽음'과 새로운 관계를 맺게 되리라는 것을 안다.

엄마는 죽음 이전에 고통이었다. 고통에 찬 일그러진 얼굴. 모르핀에 잠긴 얼굴. 최후엔 모르핀에 취해 환각만 보았다. '저 이파리들을 봐라. 이파리들이 방 안에 왜 이렇게 날리니? 왜 이파리들이 하나하나 다 살아 있니?' 나의 엄마는 엄마 이전에 한 사람, 한 얼굴, 한 이름, 한 고통이었다. 나는 엄마를 한 개인으로 내 시에 좌정하게 해야 했다. 내 엄마가 아닌 한 여자. 엄마에게서 엄마를 벗을 수 있게 해야만 했다. 그것은 내가 엄마에게서 엄마를 가져와서 버리는 일이기도 했다. 늘 타자화된 채 아들과 딸의 엄마이기만 했던 엄마를 엄마라는 정체성에서 내려놓는 일. 엄마의 고통에, 엄마의 공포에 내가 함께 묶이는 일. 고통에 잠긴 몸을 현시함으로써 한 인간을 한 개인으로 내세우는 일. 엄마에게서 타자성을 걷어내는 일. 엄마는 무남독녀 외동딸인데, 병상에서 나를 언니라고 불렀다. 엄마는 "블라인드 틈 사이에서 내려앉는 빛에게" "어머 언니, 요새는 황금 닭이 자주 와요. 저것 보세요! 벌써 왔네요"라고 한다. 그러면 나는 "엄마! 환한 빛이 보이면 그리로 가는 거래. 다리를 건너는 거래"라고 대답해준다. 우리는 "먼지로 흩어지는 황금닭의 꼬리, 죽음의 베이비파우더”를 함께 응시하다가 나는 “엄마! 빛이 다 흩어지기 전에 빨리 건너가는 거래. 공중에 흩어지는 황금색 먼지 속으로 가는 거래”라고 한다. 그러다 우리는 다시 현실의 땅에 착지해서 “블라인드 틈새를 쪼는 황금 부리, 황금 펜촉, 금빛 글씨”를 넋 놓고 함께 바라보는 경지에 이른다. 나는 엄마에게 “오 가엾은 미친 딸이여” 중얼거리고, 그 후로도 한참 동안 우리는 “먼지 자욱한 그 속에 앉아 퍼덕거리는 날개로, 휘갈기는 작별. 황금 닭의 파닥거리는 관자놀이. 황금색 평화”†를 느낀다. 그러다가 함께 황금 사막 속으로 잠기어간다. 나는 언니, 엄마는 여동생이 되어.

타박타박 타박네야 너 어디로 울고가니
우리엄마 몸둔곳에 젖먹으러 울고가요
아가아가 못간단다 산이높아 못간단다
귀신있어 못간단다 범이있어 못간단다
물깊어서 못간단다 산높으면 기어가고
물깊으면 헤여가고 귀신앞엔 빌고가고
범있으면 숨어가구 우리엄마 몸둔곳은
저산넘어 북망이라 우리엄마 무덤앞에
허겁지겁 다달아서 잔디뜯어 분장하고

† 이상 “”에 들어 있는 부분은 「죽음의 베이비파우더」, 『지구가 죽으면 달은 누굴 돌지?』(문학과지성사, 2022)에서 인용.

목을놓아 울어봐도 우리엄마 말이 없네
우리엄마 무덤앞에 데령참외 열렸길래
한 개 따서 맛을보니 우리엄마 젖맛일세††

서사민요 「타박네(황해북도, 연탄군)」는 바리데기처럼 이름도 없는 여자의 장례의 불가능에 대한 슬픔의 노래다. 엄마의 장례를 지내기 위해 친정집으로 돌아가려 하지만 여러 부류의 사람들이 돌아가는 것을 막는다. 왜 막는가. 타박네는 사회제도의 최말단, 바깥에 존재하는 동일자의 타자, 주체성도 정체성도 없는 노동력이고, 사회적 윤리 규범의 발길조차 닿지 않는 저 먼 곳에 자리한 신분 없는 신분의 출가외인, 여자이기 때문이다. 타박네의 엄마의 무덤은 타박네에게 일종의 유토피아다. 그곳엔 젖 맛의 참외가 열린다. 이 서사민요의 다른 버전엔 시댁 식구들과 이웃, 친정 오빠가 어머니 무덤에 접근하는 것을 막는다. 그들은 사회규범의 수호자들로서 장례식과 무덤에 접근을 시도하는 딸을 막는다. 사회규범이 인륜에 앞선다고나 할까. 오빠도 시어머니도 타박네의 이웃여자들도 규범의 피해자들이면서 복속자들이다. 결국 타박네는 장례 절차에서 소외되고 만다. 이 서사민요는 마치 안티고네에게 무덤을 만들지 못하도록 하는 크레온의 서민적 버전 같다. 타박네는 안티고네가 크레온의 명을 어기고 폴리네이케스를 묻어주는 것처럼 잔디로 자신을 분장하고 엄마의 무덤으로 간다. 타

†† 「타박네」, 조선향토대백과, 2008, 네이버 지식백과.

박네는 여성적 영웅도 아니고, 여성적 주체성을 가진 인물도 아니다. 타박네는 단지 그들이 처한 공동체 내부의 작은 공동체, 자신의 가족에 스민 사회규범의 불합리를 노래로 폭로하고 슬퍼하는 여자일 뿐이다. 이 여자를 궁전으로 국가 체제로 확장하면 안티고네가 등장할 거다. 체제라는 무의식을 거슬러가는 여자. 이 불쌍한 여자, 타박타박 걷는 처연한 걸음걸이의 모습이 이름이 된 여자의 슬픔이 공동체 내부에, 무덤을 건설할 수 없는 장소(노래)에 무덤을 만든다. 그리하여 지금까지도 드문드문 불리어지는 이 슬픈 노래는 노래로 만든 무덤이 된다. 장소에 새겨진 무덤이 아니라 목소리를 울려 시간 속에 잠깐 흐르는 무덤. 딸의 비탄이 세세연년토록 흐르는 텍스트 내부의 무덤. 이 슬픈 무덤이 타박네의 엄마를 세상에 분배한다. 타박네의 애도는 지속적인 비애다. 타박네가 찾는 것은 엄마가 아니라 엄마의 죽음, 엄마의 감각적(미각)인 정수다. 그런 다음 이 노래 이야기를 이어가는 수용자 여자들, 세계 내 자신들의 위치를 확인하고 이를 자신들의 정체성의 기술로 삼은 여자들이 있다. 스스로의 삶을 돌아보고, 이 노래 이야기로 자신을 구성해보는 여자. 자신들의 자아의 의미를 구성해보는 여자들. 사회 구성체 바깥에서 자신의 흩날리는 정체성을 시나리오로 사용해보는 것. 이 노래와 노래에 붙은 서사는 자기 자신에 대한 탐색이 되면서, 드러나지 않는 타자로서의 자기 상실에 대한 애도가 되면서, 세계 인식이 되게 하는 그런 작용이 있었을 거다. 내가 시를 써서 엄마의 호스피스에서의 마지막 장면과 불면증의 나를 안타까이 그리는 것은 엄마의 시신을 되찾는 것. 감각적이고 물질적인 것의 회복. 사물이 되어버린 엄마의 시신을 되돌리는 것. 보내드리면서 간직하는 것. 지속하고 확장하는 비애. 나의 텍스트 내부에서 실재의 무덤처럼 시의 무덤을 살게 하는 것. 젖 맛이 나는 무덤이 탄생이고 죽음이게 하는 것. 그곳에서 참외가 열리는 것.

시 한 편 한 편은 장례다. 불가능한 애도다. 나는 장례를 계속해서 시도한다. 나는 엄마의 죽음은 글쓰기로밖에는 담을 수 없다고 생각한다. 엄마의 죽음, 죽음의 엄마는 글쓰기 안에 좌정한다. 죽음에 분위기가 있다고 할 수 있는가. 죽음에 감각이 있다고 할 수 있는가. 나는 나의 엄마가 호스피스에 입원해 있는 동안 수많은 죽음을 목도했다. 그들은 그곳에 평균 보름 이내로 머문다고 병원 종사자는 말했다. 그들의 그 결연한 단절을 어떻게 묘사할 수 있겠는가. 죽음은 묘사할 수도 비유할 수도 없다. 죽음의 상처는 묘사할 수도 비유할 수도 없다. 엄마는 나를 탄생시킴으로써 나에게서 엄마를 끊은 적이 있었다. 나에게는 그 사건의 상처가 있었을 거다. 그 단절의 첫 사건 다음, 엄마는 나를 품에 안고 젖을 먹인 적이 있었다. 그러니 두번째 단절이라고 왜 없겠는가. 엄마는 엄마에게서 나를 두번째로 끊은 다음 나를 안고 검은 젖을 먹였다. 그다음 나는 엄마에게서 죽음을 상속받았다. 나는 또다시 작별의 상처를 상속받았다. 그러고 보니 태어날 때부터 죽음은 나의 엄마였다. 죽음은 여성형이었다. 그러니 나의 상처도 여성형일 거다. 죽음은 명사가 아니라 형용사이고 부사다. 죽은 이들은 죽어서 명사가 되지 않는다. 형용사나 부사나 접속사가 된다. 엄마의 죽음에 안기고서야 비로소 나는 시인이 된 기분이다. 죽음의 분만으로 나는 시인으로 다시 태어났다. 형용사와 부사와 접속사에 둘러싸였다. 나의 시 쓰기의 기반은 죽음이다. 부재가 반, 존재가 반인 그런 시 쓰기. 존재를 부재에, 부재를 존재에 투척하는 시 쓰기. 그리하여 죽음에 안겨 있는 시인. 아무것도 아닌 것에 안긴 아무것도 아닌 시인. 엄마가 사라진 다음 그 사라진 집으로 사라진 시인이 들어간다. 그 집에 시 언어로만 구제할 수 있는 죽어버린 죽음의 내밀한 세부가 기다리고 있기나 한 것처럼. 죽어버린 관계의 낱낱의 분리가 있기나 한 것처럼. 모래가 가득하기라도 한 것처럼. 시인의 손길 속에서 모래비가 내린다. 엄마에게 사막의 빛을! 그 광활한 빛을! 이제 소녀가 된 엄마를. 이제 아기가 된 엄마를. 이제 여럿이 된 엄마를. 나는 단수의 엄마에서 복수의 엄마를 추출한다. 초시간에 사는 엄마를 추출한다. 엄마가 괘종시계 안에서 젊어지는 방향으로 째깍째깍 돌아간다. 그때마다 죽음이 자란다. 엄마는 점점 자란다. 성인이 되고, 청소년이 되고, 아기가 된다. 검은 젖, 검은 은총을 먹다 말고 나는 얼굴을 들어 엄마를 쳐다본다. 엄마다. 하지만 처음 만난 모르는 얼굴이다.

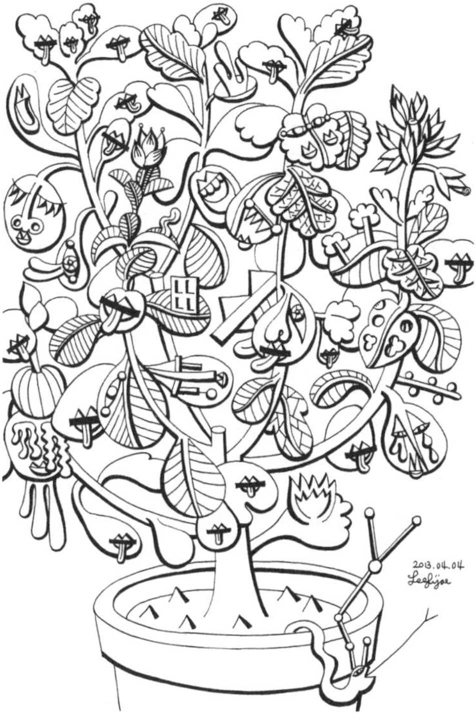

연보

1955 경상북도 울진군 울진읍 개학당(외가)에서 태어났다.

1978 『동아일보』 신춘문에 평론 부문에 입선했다.
출판사 평민사에 입사했다.

1979 『문학과지성』 겨울호에 시를 발표하며 작품 활동을 시작했다.

1980 평민사를 퇴사하고 오규원 시인이 운영하던 출판사 문장에 편집장으로 입사했다. 12월에 결혼했다. 연말에 문장을 퇴사했다.

1981 시집 『또 다른 별에서』(문학과지성사)를 출간했다.
12월에 딸을 낳았다.

1985 시집 『아버지가 세운 허수아비』(문학과지성사)를 출간했다.

1988 시집 『어느 별의 지옥』(청하)을 출간했다.

1989 여러 대학의 강사를 전전한 끝에 서울예술대학교 문예창작과에 교수로 임용되었다.

1990 시집 『우리들의 음화』(문학과지성사)를 출간했다.

1992 독일 베를린 반제하우스에서 낭독했다.

1993 「김수영 시 연구—담론의 특성」으로 박사학위를 받았다.

1994 시집 『나의 우파니샤드, 서울』(문학과지성사)을 출간했다.
페루 리마대학교 출판부를 통해 번역 시집을 출간하며 페루, 아르헨티나, 칠레에서 낭독했다.

1996 독일 베를린 문학의집, 함부르크 문학의집에서 낭독했다.
다시 페루, 칠레에서 낭독했다.

1997 시집 『불쌍한 사랑 기계』(문학과지성사)를 출간했다.
김수영문학상을 받았다.

2000 시집 『달력 공장 공장장님 보세요』(문학과지성사)를 출간했다.

소월시문학상, 현대시작품상을 받았다.

2001 독일 라이프치히국제도서전에서 낭독했다.

2002 시론집 『여성이 글을 쓴다는 것은』(문학동네)을 출간했다.
독일 쾰른 세계 여성 시인 7인 낭독회(ATLAS)에서 낭독했다.
미국 UCLA, 하버드옌칭연구소에서 낭독했다.

2003 미국 스미스대학교 포에트리센터에서 낭독했다.

2004 시집 『한 잔의 붉은 거울』(문학과지성사)을 출간했다.
한국문화예술위원회 '올해의 작가'로 선정되었다.

2005 독일 프랑크푸르트국제도서전, 뮌헨 괴테하우스, 로만 퍼블릭하우스(Roman Public House), 스위스 바젤 문학의집에서 낭독했다. 베를린 문학공작소(Berlin Literaturwerkstatt)에서 정치학자이자 시인인 브리기테 올레신스키(Brigitte Oleschinski)와 서로의 시를 번역하고 낭독했다.

2006 미당문학상을 받았다.
미국 시애틀 번역자대회, 캐나다 브리티시컬럼비아대학교에서 낭독했다.

2008 시집 『당신의 첫』(문학과지성사)을 출간했다.
대산문학상을 받았다. 타이베이 국제시축제에 참여했다.

2009 미국 노트르담대학교, 시카고 작가 프로그램(AWP)에서 낭독했다.

2010 네덜란드 로테르담 국제시축제에서 낭독했다.

2011 시집 『슬픔치약 거울크림』(문학과지성사)을 출간했다.
독일 베를린 국제시축제 오프닝 나이트에서 시인 이브 본푸아(Yves Bonnefoy)와 낭독했다.

2012 영국 런던올림픽을 기념하기 위한 포에트리 파르나서스(Poetry Parnassus)에서 아시아 대륙 대표로 로열페스티벌홀에서 낭독했다. 영국 레드버리 국제시축제, 프랑스 샹보르성, 파리 중남미문화원, 스위스 제네바 루소의집에서 낭독했다.

2013 미국 럿거스대학교에서 낭독했다.

2014 스웨덴 스톡홀름 국제시축제에 참여했다.

영국 런던국제도서전, 호주 사우스뱅크도서관에서 낭독했다.

2015 홍콩 시의 밤(Poetry nights)에 참여했다. 중국 상하이 민생미술관, 일본 동경담 서점, 오사카 문화학교에서 낭독했다.

2016 시집 『피어라 돼지』(문학과지성사) 『죽음의 자서전』(문학실험실), 시산문집 『않아는 이렇게 말했다』(문학동네)를 출간했다.

파리국제도서전, 파리 오를레앙 서점, 파리 제7대학교, 중남미문화원, 국립시문학관 메종 드 라 포에지(파리 & 낭트)에서 낭독했다.

2017 시론집 『여성, 시하다』(문학과지성사)를 출간했다.

아버지가 돌아가셨다.

2018 독일 쾰른 세계문학축제(Poetica Cologne 4)에 참여했다.

독일 보훔대학교, 베를린 문학의집에서 낭독했다.

2019 시집 『날개 환상통』(문학과지성사), 산문집 『여자짐승아시아하기』(문학과지성사)를 출간했다.

캐나다 그리핀 시문학상 인터내셔널 부문을 받았다.

이형기문학상, 대한민국문화예술상을 받았다.

독일 프랑크푸르트 축제(Fokus Lyrik)에 참여했다. 미국 샌프란시스코 번역예술센터, 시카고 시 재단, 뉴욕 아시아계 미국

인 작가 워크숍(AAWW), 프랑스 국립시문학관 메종 드 라 포에지(파리), 파리고등사범학교, 영국 뉴캐슬 국제시축제, 노르웨이 트론헤임 문학의집, 오슬로 푸른 문학(Litteratur på Blå), 덴마크 코펜하겐 현대미술관에서 문학단체 테라폴리스(Terrapolis)와 협업해 낭독했다.

어머니가 돌아가셨다.

2021 스웨덴 시카다상을 받았다.

서울예술대학교에서 퇴임했다.

네덜란드 로테르담 국제시축제에 참여했다.

2022 시집 『지구가 죽으면 달은 누굴 돌지?』(문학과지성사)를 출간했다.

삼성호암상 예술상을 받았다.

영국 왕립문학회 국제 작가(U.K. Royal Society of Literature International Writer)로 선정되었다.

서울국제작가축제에서 키노트를 했고, 작가의 방 행사에 참여했다.

스웨덴 스톡홀름 국제시축제에서 낭독했고, 스톡홀름 문화센터에서 대담을 진행했다.

2023 인터뷰집 『김혜순의 말』(마음산책)을 출간했다.

미국 하버드대학교가 주관하는 T.S. 엘리엇 메모리얼 리더(T.S. Eliot Memorial Reader)로 선정되었다.

독일 베를린 시 연설(Berliner Rede zur Poesie)에서 키노트를 담당했고, 베를린 국제시축제에서 낭독했다. 이스라엘 국제시축제에서 낭독 및 대담에 참여했다. 폴란드 코워브제크 문학축제(Festiwal TransPort Literacki)에서 낭독했다. 미국 하버드대학교 휴튼 도서관(Hougton Library), 컬럼비아대학교 렌페스트 센터(Lenfest Center), 뉴욕 시 프로젝트(The Poetry Project)에서 낭독했다.

2024 전미도서비평가협회상(The National Book Critics Circle Awards)을 받았다.

미국 하와이대학교 한국학센터(Center for Korean Studies)에서 낭독했다. 리움미술관 아이디어 뮤지엄 '사이 어딘가에(Somewhere in Between)'에서 기조 강연 〈희(稀)〉를 진행했다.

2025 죽음 3부작 시집 『김혜순 죽음 트릴로지』(문학과지성사)를 출간했다.

미국 예술·과학 아카데미(AAAS) 회원으로 선출되었다.

독일 뮌헨 문학 캐비닛(Lyrik Kabinett), 오스트리아 빈 문학의집(Literaturhaus)에서 낭독했다. 독일 슈투트가르트 문학의 집(Literaturhaus)에서 마리아 스테파노바(Maria Stepanova)의 진행으로 울리아나 볼프(Uljana Wolf)와 낭독하고 대담했다. 프랑크푸르트 문학제(Lyriktage Frankfurt)에서 에스터 킨스키(Esther Kinsky), 얀 바그너(Jan Wagner), 레이철 주커(Rachel Zucker)와 낭독했다. 베를린 시 페스티벌(Poesiefestival Berlin)에서 독일어판 『죽음의 자서전』(S. Fisher, 2025) 런칭 행사에 참여했다. 베를린 시 페스티벌(Poesiefestival Berlin)에서 '유령 글쓰기(Writing Ghosts)'라는 제목으로 모니카 헤르체그(Monika Herceg), 사스야 얀선(Sasja Janssen), 다이애나 코이 응우옌(Diana Khoi Nguyen)과 낭독했다.

영국 맨체스터 시 도서관(Manchester Poetry Library), 런던 리

뷰 서점(London Review Bookshop), 노리치 국립글쓰기센터 (Norwich Event at New Centre for Writing)에서 낭독했다.

국제문학상(Internationaler Literaturpreis)을 받았다.

책에 실린 그림 목록

1. 표지

「20190924」,

종이에 펜, 40×46㎝, 2019.

2. 죽음의 자서전

「20160901」,

종이에 펜, 35.5×46㎝, 2016.

3. 날개 환상통

「20140910」,

종이에 펜, 35.5×46㎝, 2014.

4. 지구가 죽으면 달은 누굴 돌지?

「20180820」,

종이에 펜, 35.5×46㎝, 2018.

5. 산문

「20140205」,

종이에 펜, 35.5×46㎝, 2014.

6. 연보

「20130404」,

종이에 펜, 35.5×46㎝, 2013.

이피

시카고미술대학(School of the Art Institute of Chicago)에서
학사와 석사 과정을 마쳤다.
국립현대미술관 고양레지던시(2011),
서울시립미술관 난지창작스튜디오(2014),
스페인 빌바오아르떼 재단 레지던시(2017),
상하이 스와치 아트 피스 호텔(2024) 등
국내외 여러 레지던시 프로그램에 참여했다.
강화플라스틱부터 불화의 금분까지 다양한 재료를 활용해
회화, 조각, 설치 작업을 병행하며, 여성의 몸에 기생하는 수많은 몸들
(멸종한 몸, 미래의 몸, 감각으로 형상화된 타자의 몸)을 위한
제단을 구축해왔다.
한국, 일본, 미국 등지에서 열린 다수의 단체전과
열아홉 번의 개인전을 통해 작품을 선보였으며,
현재 서울을 기반으로 활동 중이다.
2025년에는 뉴욕의 Foundation for Contemporary Arts에서
한국인 최초로 Dorothea Tanning Award를 수상하였다.